国家自然科学基金资助（项目号：71372030，71872081）
南京大学人文社科双一流建设"百层次"科研项目资助

中国公募基金管理公司
整体投资回报能力评价研究
（2018）

（Total Investment Performance Rating,
TIP Rating—2018）

林树　著

东南大学出版社
SOUTHEAST UNIVERSITY PRESS
·南京·

图书在版编目(CIP)数据

中国公募基金管理公司整体投资回报能力评价研究.2018/ 林树著. —南京:东南大学出版社,2019.2

ISBN 978-7-5641-8299-1

Ⅰ.①中⋯ Ⅱ.①林⋯ Ⅲ.①投资基金—金融公司—投资回报—研究—中国—2018 Ⅳ.①F832.3

中国版本图书馆 CIP 数据核字(2019)第 024665 号

中国公募基金管理公司整体投资回报能力评价研究(2018)

出版发行	东南大学出版社	
社　　址	南京市四牌楼 2 号	邮编　210096
出 版 人	江建中	
网　　址	http://www.seupress.com	
电子邮箱	press@seupress.com	
经　　销	全国各地新华书店	
印　　刷	江苏凤凰数码印务有限公司	
开　　本	700mm×1000mm　1/16	
印　　张	15	
字　　数	300 千	
版　　次	2019 年 2 月第 1 版	
印　　次	2019 年 2 月第 1 次印刷	
书　　号	ISBN 978-7-5641-8299-1	
定　　价	68.00 元	

本社图书若有印装质量问题,请直接与营销部联系。电话(传真):025-83791830

声　明

　　本书是国家自然科学基金(项目号：71372030,71872081)及南京大学人文社科双一流建设"百层次"科研项目资助的阶段性成果。此书内容仅供资讯用途,不作为投资建议,也不作为买进或卖出任何证券投资基金的推荐,同时也不保证本书内容的精确性及完整性,也不担保使用本书内容所获得的结果。本书中所有公募基金与基金公司样本均限定在我国大陆地区,不包括港、澳、台地区。作者与此书的相关方对于本书内容所产生的直接或间接的损失或损害,不负任何责任。

摘　要

相对于发达资本市场国家的公司型基金,我国大陆地区成立的公募基金管理公司所发行的证券投资基金产品到目前为止全部是契约型基金,即每只基金都由基金管理公司发行并管理。这样,国内的证券基金与基金公司之间有着与发达市场不一样的特点。同一基金公司管理着数只基金产品,并且同一公司旗下所有基金产品均共用公司的同一个投研平台,公司投资研究实力的强弱对具体某一只基金的影响非常大。

在这种架构下,仅对单只基金业绩进行考量的评价,而没有考虑到单只基金背后所依托的基金管理公司的实力,在中国目前特有的制度环境下必有其局限性。如某基金公司整体实力可能不行,但可以利用整个公司资源将一只基金业绩做上去,而旗下其他基金业绩会很差,或故意将旗下数只基金投资行为进行显著的差异化,这样可以寄希望总能“蒙”对好的股票,人为的“造出”一两只“明星”基金,以使公司在市场中出名,虽然由此会造成旗下基金业绩间差距,但市场被“明星”基金所吸引,更多的资金流入基金公司,管理费收入得以扩大。

基于此思想,我们开发并于 2008 年在国内首次推出“中国基金管理公司整体投资回报能力评价(TIP Rating)”。基金管理公司整体投资回报能力评价着重考虑基金管理公司的整体投资管理能力,而不是单只基金的业绩。它试图克服单只基金评级的缺陷,综合考虑基金公司旗下不同类型基金的表现,以及同一公司旗下基金业绩之间的均衡表现,可以反映基金管理公司整体投研实力的强弱与均衡与否。样本范围包括内地基金公司旗下的普通股票型、偏股混合型、平衡混合型、偏债混合型、债券型、指数型、货币型等类型基金。

《中国公募基金管理公司整体投资能力评价研究(2018)》数据截至 2018 年。我们分为三年期、五年期、十年期三种时间段来对样本基金公司进行评价分析,从我们的分析报告中,可以看出为什么有些基金公司的整体投资回报能力在短期内可以排在前列,有些基金公司则排在后面。从不同的时段上,也可以看出某些基金公司的整体投资能力在长、短期上的剧烈变化,让我们可以对某些基金公司的投研的稳定性有直观的感受。受篇幅所限,我们在这一版本的评价研究中去掉了一年期和两年期的评价内容,感兴趣的读者可以向作者询问。

目前的评价方法虽然有其创新性,但难免有不足之处,我们非常欢迎同行的批评与建议,在后续定期的修订版本中根据实际情况进行方法上的改进。

感谢国家自然科学基金和南京大学的资助,感谢东南大学出版社编辑老师的工作。

目　　录

1 概　述

截至 2018 年底,我国公募基金管理公司约 131 家,他们管理的各类型公募基金 7 000 多只,数量已经超过国内上市的 A 股主板股票数量。面对如此多的公募基金,普通的非专业投资者一般都会无从下手,需要专业的研究人员为其对公募基金进行评价与挑选。其中最重要的研究工作之一便是根据投资范围、投资风格、收益与风险特征等对各类型基金进行评级,给出一定时期内哪些基金相对表现好,哪些基金相对表现差的直观认识。市场上现有的绝大多数评级一般是对单个基金进行评级,这种做法比较纯粹,但更有它的缺点,理由将在本章的理论基础部分谈及。我们创新性地提出"中国基金管理公司整体投资回报能力评价",基于基金管理公司的整体层面来评价其投资能力的相对高低。基于这样的视角,可以看到基金管理公司整体的投研能力以及对旗下基金的综合管理能力,真正体现出一家基金公司的实力。

在本书中,根据不同的统计区间,我们在第 2 至第 4 章中分别展现截至 2018 年底,三年期、五年期与十年期的"中国基金管理公司整体投资能力评价"结果,大家可以从不同长度时间段的统计结果,宏观上看出我国公募基金业的迅速发展势头,微观上也可以看出不同基金公司的综合投研实力的平稳或起伏。本章将阐述"中国基金管理公司整体投资回报能力评价"的理论基础、数据来源与评价指标设计思路。

1.1 理论基础

基金管理公司整体投资回报能力评价(TIP Rating)着重考虑基金管理公司的整体投资管理能力,而不是单只基金的业绩。相对于发达资本市场国家的公司型基金,我国成立的基金管理公司所发行的证券投资基金产品全部是契约型基金,即每只基金都由基金管理公司发行并管理。国内的证券基金与基金公司有着与发达市场不一样的特点。同一基金公司管理着数只基金产品,并且同一公司旗下所有基金产品均共用公司的同一个投研平台,公司投资研究实力的强弱对具体某一只基金的影响非常大。在这种情况下,绝大多数基金经理的决策权限与表现空间将极为有限。

然而,目前国内市场上的基金评级多为对单只基金的业绩进行考量,这样的评级思路没有考虑到单只基金背后所依托的基金管理公司的实力,在中国目前特有的制度环境下必有其局限性。如某基金公司整体实力可能不行,但可以利用整个公司资源将一只基金业绩做上去,而旗下其他基金业绩会很差,或故意将旗下数只基金投资行为进行显著的差异化,这样可以寄希望总能"蒙"对好的股票,人为的"造出"一两只"明星"基金,以使公司在市场中出名,虽然由此会造成旗下基金业绩间差距,但市场被"明星"基金所吸引,更多的资金流入基金公司,管理费收入得以扩大。(具体理论与研究结论可参见本书作者的学术论文《他们真的是明星吗? ——来自中国证券基金市场的经验证据》一文,发表于《金融研究》2009 年第 5 期)这样,对单只基金的排名就可能受制于某些基金公司的"造星"行为或"激进"行为,并不能反映基金公司的整体实力与水平。

中国公募基金管理公司整体投资回报能力评价(TIP Rating)试图克服目前单只基金评级的缺陷,综合考虑基金公司旗下不同类型基金的表现,以及同一公司旗下基金业绩之间的均衡表现,可以反映基金管理公司整体投研实力的强弱与均衡与否。该评级包括基金公司旗下的普通股票型、偏股混合型、平衡混合型、偏债混合型、债券型、指数型、封闭型等类型基金,不包括 QDII 等特殊类型基金产品。

1.2 数据来源与指标设计

1.2.1 数据来源与基金分类说明

所有基础数据来源于 Wind 金融资讯终端。涉及指标包括：基金公司简称、基金名称、期初基金复权净值、期末基金复权净值、期初基金规模、期末基金规模、基金分类。

关于基金分类,我们直接参考 Wind 的基金分类标准。

基金分类说明：

Wind 基金分类体系是结合了契约类型和投资范围来进行的分类。契约类型主要分为了开放式和封闭式;又在此基础上按照投资范围进行分类。

Wind 基金投资范围分类主要以基金招募说明书中所载明的基金类别、投资策略以及业绩比较基准为基础。我们认为,以上条款包含了基金管理人对所发行基金的定性,代表了基金对投资者的承诺,构成了对基金投资行为的基本约束。以此为基准进行基金分类,保证了该分类的稳定性,不会因市场环境变化而导致分类频繁调整。Wind 基金分类的数量化界限依据为证监会所规定的基金分类标准。自2014年8月8日起施行的《公开募集证券投资基金运作管理办法》,第四章第三十条规定:基金合同和基金招募说明书应当按照下列规定载明基金的类别:(一)百分之八十以上的基金资产投资于股票的,为股票基金;(二)百分之八十以上的基金资产投资于债券的,为债券基金;(三)仅投资于货币市场工具的,为货币市场基金;(四)百分之八十以上的基金资产投资于其他基金份额的,为基金中基金;(五)投资于股票、债券、货币市场工具或其他基金份额,并且股票投资、债券投资、基金投资的比例不符合第一项、第二项、第四项规定的,为混合基金;(六)中国证监会规定的其他基金类别。在此基础上,我们将在国内市场上所发行的基金分为6个一级类别,24个二级类别。(本分类在基金成立时进行,当发生基金调整投资范围、转型时对分类重新进行界定)

按照 Wind 的分类规则,基金分类体系是结合了契约类型和投资范围来进行的分类。先根据契约类型分类;然后再结合投资类型进行分类。基金投资类型分类居于事前分类,即根据基金的招募说明书以及基金合同确定的基金分类。

基金投资范围分类细则:

1. 股票型

以股票投资为主,股票等权益类资产占基金资产比例下限大于等于80%或者在其基金合同和基金招募说明书中载明基金的类别为股票型,且不符合《公开募集证券投资基金运作管理办法》第三十条中第四项、第五项规定的基金。

(1) 普通股票型

对属于股票型的基金,在基金公司定义的基金名称或简称中包含"股票"等字样的,则二级分类为普通股票型基金。

(2) 指数型

a. 被动指数型

以追踪某一股票指数为投资目标的股票型基金,采取完全复制方法进行指数管理和运作的为被动指数型。

b. 增强指数型

以追踪某一股票指数为投资目标的股票型基金,实施优化策略或增强策略的为增强指数型。

2. 债券型

以债券投资为主,债券资产+现金占基金资产比例下限大于等于80%或者在其基金合同和基金招募说明书中载明基金的类别为债券型,且不符合《公开募集证券投资基金运作管理办法》第三十条中第四项、第五项规定的基金。

(1) 纯债券型

符合债券型条件,但不能投资权益类资产的基金为纯债券型基金;根据其债券久期配置的不同，可分为中长期纯债券型、短期纯债券型。

（2）中长期纯债券型

属于纯债券型，且在招募说明书中明确其债券的期限配置为长期的基金，期限配置超过 1 年的为中长期纯债券型。

（3）短期纯债券型

属于纯债券型，且在招募说明书中明确其债券的期限配置为短期的基金，期限配置小于等于 1 年的为短期纯债券型。

（4）混合债券型

符合债券型条件，同时可部分投资权益类资产的基金；根据其配置的权益类资产方式不同，可分为混合债券一级、混合债券二级。

a. 混合债券一级

符合混合债券型，其中可参与一级市场新股申购，持有因可转债转股所形成的股票以及股票派发或可分离交易可转债分离交易的权证等资产的为混合债券一级。

b. 混合债券二级

符合混合债券型，其中可参与投资公开上市发行的股票以及权证的基金，为混合债券二级。

（5）指数债券型

被动指数型债券基金：被动追踪投资于债券型指数的基金。

增强指数型债券基金：以追踪某一债券指数为投资目标的债券基金，实施优化策略或增强策略的为增强指数型债券基金。

3. 混合型

股票资产与债券资产的配置比例可视市场情况灵活配置，且不符合《公开募集证券投资基金运作管理办法》第三十条中第一项、第二项、第四项、第六项规定的基金。同时根据基金的投资策略、实际资产确定基金的三级分类。

（1）偏股混合型基金

按照基金的投资策略说明文字，如该基金明确说明其投资是偏向股票，则定为偏股混合型。

（2）偏债混合型基金

按照基金的投资策略说明文字，如该基金明确说明其投资是偏向债券，则定为偏债混合型基金。

（3）平衡混合型基金

按照基金的投资策略说明文字，如该基金投资股票和债券的上限接近 70% 左右，下限接近 30% 左右，则为平衡混合型基金。

（4）灵活配置型基金

灵活配置型基金是指基金名称或者基金管理公司自定义为混合基金的,且基金合同载明或者合同本义是股票和债券大类资产之间较大比例灵活配置的基金。分为灵活配置型基金（股票上限 95%）与灵活配置型基金（股票上限 80%）两类。

4. 货币市场型

仅投资于货币市场工具的基金。

5. 另类投资基金

不属于传统的股票基金、混合基金、债券基金、货币基金的基金。

（1）股票多空

通过做空和做多投资于股票及股票衍生物获得收益的基金。通常有至少 50% 的资金投资于股票。

（2）事件驱动

通过持有公司股票并参与或将参与公司的各种交易,包括但是并不局限于并购、重组、财务危机、收购报价、股票回购、债务调换、证券发行或者其他资本结构调整。

（3）宏观对冲

关注经济指标的变动方向,投资于大宗商品等。国内公募基金主要是指投资于黄金。

（4）商品型

投资于大宗商品等。

（5）相对价值

相对价值策略利用相关投资品种之间的定价误差获利,常见的相对价值策略包括股票市场中性、可转换套利和固定收益套利。

（6）REITS

房地产信托基金,或者主要投资于 REITS 的基金。

（7）其他

无法归于上述分类的另类投资基金。

6. QDII

主要投资于非本国的股票、债券、基金、货币、商品或其他衍生品的基金。QDII 的分类细则同上面国内的分类。包括 QDII 股票型、QDII 混合型、QDII 债券型、QDII 另类投资。

1.2.2　基金公司整体投资回报能力指标设计思路

1. 首先根据 Wind 基金分类标准（投资类型二级分类）计算期间内样本基金公

司旗下各类型样本基金在同类型基金中的相对排名,计算得出这只基金的标准分。

这一排名方法克服了业绩比较标准不同的麻烦。如果在牛市大家表现都好,那么就看你在同类型基金中的排列情况,如果在同类型基金中排名靠后,即使收益不错,也会被认为不行。如果在熊市中大家表现都差,同样要看你在同类型基金中的相对表现,即使收益很差,但相对排名靠前,仍然认为是胜过其他同类型基金。

2. 给参与排名计算的基金赋予权重。

我们采用统计期间内此基金的规模除以所属基金公司样本基金同时期规模之和作为其权重。

3. 按基金公司旗下样本基金的权重,将公司旗下样本基金的标准分加权得到该基金公司的整体投资回报能力分值。

4. 将基金公司整体投资回报能力分值由高到低排序,得出该期间基金管理公司整体投资回报能力评价名次。

2 三年期公募基金管理公司整体投资回报能力评价

2.1 数据来源与样本说明

三年期的数据区间为 2015 年 12 月 31 日至 2018 年 12 月 31 日。所有公募基金数据来源于 Wind 金融资讯终端。从 Wind 上我们获得的数据变量有：基金名称、基金管理公司、投资类型（二级分类）、投资风格、复权单位净值增长率（20151231—20181231）、单位净值（20151231）、单位净值（20181231）、基金份额（20151231）、基金份额（20181231）。

我们删除国际（QDII）类基金、同期样本数少于 10 的类别，再删除同期旗下样本基金数少于 3 只的基金管理公司，最后的样本基金数为 3 284 只，样本基金管理公司总共 96 家。

投资类型包括：偏股混合型基金（475 只）、混合债券型一级基金（160 只）、混合债券型二级基金（262 只）、灵活配置型基金（781 只）、被动指数型基金（383 只）、偏债混合型基金（97 只）、货币市场型基金（489 只）、中长期纯债型基金（362 只）、普通股票型基金（156 只）、增强指数型基金（45 只）、平衡混合型基金（25 只）、短期纯债型基金（10 只）、股票多空（17 只）、被动指数型债券基金（22 只）。

我们按第 1 部分介绍的计算方法，计算出样本中每家基金公司的整体投资回报能力分数，依高分到低分进行排序。

2.2 三年期整体投资回报能力评价结果

在三年期的整体投资回报能力排名中，我们可以看到排在最前面的并不是老牌基金公司，从样本基金数量来看，它们的管理规模均较小。如第 1 名的诺德，样本基金数量为 9，排在第 2 名的嘉合样本基金数为 4，排在第 3 名的东方红资管样本基金数为 19。见表 2-1。

表 2-1 三年期整体投资回报能力评价

整体投资回报能力排名	基金公司(简称)	整体投资回报能力得分	样本基金数量
1	诺德	1.550	9
2	嘉合	1.181	4
3	东方红资管	1.121	19
4	安信	0.943	26
5	泓德	0.871	10
6	圆信永丰	0.804	7
7	浙商	0.732	8
8	国海富兰克林	0.712	28
9	兴全	0.652	18
10	金元顺安	0.651	12
11	中加	0.620	6
12	国金	0.617	9
13	方正富邦	0.612	8
14	西部利得	0.611	9
15	民生加银	0.587	39
16	中欧	0.575	51
17	招商	0.536	75
18	泰康资产	0.525	5
19	鹏华	0.525	99
20	摩根士丹利华鑫	0.478	24
21	大成	0.438	83
22	景顺长城	0.418	65
23	交银施罗德	0.412	59
24	长安	0.407	8
25	中融	0.396	21
26	英大	0.393	8
27	国寿安保	0.367	22
28	广发	0.367	107

整体投资回报能力排名	基金公司(简称)	整体投资回报能力得分	样本基金数量
29	万家	0.356	30
30	易方达	0.355	112
31	国泰	0.350	65
32	光大保德信	0.348	34
33	海富通	0.345	33
34	汇添富	0.324	75
35	华夏	0.319	73
36	中金	0.312	6
37	中银	0.303	63
38	建信	0.293	76
39	平安	0.285	15
40	南方	0.275	108
41	华安	0.274	81
42	华泰柏瑞	0.274	43
43	兴业	0.251	19
44	工银瑞信	0.245	87
45	永赢	0.240	4
46	金鹰	0.233	20
47	国投瑞银	0.232	64
48	嘉实	0.220	93
49	中信保诚	0.219	45
50	信达澳银	0.219	16
51	前海开源	0.211	33
52	长城	0.186	37
53	汇丰晋信	0.182	21
54	诺安	0.167	57
55	农银汇理	0.160	34
56	红塔红土	0.156	5

整体投资回报能力排名	基金公司(简称)	整体投资回报能力得分	样本基金数量
57	新华	0.152	34
58	博时	0.138	100
59	兴银	0.121	10
60	北信瑞丰	0.118	10
61	天弘	0.116	68
62	上银	0.115	3
63	华润元大	0.115	10
64	德邦	0.088	16
65	鑫元	0.074	14
66	泰达宏利	0.055	39
67	中海	0.047	33
68	九泰	0.021	7
69	银华	−0.005	60
70	浦银安盛	−0.012	29
71	东方	−0.050	37
72	华宝	−0.078	41
73	长信	−0.081	34
74	申万菱信	−0.087	26
75	银河	−0.122	41
76	国联安	−0.146	33
77	华富	−0.203	25
78	富国	−0.219	79
79	融通	−0.321	41
80	东吴	−0.345	23
81	长盛	−0.366	46
82	上投摩根	−0.387	59
83	中信建投	−0.392	8
84	富安达	−0.408	10

续表 2-1

整体投资回报能力排名	基金公司(简称)	整体投资回报能力得分	样本基金数量
85	华融证券	−0.411	5
86	宝盈	−0.463	24
87	国开泰富	−0.481	4
88	财通	−0.678	7
89	创金合信	−0.694	11
90	江信	−0.840	3
91	泰信	−0.845	18
92	益民	−0.888	7
93	中邮	−0.972	28
94	天治	−1.004	12
95	华商	−1.396	38
96	山西证券	−2.429	3

2.3 三年期整体投资回报能力评价详细说明

从表 2-2 中的数据,我们可以看出按照整体投资回报能力的计算方法,为什么有的基金公司可以排在前列。比如排在第 1 名的诺德,旗下两只规模较大的样本基金诺德成长优势、诺德价值优势在同期 475 只偏股混合型基金中分别排到第 12、第 38,这是诺德基金公司在三年期整体投资回报能力评价中排名第 1 的重要原因。

表 2-2 三年期排名中所有样本基金详细情况

整体投资回报能力排名	基金公司(简称)	基金名称	投资类型(二级分类)	样本基金数量	同类基金中排名	期间内规模(亿)
1	诺德	诺德成长优势	偏股混合型基金	475	12	10.702
1	诺德	诺德价值优势	偏股混合型基金	475	38	9.301
1	诺德	诺德周期策略	偏股混合型基金	475	84	1.194
1	诺德	诺德优选 30	偏股混合型基金	475	87	0.783

整体投资回报能力排名	基金公司（简称）	基金名称	投资类型（二级分类）	样本基金数量	同类基金中排名	期间内规模（亿）
1	诺德	诺德中小盘	偏股混合型基金	475	364	0.500
1	诺德	诺德双翼	混合债券型一级基金	160	150	0.745
1	诺德	诺德增强收益	混合债券型二级基金	262	175	0.647
1	诺德	诺德主题灵活配置	灵活配置型基金	781	596	0.334
1	诺德	诺德深证 300 分级	被动指数型基金	383	309	0.050
2	嘉合	嘉合磐石 C	偏债混合型基金	97	9	20.309
2	嘉合	嘉合磐石 A	偏债混合型基金	97	30	0.948
2	嘉合	嘉合货币 B	货币市场型基金	489	4	209.799
2	嘉合	嘉合货币 A	货币市场型基金	489	29	1.674
3	东方红资管	东方红 6 个月定开	中长期纯债型基金	362	97	8.094
3	东方红资管	东方红睿逸	偏债混合型基金	97	3	11.037
3	东方红资管	东方红稳健精选 A	偏债混合型基金	97	11	22.340
3	东方红资管	东方红稳健精选 C	偏债混合型基金	97	13	1.570
3	东方红资管	东方红信用债 A	混合债券型一级基金	160	36	1.931
3	东方红资管	东方红信用债 C	混合债券型一级基金	160	49	1.759
3	东方红资管	东方红收益增强 A	混合债券型二级基金	262	126	18.590
3	东方红资管	东方红收益增强 C	混合债券型二级基金	262	135	3.354
3	东方红资管	东方红睿元三年定期	灵活配置型基金	781	8	8.328
3	东方红资管	东方红睿丰	灵活配置型基金	781	18	68.222
3	东方红资管	东方红中国优势	灵活配置型基金	781	19	62.487
3	东方红资管	东方红产业升级	灵活配置型基金	781	33	41.953
3	东方红资管	东方红睿阳	灵活配置型基金	781	52	5.890
3	东方红资管	东方红策略精选 A	灵活配置型基金	781	79	2.469
3	东方红资管	东方红领先精选	灵活配置型基金	781	127	7.875
3	东方红资管	东方红策略精选 C	灵活配置型基金	781	136	13.236
3	东方红资管	东方红优势精选	灵活配置型基金	781	220	11.152

续表 2-2

整体投资回报能力排名	基金公司（简称）	基金名称	投资类型（二级分类）	样本基金数量	同类基金中排名	期间内规模（亿）
3	东方红资管	东方红京东大数据	灵活配置型基金	781	256	15.978
3	东方红资管	东方红新动力	灵活配置型基金	781	317	24.847
4	安信	安信永利信用 A	中长期纯债型基金	362	74	2.755
4	安信	安信目标收益 A	中长期纯债型基金	362	112	4.813
4	安信	安信永利信用 C	中长期纯债型基金	362	129	1.033
4	安信	安信目标收益 C	中长期纯债型基金	362	163	3.680
4	安信	安信价值精选	普通股票型基金	156	6	21.136
4	安信	安信消费医药主题	普通股票型基金	156	13	16.948
4	安信	安信新常态沪港深精选	普通股票型基金	156	29	2.306
4	安信	安信宝利	混合债券型一级基金	160	2	12.037
4	安信	安信稳健增值 A	灵活配置型基金	781	27	0.489
4	安信	安信稳健增值 C	灵活配置型基金	781	37	17.317
4	安信	安信动态策略 A	灵活配置型基金	781	46	1.621
4	安信	安信动态策略 C	灵活配置型基金	781	49	7.033
4	安信	安信平稳增长 A	灵活配置型基金	781	61	2.001
4	安信	安信平稳增长 C	灵活配置型基金	781	65	13.920
4	安信	安信优势增长 A	灵活配置型基金	781	75	1.459
4	安信	安信优势增长 C	灵活配置型基金	781	83	11.318
4	安信	安信鑫安得利 A	灵活配置型基金	781	103	1.826
4	安信	安信鑫安得利 C	灵活配置型基金	781	120	18.394
4	安信	安信新动力 A	灵活配置型基金	781	153	0.599
4	安信	安信新动力 C	灵活配置型基金	781	196	11.559
4	安信	安信灵活配置	灵活配置型基金	781	625	1.110
4	安信	安信鑫发优选	灵活配置型基金	781	664	1.450
4	安信	安信中证一带一路	被动指数型基金	383	226	0.708
4	安信	安信现金管理货币 B	货币市场型基金	489	179	58.189

整体投资回报能力排名	基金公司（简称）	基金名称	投资类型（二级分类）	样本基金数量	同类基金中排名	期间内规模（亿）
4	安信	安信现金管理货币 A	货币市场型基金	489	338	2.923
4	安信	安信现金增利 A	货币市场型基金	489	397	1.802
5	泓德	泓德优选成长	偏股混合型基金	475	42	28.852
5	泓德	泓德战略转型	普通股票型基金	156	30	6.239
5	泓德	泓德裕泰 A	混合债券型二级基金	262	2	17.217
5	泓德	泓德裕泰 C	混合债券型二级基金	262	6	1.967
5	泓德	泓德泓富 A	灵活配置型基金	781	274	25.311
5	泓德	泓德远见回报	灵活配置型基金	781	278	14.852
5	泓德	泓德泓富 C	灵活配置型基金	781	288	0.071
5	泓德	泓德泓业	灵活配置型基金	781	332	8.400
5	泓德	泓德泓利 B	货币市场型基金	489	211	14.040
5	泓德	泓德泓利 A	货币市场型基金	489	363	0.057
6	圆信永丰	圆信永丰兴融 A	中长期纯债型基金	362	96	13.341
6	圆信永丰	圆信永丰兴融 C	中长期纯债型基金	362	125	0.003
6	圆信永丰	圆信永丰纯债 A	中长期纯债型基金	362	134	0.892
6	圆信永丰	圆信永丰纯债 C	中长期纯债型基金	362	187	0.036
6	圆信永丰	圆信永丰优加生活	普通股票型基金	156	5	7.998
6	圆信永丰	圆信永丰双红利 A	灵活配置型基金	781	347	11.556
6	圆信永丰	圆信永丰双红利 C	灵活配置型基金	781	373	0.616
7	浙商	浙商聚盈纯债 A	中长期纯债型基金	362	52	10.589
7	浙商	浙商聚盈纯债 C	中长期纯债型基金	362	88	0.012
7	浙商	浙商惠盈纯债	中长期纯债型基金	362	95	1.522
7	浙商	浙商聚潮新思维	偏股混合型基金	475	131	2.121
7	浙商	浙商聚潮产业成长	偏股混合型基金	475	276	2.450
7	浙商	浙商聚潮策略	灵活配置型基金	781	56	15.006
7	浙商	浙商日添利 B	货币市场型基金	489	188	7.131

整体投资回报能力排名	基金公司（简称）	基金名称	投资类型（二级分类）	样本基金数量	同类基金中排名	期间内规模（亿）
7	浙商	浙商日添利 A	货币市场型基金	489	342	1.450
8	国海富兰克林	国富恒久信用 A	中长期纯债型基金	362	180	3.642
8	国海富兰克林	国富恒久信用 C	中长期纯债型基金	362	208	0.912
8	国海富兰克林	国富弹性市值	偏股混合型基金	475	14	25.038
8	国海富兰克林	国富潜力组合 A 人民币	偏股混合型基金	475	178	15.020
8	国海富兰克林	国富研究精选	偏股混合型基金	475	267	0.595
8	国海富兰克林	国富成长动力	偏股混合型基金	475	329	1.099
8	国海富兰克林	国富深化价值	偏股混合型基金	475	369	2.846
8	国海富兰克林	国富中证 100	增强指数型基金	45	7	0.522
8	国海富兰克林	国富沪深 300	增强指数型基金	45	29	1.809
8	国海富兰克林	国富中国收益	平衡混合型基金	25	8	2.753
8	国海富兰克林	国富中小盘	普通股票型基金	156	24	9.572
8	国海富兰克林	国富健康优质生活	普通股票型基金	156	81	0.187
8	国海富兰克林	国富岁岁恒丰 A	混合债券型一级基金	160	11	2.675
8	国海富兰克林	国富岁岁恒丰 C	混合债券型一级基金	160	23	0.518
8	国海富兰克林	国富强化收益 A	混合债券型二级基金	262	36	10.106
8	国海富兰克林	国富强化收益 C	混合债券型二级基金	262	47	0.642
8	国海富兰克林	国富焦点驱动灵活配置	灵活配置型基金	781	133	21.722
8	国海富兰克林	国富新机遇 A	灵活配置型基金	781	156	1.816
8	国海富兰克林	国富新增长 A	灵活配置型基金	781	169	0.315
8	国海富兰克林	国富新机遇 C	灵活配置型基金	781	182	12.540
8	国海富兰克林	国富金融地产 C	灵活配置型基金	781	199	15.869
8	国海富兰克林	国富新增长 C	灵活配置型基金	781	202	3.291
8	国海富兰克林	国富新价值 C	灵活配置型基金	781	247	1.525
8	国海富兰克林	国富新价值 A	灵活配置型基金	781	249	0.011
8	国海富兰克林	国富金融地产 A	灵活配置型基金	781	279	0.764

整体投资回报能力排名	基金公司(简称)	基金名称	投资类型(二级分类)	样本基金数量	同类基金中排名	期间内规模(亿)
8	国海富兰克林	国富策略回报	灵活配置型基金	781	672	0.547
8	国海富兰克林	国富日日收益 B	货币市场型基金	489	285	40.787
8	国海富兰克林	国富日日收益 A	货币市场型基金	489	409	6.356
9	兴全	兴全稳益定期开放	中长期纯债型基金	362	2	57.086
9	兴全	兴全可转债	偏债混合型基金	97	67	24.859
9	兴全	兴全精选	偏股混合型基金	475	15	11.750
9	兴全	兴全轻资产	偏股混合型基金	475	35	37.877
9	兴全	兴全商业模式优选	偏股混合型基金	475	40	7.569
9	兴全	兴全社会责任	偏股混合型基金	475	95	59.247
9	兴全	兴全合润分级	偏股混合型基金	475	98	38.021
9	兴全	兴全绿色投资	偏股混合型基金	475	236	8.279
9	兴全	兴全沪深 300	增强指数型基金	45	2	9.094
9	兴全	兴全全球视野	普通股票型基金	156	103	27.362
9	兴全	兴全磐稳增利债券	混合债券型一级基金	160	33	44.477
9	兴全	兴全新视野	灵活配置型基金	781	281	50.998
9	兴全	兴全趋势投资	灵活配置型基金	781	301	98.985
9	兴全	兴全有机增长	灵活配置型基金	781	368	22.360
9	兴全	兴全天添益 B	货币市场型基金	489	39	60.952
9	兴全	兴全货币 A	货币市场型基金	489	49	46.681
9	兴全	兴全添利宝	货币市场型基金	489	97	595.623
9	兴全	兴全天添益 A	货币市场型基金	489	158	0.060
10	金元顺安	金元顺安丰祥	中长期纯债型基金	362	332	0.921
10	金元顺安	金元顺安核心动力	偏股混合型基金	475	91	0.339
10	金元顺安	金元顺安宝石动力	偏股混合型基金	475	157	1.191
10	金元顺安	金元顺安消费主题	偏股混合型基金	475	245	0.150
10	金元顺安	金元顺安新经济主题	偏股混合型基金	475	328	0.440

整体投资回报能力排名	基金公司（简称）	基金名称	投资类型（二级分类）	样本基金数量	同类基金中排名	期间内规模（亿）
10	金元顺安	金元顺安价值增长	偏股混合型基金	475	473	0.227
10	金元顺安	金元顺安丰利	混合债券型二级基金	262	113	11.330
10	金元顺安	金元顺安优质精选 A	灵活配置型基金	781	484	0.168
10	金元顺安	金元顺安优质精选 C	灵活配置型基金	781	490	0.736
10	金元顺安	金元顺安成长动力	灵活配置型基金	781	717	0.202
10	金元顺安	金元顺安金元宝 B	货币市场型基金	489	38	59.608
10	金元顺安	金元顺安金元宝 A	货币市场型基金	489	157	1.376
11	中加	中加纯债一年 A	中长期纯债型基金	362	26	8.284
11	中加	中加纯债一年 C	中长期纯债型基金	362	38	1.301
11	中加	中加心享 A	灵活配置型基金	781	171	21.703
11	中加	中加改革红利	灵活配置型基金	781	605	1.639
11	中加	中加货币 C	货币市场型基金	489	81	212.148
11	中加	中加货币 A	货币市场型基金	489	225	16.289
12	国金	国金鑫安保本	平衡混合型基金	25	6	8.590
12	国金	国金鑫新	灵活配置型基金	781	380	0.161
12	国金	国金国鑫灵活配置	灵活配置型基金	781	507	5.478
12	国金	国金鑫运	灵活配置型基金	781	781	0.012
12	国金	国金上证 50	被动指数型基金	383	39	0.321
12	国金	国金众赢	货币市场型基金	489	47	165.236
12	国金	国金金腾通 A	货币市场型基金	489	72	128.450
12	国金	国金金腾通 C	货币市场型基金	489	438	19.688
12	国金	国金鑫盈货币	货币市场型基金	489	448	1.342
13	方正富邦	方正富邦互利定期开放	中长期纯债型基金	362	350	0.210
13	方正富邦	方正富邦红利精选	偏股混合型基金	475	138	0.177
13	方正富邦	方正富邦创新动力	偏股混合型基金	475	389	0.748
13	方正富邦	方正富邦优选 A	灵活配置型基金	781	609	0.128

整体投资回报能力排名	基金公司（简称）	基金名称	投资类型（二级分类）	样本基金数量	同类基金中排名	期间内规模（亿）
13	方正富邦	方正富邦中证保险	被动指数型基金	383	48	2.350
13	方正富邦	方正富邦货币 B	货币市场型基金	489	30	1.643
13	方正富邦	方正富邦金小宝	货币市场型基金	489	80	141.888
13	方正富邦	方正富邦货币 A	货币市场型基金	489	145	2.188
14	西部利得	西部利得策略优选	偏股混合型基金	475	146	1.261
14	西部利得	西部利得稳定增利 A	混合债券型一级基金	160	136	0.107
14	西部利得	西部利得稳定增利 C	混合债券型一级基金	160	137	0.008
14	西部利得	西部利得稳健双利 A	混合债券型二级基金	262	50	1.727
14	西部利得	西部利得稳健双利 C	混合债券型二级基金	262	66	0.435
14	西部利得	西部利得多策略优选	灵活配置型基金	781	131	27.916
14	西部利得	西部利得成长精选	灵活配置型基金	781	348	18.810
14	西部利得	西部利得新动向	灵活配置型基金	781	630	1.326
14	西部利得	西部利得中证 500	被动指数型基金	383	230	0.811
15	民生加银	民生加银平稳增利 A	中长期纯债型基金	362	15	18.817
15	民生加银	民生加银岁岁增利 A	中长期纯债型基金	362	18	9.844
15	民生加银	民生加银平稳增利 C	中长期纯债型基金	362	23	0.431
15	民生加银	民生加银平稳添利 A	中长期纯债型基金	362	25	24.425
15	民生加银	民生加银岁岁增利 C	中长期纯债型基金	362	33	3.029
15	民生加银	民生加银平稳添利 C	中长期纯债型基金	362	41	0.629
15	民生加银	民生加银岁岁增利 D	中长期纯债型基金	362	352	1.259
15	民生加银	民生加银景气行业	偏股混合型基金	475	24	8.035
15	民生加银	民生加银稳健成长	偏股混合型基金	475	97	0.708
15	民生加银	民生加银内需增长	偏股混合型基金	475	161	1.900
15	民生加银	民生加银精选	偏股混合型基金	475	261	1.996
15	民生加银	民生加银优选	普通股票型基金	156	39	3.235
15	民生加银	民生加银信用双利 A	混合债券型二级基金	262	213	21.192

整体投资回报能力排名	基金公司（简称）	基金名称	投资类型（二级分类）	样本基金数量	同类基金中排名	期间内规模（亿）
15	民生加银	民生加银信用双利 C	混合债券型二级基金	262	219	7.281
15	民生加银	民生加银新收益 A	混合债券型二级基金	262	224	1.328
15	民生加银	民生加银新收益 C	混合债券型二级基金	262	225	0.641
15	民生加银	民生加银增强收益 A	混合债券型二级基金	262	230	17.075
15	民生加银	民生加银增强收益 C	混合债券型二级基金	262	231	5.271
15	民生加银	民生加银转债优选 A	混合债券型二级基金	262	251	2.834
15	民生加银	民生加银转债优选 C	混合债券型二级基金	262	253	0.661
15	民生加银	民生加银新战略	灵活配置型基金	781	111	6.147
15	民生加银	民生加银新动力 D	灵活配置型基金	781	325	0.000
15	民生加银	民生加银新动力 A	灵活配置型基金	781	447	18.937
15	民生加银	民生加银品牌蓝筹	灵活配置型基金	781	453	1.635
15	民生加银	民生加银城镇化	灵活配置型基金	781	471	2.055
15	民生加银	民生加银策略精选	灵活配置型基金	781	481	6.255
15	民生加银	民生加银红利回报	灵活配置型基金	781	502	1.296
15	民生加银	民生加银积极成长	灵活配置型基金	781	611	0.736
15	民生加银	民生加银研究精选	灵活配置型基金	781	683	12.748
15	民生加银	民生加银中证内地资源	被动指数型基金	383	164	0.772
15	民生加银	民生加银家盈月度 B	货币市场型基金	489	1	83.421
15	民生加银	民生加银家盈月度 A	货币市场型基金	489	13	46.857
15	民生加银	民生加银家盈月度 E	货币市场型基金	489	14	80.776
15	民生加银	民生加银家盈 7 天 B	货币市场型基金	489	68	39.173
15	民生加银	民生加银现金宝 A	货币市场型基金	489	106	342.496
15	民生加银	民生加银现金增利 B	货币市场型基金	489	115	125.735
15	民生加银	民生加银家盈 7 天 A	货币市场型基金	489	212	23.511
15	民生加银	民生加银现金增利 D	货币市场型基金	489	233	1.284
15	民生加银	民生加银现金增利 A	货币市场型基金	489	280	22.380

整体投资回报能力排名	基金公司（简称）	基金名称	投资类型（二级分类）	样本基金数量	同类基金中排名	期间内规模（亿）
16	中欧	中欧兴利	中长期纯债型基金	362	21	29.833
16	中欧	中欧纯债添利分级	中长期纯债型基金	362	40	11.280
16	中欧	中欧天禧纯债	中长期纯债型基金	362	119	3.013
16	中欧	中欧强势多策略	中长期纯债型基金	362	222	11.252
16	中欧	中欧稳健收益 A	中长期纯债型基金	362	268	0.211
16	中欧	中欧稳健收益 C	中长期纯债型基金	362	291	0.247
16	中欧	中欧睿达定期开放	偏债混合型基金	97	44	8.713
16	中欧	中欧睿尚定期开放	偏债混合型基金	97	61	5.735
16	中欧	中欧价值发现 E	偏股混合型基金	475	16	0.178
16	中欧	中欧价值发现 A	偏股混合型基金	475	20	30.484
16	中欧	中欧行业成长 E	偏股混合型基金	475	44	0.223
16	中欧	中欧行业成长 A	偏股混合型基金	475	49	37.157
16	中欧	中欧新趋势 E	偏股混合型基金	475	59	0.654
16	中欧	中欧新趋势 A	偏股混合型基金	475	60	28.427
16	中欧	中欧新动力 E	偏股混合型基金	475	85	0.023
16	中欧	中欧新动力 A	偏股混合型基金	475	89	13.735
16	中欧	中欧永裕 A	偏股混合型基金	475	206	30.492
16	中欧	中欧盛世成长 E	偏股混合型基金	475	208	0.336
16	中欧	中欧盛世成长 A	偏股混合型基金	475	211	28.826
16	中欧	中欧永裕 C	偏股混合型基金	475	229	0.435
16	中欧	中欧明睿新起点	偏股混合型基金	475	450	35.373
16	中欧	中欧时代先锋 A	普通股票型基金	156	1	11.507
16	中欧	中欧增强回报 E	混合债券型一级基金	160	18	0.049
16	中欧	中欧增强回报 A	混合债券型一级基金	160	21	17.004
16	中欧	中欧信用增利 C	混合债券型一级基金	160	126	3.409
16	中欧	中欧琪和 A	灵活配置型基金	781	44	17.035

整体投资回报能力排名	基金公司（简称）	基金名称	投资类型（二级分类）	样本基金数量	同类基金中排名	期间内规模（亿）
16	中欧	中欧瑾源 A	灵活配置型基金	781	63	2.617
16	中欧	中欧瑾泉 A	灵活配置型基金	781	69	0.036
16	中欧	中欧瑾通 A	灵活配置型基金	781	80	3.660
16	中欧	中欧瑾泉 C	灵活配置型基金	781	89	16.130
16	中欧	中欧瑾通 C	灵活配置型基金	781	114	10.029
16	中欧	中欧琪和 C	灵活配置型基金	781	154	1.679
16	中欧	中欧瑾源 C	灵活配置型基金	781	157	12.116
16	中欧	中欧潜力价值 A	灵活配置型基金	781	236	17.887
16	中欧	中欧琪丰 A	灵活配置型基金	781	287	0.020
16	中欧	中欧琪丰 C	灵活配置型基金	781	320	12.552
16	中欧	中欧瑾和 A	灵活配置型基金	781	352	13.188
16	中欧	中欧成长优选回报 E	灵活配置型基金	781	369	0.017
16	中欧	中欧瑾和 C	灵活配置型基金	781	372	0.015
16	中欧	中欧新蓝筹 E	灵活配置型基金	781	379	0.425
16	中欧	中欧新蓝筹 A	灵活配置型基金	781	388	39.378
16	中欧	中欧成长优选回报 A	灵活配置型基金	781	422	2.135
16	中欧	中欧价值智选回报 E	灵活配置型基金	781	448	0.712
16	中欧	中欧价值智选回报 A	灵活配置型基金	781	547	5.237
16	中欧	中欧精选 E	灵活配置型基金	781	635	0.110
16	中欧	中欧精选 A	灵活配置型基金	781	641	21.516
16	中欧	中欧滚钱宝 A	货币市场型基金	489	51	421.108
16	中欧	中欧货币 B	货币市场型基金	489	239	147.297
16	中欧	中欧货币 A	货币市场型基金	489	382	0.847
16	中欧	中欧骏盈 B	货币市场型基金	489	457	1.266
16	中欧	中欧骏盈 A	货币市场型基金	489	460	0.000
17	招商	招商安泰债券 A	中长期纯债型基金	362	182	13.519

续表 2-2

整体投资回报能力排名	基金公司（简称）	基金名称	投资类型（二级分类）	样本基金数量	同类基金中排名	期间内规模（亿）
17	招商	招商安泰债券 B	中长期纯债型基金	362	216	8.520
17	招商	招商招益一年定期开放	中长期纯债型基金	362	272	1.866
17	招商	招商安弘保本	偏债混合型基金	97	27	23.975
17	招商	招商安润保本	偏债混合型基金	97	83	16.923
17	招商	招商先锋	偏股混合型基金	475	122	17.695
17	招商	招商安泰	偏股混合型基金	475	174	5.816
17	招商	招商优质成长	偏股混合型基金	475	247	11.717
17	招商	招商行业领先 A	偏股混合型基金	475	268	5.531
17	招商	招商核心价值	偏股混合型基金	475	297	12.300
17	招商	招商大盘蓝筹	偏股混合型基金	475	334	6.265
17	招商	招商中小盘精选	偏股混合型基金	475	350	2.001
17	招商	招商国企改革	偏股混合型基金	475	380	12.487
17	招商	招商安泰平衡	平衡混合型基金	25	14	0.624
17	招商	招商行业精选	普通股票型基金	156	71	7.897
17	招商	招商医药健康产业	普通股票型基金	156	76	10.941
17	招商	招商体育文化休闲	普通股票型基金	156	132	0.868
17	招商	招商移动互联网	普通股票型基金	156	143	22.044
17	招商	招商双债增强	混合债券型一级基金	160	1	1.096
17	招商	招商产业 A	混合债券型一级基金	160	3	9.986
17	招商	招商产业 C	混合债券型一级基金	160	6	4.689
17	招商	招商安心收益	混合债券型一级基金	160	7	13.653
17	招商	招商信用添利	混合债券型一级基金	160	16	9.743
17	招商	招商可转债	混合债券型一级基金	160	159	0.605
17	招商	招商安盈	混合债券型二级基金	262	104	22.322
17	招商	招商信用增强	混合债券型二级基金	262	131	3.895
17	招商	招商安瑞进取	混合债券型二级基金	262	190	4.168

整体投资回报能力排名	基金公司（简称）	基金名称	投资类型（二级分类）	样本基金数量	同类基金中排名	期间内规模（亿）
17	招商	招商安本增利	混合债券型二级基金	262	232	6.080
17	招商	招商丰融 A	灵活配置型基金	781	13	0.283
17	招商	招商丰庆 A	灵活配置型基金	781	21	217.151
17	招商	招商丰融 C	灵活配置型基金	781	23	16.298
17	招商	招商丰享 A	灵活配置型基金	781	84	0.027
17	招商	招商丰裕 A	灵活配置型基金	781	118	0.002
17	招商	招商丰享 C	灵活配置型基金	781	121	12.529
17	招商	招商丰裕 C	灵活配置型基金	781	168	13.296
17	招商	招商丰泽 A	灵活配置型基金	781	239	4.667
17	招商	招商丰泽 C	灵活配置型基金	781	264	13.219
17	招商	招商瑞丰 A	灵活配置型基金	781	265	1.654
17	招商	招商瑞丰 C	灵活配置型基金	781	286	17.669
17	招商	招商制造业转型 A	灵活配置型基金	781	330	8.237
17	招商	招商安益	灵活配置型基金	781	356	8.957
17	招商	招商丰泰	灵活配置型基金	781	408	21.541
17	招商	招商丰盛稳定增长 A	灵活配置型基金	781	439	5.416
17	招商	招商丰利 A	灵活配置型基金	781	514	4.073
17	招商	招商优势企业	灵活配置型基金	781	549	0.724
17	招商	招商境远	灵活配置型基金	781	555	25.738
17	招商	招商安达	灵活配置型基金	781	586	9.196
17	招商	招商丰庆 C	灵活配置型基金	781	780	0.000
17	招商	招商中证白酒	被动指数型基金	383	2	28.816
17	招商	招商央视财经 50A	被动指数型基金	383	21	1.793
17	招商	招商中证银行指数分级	被动指数型基金	383	32	3.408
17	招商	招商上证消费 80ETF	被动指数型基金	383	84	1.461

整体投资回报能力排名	基金公司（简称）	基金名称	投资类型（二级分类）	样本基金数量	同类基金中排名	期间内规模（亿）
17	招商	招商上证消费 80ETF 联接 A	被动指数型基金	383	88	1.379
17	招商	招商深证 100A	被动指数型基金	383	174	0.586
17	招商	招商中证煤炭	被动指数型基金	383	185	3.570
17	招商	招商沪深 300 地产	被动指数型基金	383	200	1.091
17	招商	招商国证生物医药	被动指数型基金	383	204	4.172
17	招商	招商中证证券公司	被动指数型基金	383	326	10.664
17	招商	招商沪深 300 高贝塔	被动指数型基金	383	337	0.177
17	招商	招商深证 TMT50ETF 联接 A	被动指数型基金	383	338	0.672
17	招商	招商深证 TMT50ETF	被动指数型基金	383	341	0.699
17	招商	招商招利 1 个月 C	货币市场型基金	489	26	7.071
17	招商	招商招利 1 个月 A	货币市场型基金	489	33	22.663
17	招商	招商招利 1 个月 B	货币市场型基金	489	34	8.700
17	招商	招商招钱宝 C	货币市场型基金	489	91	22.529
17	招商	招商招钱宝 B	货币市场型基金	489	104	875.995
17	招商	招商招钱宝 A	货币市场型基金	489	105	24.297
17	招商	招商理财 7 天 B	货币市场型基金	489	111	11.694
17	招商	招商现金增值 B	货币市场型基金	489	133	473.709
17	招商	招商保证金快线 B	货币市场型基金	489	165	14.355
17	招商	招商招金宝 B	货币市场型基金	489	260	10.160
17	招商	招商现金增值 A	货币市场型基金	489	294	132.931
17	招商	招商理财 7 天 A	货币市场型基金	489	307	5.134
17	招商	招商保证金快线 A	货币市场型基金	489	324	6.047
17	招商	招商招金宝 A	货币市场型基金	489	395	2.624
18	泰康资产	泰康新机遇	灵活配置型基金	781	307	13.102
18	泰康资产	泰康新回报 C	灵活配置型基金	781	497	0.563

整体投资回报能力排名	基金公司（简称）	基金名称	投资类型（二级分类）	样本基金数量	同类基金中排名	期间内规模（亿）
18	泰康资产	泰康新回报 A	灵活配置型基金	781	503	1.075
18	泰康资产	泰康薪意保 B	货币市场型基金	489	87	79.335
18	泰康资产	泰康薪意保 A	货币市场型基金	489	234	9.551
19	鹏华	鹏华丰融	中长期纯债型基金	362	1	1.132
19	鹏华	鹏华丰泽	中长期纯债型基金	362	8	3.020
19	鹏华	鹏华产业债	中长期纯债型基金	362	98	5.792
19	鹏华	鹏华丰泰 A	中长期纯债型基金	362	194	16.721
19	鹏华	鹏华丰实 A	中长期纯债型基金	362	202	9.919
19	鹏华	鹏华丰华	中长期纯债型基金	362	224	2.769
19	鹏华	鹏华丰泰 B	中长期纯债型基金	362	229	0.045
19	鹏华	鹏华丰实 B	中长期纯债型基金	362	236	1.023
19	鹏华	鹏华纯债	中长期纯债型基金	362	321	2.759
19	鹏华	鹏华实业债纯债	中长期纯债型基金	362	347	0.759
19	鹏华	鹏华盛世创新	偏股混合型基金	475	68	0.982
19	鹏华	鹏华新兴产业	偏股混合型基金	475	116	14.573
19	鹏华	鹏华消费优选	偏股混合型基金	475	118	5.429
19	鹏华	鹏华价值优势	偏股混合型基金	475	127	22.395
19	鹏华	鹏华动力增长	偏股混合型基金	475	150	19.190
19	鹏华	鹏华普天收益	偏股混合型基金	475	218	5.722
19	鹏华	鹏华优质治理	偏股混合型基金	475	312	12.073
19	鹏华	鹏华精选成长	偏股混合型基金	475	318	2.138
19	鹏华	鹏华中国 50	偏股混合型基金	475	384	10.679
19	鹏华	鹏华环保产业	普通股票型基金	156	42	4.073
19	鹏华	鹏华养老产业	普通股票型基金	156	56	3.565
19	鹏华	鹏华改革红利	普通股票型基金	156	60	18.309
19	鹏华	鹏华先进制造	普通股票型基金	156	69	3.726

整体投资回报能力排名	基金公司（简称）	基金名称	投资类型（二级分类）	样本基金数量	同类基金中排名	期间内规模（亿）
19	鹏华	鹏华医药科技	普通股票型基金	156	102	17.052
19	鹏华	鹏华医疗保健	普通股票型基金	156	112	19.632
19	鹏华	鹏华价值精选	普通股票型基金	156	119	0.516
19	鹏华	鹏华丰润	混合债券型一级基金	160	45	0.652
19	鹏华	鹏华普天债券 A	混合债券型一级基金	160	52	6.978
19	鹏华	鹏华普天债券 B	混合债券型一级基金	160	66	1.992
19	鹏华	鹏华双债保利	混合债券型二级基金	262	15	1.730
19	鹏华	鹏华信用增利 A	混合债券型二级基金	262	19	4.698
19	鹏华	鹏华双债增利	混合债券型二级基金	262	22	3.168
19	鹏华	鹏华信用增利 B	混合债券型二级基金	262	29	0.169
19	鹏华	鹏华丰盛稳固收益	混合债券型二级基金	262	46	22.254
19	鹏华	鹏华丰收	混合债券型二级基金	262	64	26.254
19	鹏华	鹏华双债加利	混合债券型二级基金	262	79	0.942
19	鹏华	鹏华丰和 A	混合债券型二级基金	262	81	4.126
19	鹏华	鹏华国有企业债	混合债券型二级基金	262	207	0.562
19	鹏华	鹏华可转债	混合债券型二级基金	262	244	0.550
19	鹏华	鹏华弘盛 C	灵活配置型基金	781	4	4.264
19	鹏华	鹏华弘信 A	灵活配置型基金	781	85	2.596
19	鹏华	鹏华弘和 A	灵活配置型基金	781	88	7.407
19	鹏华	鹏华弘锐 A	灵活配置型基金	781	97	1.135
19	鹏华	鹏华弘实 C	灵活配置型基金	781	100	12.193
19	鹏华	鹏华弘锐 C	灵活配置型基金	781	109	12.582
19	鹏华	鹏华弘和 C	灵活配置型基金	781	112	8.091
19	鹏华	鹏华弘实 A	灵活配置型基金	781	115	3.842
19	鹏华	鹏华弘润 A	灵活配置型基金	781	141	9.450
19	鹏华	鹏华弘润 C	灵活配置型基金	781	166	8.947

整体投资回报能力排名	基金公司（简称）	基金名称	投资类型（二级分类）	样本基金数量	同类基金中排名	期间内规模（亿）
19	鹏华	鹏华弘泰 C	灵活配置型基金	781	183	2.633
19	鹏华	鹏华弘盛 A	灵活配置型基金	781	184	8.038
19	鹏华	鹏华弘利 A	灵活配置型基金	781	185	7.758
19	鹏华	鹏华弘安 A	灵活配置型基金	781	193	4.448
19	鹏华	鹏华弘泽 A	灵活配置型基金	781	206	6.878
19	鹏华	鹏华弘利 C	灵活配置型基金	781	211	11.002
19	鹏华	鹏华弘泽 C	灵活配置型基金	781	212	6.558
19	鹏华	鹏华弘泰 A	灵活配置型基金	781	215	14.192
19	鹏华	鹏华弘安 C	灵活配置型基金	781	217	3.610
19	鹏华	鹏华弘益 A	灵活配置型基金	781	218	1.198
19	鹏华	鹏华弘益 C	灵活配置型基金	781	227	15.857
19	鹏华	鹏华宏观	灵活配置型基金	781	290	2.070
19	鹏华	鹏华弘信 C	灵活配置型基金	781	296	15.330
19	鹏华	鹏华品牌传承	灵活配置型基金	781	344	12.444
19	鹏华	鹏华弘华 A	灵活配置型基金	781	428	1.172
19	鹏华	鹏华弘华 C	灵活配置型基金	781	430	11.578
19	鹏华	鹏华弘鑫 A	灵活配置型基金	781	479	0.617
19	鹏华	鹏华弘鑫 C	灵活配置型基金	781	487	16.045
19	鹏华	鹏华外延成长	灵活配置型基金	781	493	4.036
19	鹏华	鹏华策略优选	灵活配置型基金	781	581	3.297
19	鹏华	鹏华消费领先	灵活配置型基金	781	608	3.067
19	鹏华	鹏华中证酒	被动指数型基金	383	11	3.057
19	鹏华	鹏华沪深 300ETF	被动指数型基金	383	30	0.232
19	鹏华	鹏华中证银行	被动指数型基金	383	68	14.534
19	鹏华	鹏华沪深 300	被动指数型基金	383	93	2.946
19	鹏华	鹏华国证钢铁行业	被动指数型基金	383	176	0.955

整体投资回报能力排名	基金公司(简称)	基金名称	投资类型(二级分类)	样本基金数量	同类基金中排名	期间内规模(亿)
19	鹏华	鹏华中证 A 股资源产业	被动指数型基金	383	180	0.880
19	鹏华	鹏华上证民企 50ETF 联接	被动指数型基金	383	201	0.718
19	鹏华	鹏华中证 800 地产	被动指数型基金	383	206	3.392
19	鹏华	鹏华上证民企 50ETF	被动指数型基金	383	209	0.826
19	鹏华	鹏华中证一带一路	被动指数型基金	383	213	4.733
19	鹏华	鹏华中证 800 证券保险	被动指数型基金	383	217	14.341
19	鹏华	鹏华新丝路	被动指数型基金	383	235	0.066
19	鹏华	鹏华中证 500	被动指数型基金	383	265	2.978
19	鹏华	鹏华中证信息技术	被动指数型基金	383	268	3.153
19	鹏华	鹏华中证新能源	被动指数型基金	383	284	0.398
19	鹏华	鹏华深证民营 ETF 联接	被动指数型基金	383	306	0.449
19	鹏华	鹏华中证高铁产业	被动指数型基金	383	307	0.768
19	鹏华	鹏华中证证券	被动指数型基金	383	312	3.920
19	鹏华	鹏华中证环保产业	被动指数型基金	383	314	1.422
19	鹏华	鹏华中证移动互联网	被动指数型基金	383	322	1.775
19	鹏华	鹏华深证民营 ETF	被动指数型基金	383	329	0.549
19	鹏华	鹏华中证国防	被动指数型基金	383	366	80.963
19	鹏华	鹏华创业板	被动指数型基金	383	371	1.269
19	鹏华	鹏华中证传媒	被动指数型基金	383	381	5.241
19	鹏华	鹏华安盈宝	货币市场型基金	489	18	183.634
19	鹏华	鹏华添利宝	货币市场型基金	489	25	775.045
19	鹏华	鹏华增值宝	货币市场型基金	489	177	78.110
19	鹏华	鹏华货币 B	货币市场型基金	489	224	299.308
19	鹏华	鹏华货币 A	货币市场型基金	489	368	7.999

续表 2-2

整体投资回报能力排名	基金公司（简称）	基金名称	投资类型（二级分类）	样本基金数量	同类基金中排名	期间内规模（亿）
20	摩根士丹利华鑫	大摩纯债稳定增利	中长期纯债型基金	362	4	16.581
20	摩根士丹利华鑫	大摩纯债稳定添利 A	中长期纯债型基金	362	6	9.587
20	摩根士丹利华鑫	大摩纯债稳定添利 C	中长期纯债型基金	362	13	9.379
20	摩根士丹利华鑫	大摩优质信价纯债 A	中长期纯债型基金	362	20	12.554
20	摩根士丹利华鑫	大摩优质信价纯债 C	中长期纯债型基金	362	31	1.052
20	摩根士丹利华鑫	大摩双利增强 A	中长期纯债型基金	362	61	9.707
20	摩根士丹利华鑫	大摩双利增强 C	中长期纯债型基金	362	107	6.860
20	摩根士丹利华鑫	大摩基础行业混合	偏股混合型基金	475	69	1.129
20	摩根士丹利华鑫	大摩领先优势	偏股混合型基金	475	102	4.746
20	摩根士丹利华鑫	大摩主题优选	偏股混合型基金	475	130	4.835
20	摩根士丹利华鑫	大摩资源优选混合	偏股混合型基金	475	168	8.338
20	摩根士丹利华鑫	大摩卓越成长	偏股混合型基金	475	202	6.563
20	摩根士丹利华鑫	大摩量化配置	偏股混合型基金	475	220	17.884
20	摩根士丹利华鑫	大摩多因子策略	偏股混合型基金	475	400	23.493
20	摩根士丹利华鑫	大摩深证 300	增强指数型基金	45	41	0.451
20	摩根士丹利华鑫	大摩品质生活精选	普通股票型基金	156	51	4.329
20	摩根士丹利华鑫	大摩进取优选	普通股票型基金	156	96	0.612

整体投资回报能力排名	基金公司（简称）	基金名称	投资类型（二级分类）	样本基金数量	同类基金中排名	期间内规模（亿）
20	摩根士丹利华鑫	大摩量化多策略	普通股票型基金	156	117	11.018
20	摩根士丹利华鑫	大摩强收益债券	混合债券型一级基金	160	9	15.966
20	摩根士丹利华鑫	大摩多元收益 A	混合债券型二级基金	262	23	1.707
20	摩根士丹利华鑫	大摩多元收益 C	混合债券型二级基金	262	40	1.924
20	摩根士丹利华鑫	大摩多元收益 18 个月	混合债券型二级基金	262	119	10.859
20	摩根士丹利华鑫	大摩新机遇	灵活配置型基金	781	612	0.723
20	摩根士丹利华鑫	大摩消费领航	灵活配置型基金	781	779	2.270
21	大成	大成景旭纯债 A	中长期纯债型基金	362	132	1.446
21	大成	大成景旭纯债 C	中长期纯债型基金	362	174	2.524
21	大成	大成信用增利一年 A	中长期纯债型基金	362	277	1.072
21	大成	大成信用增利一年 C	中长期纯债型基金	362	305	1.293
21	大成	大成景利	偏债混合型基金	97	17	16.141
21	大成	大成景益平稳收益	偏债混合型基金	97	86	2.804
21	大成	大成财富管理 2020	偏债混合型基金	97	96	25.312
21	大成	大成精选增值	偏股混合型基金	475	10	11.680
21	大成	大成优选	偏股混合型基金	475	37	9.224
21	大成	大成策略回报	偏股混合型基金	475	39	13.072
21	大成	大成景恒 A	偏股混合型基金	475	41	4.963
21	大成	大成竞争优势	偏股混合型基金	475	46	2.320
21	大成	大成景阳领先	偏股混合型基金	475	72	11.027
21	大成	大成新锐产业	偏股混合型基金	475	96	0.575
21	大成	大成蓝筹稳健	偏股混合型基金	475	106	35.413

整体投资回报能力排名	基金公司（简称）	基金名称	投资类型（二级分类）	样本基金数量	同类基金中排名	期间内规模（亿）
21	大成	大成互联网思维	偏股混合型基金	475	110	14.293
21	大成	大成创新成长	偏股混合型基金	475	121	25.786
21	大成	大成行业轮动	偏股混合型基金	475	124	1.545
21	大成	大成中小盘	偏股混合型基金	475	142	5.563
21	大成	大成核心双动力	偏股混合型基金	475	151	0.629
21	大成	大成内需增长 A	偏股混合型基金	475	195	4.958
21	大成	大成积极成长	偏股混合型基金	475	200	11.293
21	大成	大成健康产业	偏股混合型基金	475	415	0.327
21	大成	大成消费主题	偏股混合型基金	475	459	0.445
21	大成	大成价值增长	平衡混合型基金	25	12	23.934
21	大成	大成高新技术产业	普通股票型基金	156	8	2.802
21	大成	大成产业升级	普通股票型基金	156	121	5.502
21	大成	大成债券 AB	混合债券型一级基金	160	15	4.527
21	大成	大成景兴信用债 A	混合债券型一级基金	160	19	1.856
21	大成	大成债券 C	混合债券型一级基金	160	28	2.989
21	大成	大成景兴信用债 C	混合债券型一级基金	160	34	0.318
21	大成	大成景祥分级	混合债券型一级基金	160	125	20.236
21	大成	大成景丰	混合债券型二级基金	262	187	13.438
21	大成	大成强化收益 A	混合债券型二级基金	262	203	12.900
21	大成	大成强化收益 B	混合债券型二级基金	262	204	12.900
21	大成	大成可转债	混合债券型二级基金	262	256	0.465
21	大成	大成景鹏 A	灵活配置型基金	781	12	17.741
21	大成	大成景穗 A	灵活配置型基金	781	31	2.704
21	大成	大成景源 A	灵活配置型基金	781	145	1.788
21	大成	大成景裕 A	灵活配置型基金	781	158	16.742
21	大成	大成景沛 A	灵活配置型基金	781	160	0.574

整体投资回报能力排名	基金公司（简称）	基金名称	投资类型（二级分类）	样本基金数量	同类基金中排名	期间内规模（亿）
21	大成	大成景沛 C	灵活配置型基金	781	161	0.000
21	大成	大成景辉 C	灵活配置型基金	781	172	0.000
21	大成	大成景辉 A	灵活配置型基金	781	173	0.844
21	大成	大成景明 A	灵活配置型基金	781	311	14.407
21	大成	大成景秀 A	灵活配置型基金	781	433	10.053
21	大成	大成灵活配置	灵活配置型基金	781	573	3.234
21	大成	大成睿景 A	灵活配置型基金	781	676	10.735
21	大成	大成正向回报	灵活配置型基金	781	687	2.045
21	大成	大成睿景 C	灵活配置型基金	781	688	5.292
21	大成	大成景安短融 B	短期纯债型基金	10	1	5.906
21	大成	大成景安短融 A	短期纯债型基金	10	2	8.980
21	大成	大成绝对收益 A	股票多空	17	14	0.686
21	大成	大成绝对收益 C	股票多空	17	15	0.734
21	大成	大成中证红利	被动指数基金	383	40	1.550
21	大成	大成中证 100ETF	被动指数型基金	383	75	0.440
21	大成	大成沪深 300	被动指数型基金	383	148	18.856
21	大成	大成深证成分 ETF	被动指数型基金	383	283	4.858
21	大成	大成中证 500 沪市 ETF	被动指数型基金	383	305	0.405
21	大成	大成深证成长 40ETF 联接	被动指数型基金	383	324	1.574
21	大成	大成深证成长 40ETF	被动指数型基金	383	333	1.535
21	大成	大成中证 500 深市 ETF	被动指数型基金	383	340	0.331
21	大成	大成中证互联网金融	被动指数型基金	383	346	0.871
21	大成	大成月月盈 B	货币市场型基金	489	11	144.667
21	大成	大成月添利理财 B	货币市场型基金	489	19	74.910
21	大成	大成月月盈 A	货币市场型基金	489	73	1.117

整体投资回报能力排名	基金公司（简称）	基金名称	投资类型（二级分类）	样本基金数量	同类基金中排名	期间内规模（亿）
21	大成	大成月月盈E	货币市场型基金	489	74	8.438
21	大成	大成添利宝B	货币市场型基金	489	77	172.885
21	大成	大成恒丰宝B	货币市场型基金	489	96	1.948
21	大成	大成现金增利B	货币市场型基金	489	113	1.847
21	大成	大成月添利理财A	货币市场型基金	489	118	3.142
21	大成	大成月添利理财E	货币市场型基金	489	120	3.396
21	大成	大成丰财宝B	货币市场型基金	489	144	74.970
21	大成	大成添利宝E	货币市场型基金	489	156	37.569
21	大成	大成现金宝B	货币市场型基金	489	202	7.137
21	大成	大成添利宝A	货币市场型基金	489	218	0.140
21	大成	大成货币B	货币市场型基金	489	230	299.633
21	大成	大成恒丰宝E	货币市场型基金	489	235	0.925
21	大成	大成恒丰宝A	货币市场型基金	489	254	0.057
21	大成	大成现金增利A	货币市场型基金	489	278	41.608
21	大成	大成丰财宝A	货币市场型基金	489	301	0.453
21	大成	大成货币A	货币市场型基金	489	376	17.703
21	大成	大成现金宝A	货币市场型基金	489	443	8.028
22	景顺长城	景顺长城鑫月薪	中长期纯债型基金	362	109	8.924
22	景顺长城	景顺长城景兴信用纯债A	中长期纯债型基金	362	264	3.777
22	景顺长城	景顺长城景兴信用纯债C	中长期纯债型基金	362	295	0.794
22	景顺长城	景顺长城景瑞收益	中长期纯债型基金	362	333	3.240
22	景顺长城	景顺长城鼎益	偏股混合型基金	475	3	23.585
22	景顺长城	景顺长城新兴成长	偏股混合型基金	475	4	23.210
22	景顺长城	景顺长城能源基建	偏股混合型基金	475	18	10.490
22	景顺长城	景顺长城核心竞争力A	偏股混合型基金	475	53	26.400

整体投资回报能力排名	基金公司（简称）	基金名称	投资类型（二级分类）	样本基金数量	同类基金中排名	期间内规模（亿）
22	景顺长城	景顺长城优选	偏股混合型基金	475	54	27.124
22	景顺长城	景顺长城精选蓝筹	偏股混合型基金	475	55	34.588
22	景顺长城	景顺长城公司治理	偏股混合型基金	475	57	0.521
22	景顺长城	景顺长城资源垄断	偏股混合型基金	475	61	20.132
22	景顺长城	景顺长城品质投资	偏股混合型基金	475	79	5.714
22	景顺长城	景顺长城优势企业	偏股混合型基金	475	81	4.920
22	景顺长城	景顺长城中小盘	偏股混合型基金	475	163	1.723
22	景顺长城	景顺长城内需增长	偏股混合型基金	475	209	12.716
22	景顺长城	景顺长城内需增长贰号	偏股混合型基金	475	241	20.073
22	景顺长城	景顺长城支柱产业	偏股混合型基金	475	294	1.536
22	景顺长城	景顺长城沪深300	增强指数型基金	45	8	38.954
22	景顺长城	景顺长城沪港深精选	普通股票型基金	156	12	44.625
22	景顺长城	景顺长城成长之星	普通股票型基金	156	52	0.670
22	景顺长城	景顺长城研究精选	普通股票型基金	156	61	0.609
22	景顺长城	景顺长城量化精选	普通股票型基金	156	75	19.041
22	景顺长城	景顺长城优质成长	普通股票型基金	156	98	1.660
22	景顺长城	景顺长城中小板创业板	普通股票型基金	156	127	5.059
22	景顺长城	景顺长城稳定收益A	混合债券型一级基金	160	57	4.009
22	景顺长城	景顺长城稳定收益C	混合债券型一级基金	160	83	2.037
22	景顺长城	景顺长城景颐宏利A	混合债券型二级基金	262	26	3.104
22	景顺长城	景顺长城优信增利A	混合债券型二级基金	262	52	5.143
22	景顺长城	景顺长城优信增利C	混合债券型二级基金	262	54	0.254
22	景顺长城	景顺长城四季金利A	混合债券型二级基金	262	59	4.510
22	景顺长城	景顺长城景颐双利A	混合债券型二级基金	262	63	20.808
22	景顺长城	景顺长城四季金利C	混合债券型二级基金	262	69	0.060
22	景顺长城	景顺长城景颐宏利C	混合债券型二级基金	262	72	0.000

整体投资回报能力排名	基金公司（简称）	基金名称	投资类型（二级分类）	样本基金数量	同类基金中排名	期间内规模（亿）
22	景顺长城	景顺长城景颐双利 C	混合债券型二级基金	262	76	0.553
22	景顺长城	景顺长城景颐增利 A	混合债券型二级基金	262	150	2.501
22	景顺长城	景顺长城景颐增利 C	混合债券型二级基金	262	166	0.000
22	景顺长城	景顺长城领先回报 A	灵活配置型基金	781	70	5.824
22	景顺长城	景顺长城安享回报 A	灵活配置型基金	781	76	3.067
22	景顺长城	景顺长城安享回报 C	灵活配置型基金	781	81	13.500
22	景顺长城	景顺长城领先回报 C	灵活配置型基金	781	98	7.407
22	景顺长城	景顺长城泰和回报 A	灵活配置型基金	781	99	1.865
22	景顺长城	景顺长城泰和回报 C	灵活配置型基金	781	122	0.000
22	景顺长城	景顺长城稳健回报 A	灵活配置型基金	781	146	4.846
22	景顺长城	景顺长城稳健回报 C	灵活配置型基金	781	179	12.299
22	景顺长城	景顺长城动力平衡	灵活配置型基金	781	245	14.344
22	景顺长城	景顺长城策略精选	灵活配置型基金	781	478	2.403
22	景顺长城	景顺长城中国回报	灵活配置型基金	781	535	6.728
22	景顺长城	景顺长城改革机遇	灵活配置型基金	781	556	1.362
22	景顺长城	景顺长城中证 800 食品饮料 ETF	被动指数型基金	383	1	0.578
22	景顺长城	景顺长城中证医药卫生 ETF	被动指数型基金	383	74	0.392
22	景顺长城	景顺长城 300 等权 ETF	被动指数型基金	383	101	0.633
22	景顺长城	景顺长城 180 等权 ETF 联接	被动指数型基金	383	127	0.598
22	景顺长城	景顺长城 180 等权 ETF	被动指数型基金	383	227	1.235
22	景顺长城	景顺长城中证 500ETF 联接	被动指数型基金	383	282	1.683
22	景顺长城	景顺长城中证 500ETF	被动指数型基金	383	298	1.733
22	景顺长城	景顺长城中证 TMT150ETF 联接	被动指数型基金	383	336	5.294

整体投资回报能力排名	基金公司（简称）	基金名称	投资类型（二级分类）	样本基金数量	同类基金中排名	期间内规模（亿）
22	景顺长城	景顺长城中证TMT150ETF	被动指数型基金	383	343	5.017
22	景顺长城	景顺长城景丰 B	货币市场型基金	489	204	104.512
22	景顺长城	景顺长城景益货币 B	货币市场型基金	489	226	19.418
22	景顺长城	景顺长城货币 B	货币市场型基金	489	310	3.090
22	景顺长城	景顺长城景丰 A	货币市场型基金	489	355	1.406
22	景顺长城	景顺长城景益货币 A	货币市场型基金	489	369	278.617
22	景顺长城	景顺长城货币 A	货币市场型基金	489	417	2.799
22	景顺长城	景顺长城交易货币	货币市场型基金	489	467	26.616
23	交银施罗德	交银双轮动 AB	中长期纯债型基金	362	79	21.503
23	交银施罗德	交银丰润收益 A	中长期纯债型基金	362	92	2.314
23	交银施罗德	交银双轮动 C	中长期纯债型基金	362	139	0.548
23	交银施罗德	交银丰盈收益 A	中长期纯债型基金	362	177	3.058
23	交银施罗德	交银裕通纯债 A	中长期纯债型基金	362	191	6.506
23	交银施罗德	交银丰享收益 C	中长期纯债型基金	362	196	1.514
23	交银施罗德	交银裕通纯债 C	中长期纯债型基金	362	234	0.237
23	交银施罗德	交银丰润收益 C	中长期纯债型基金	362	256	0.133
23	交银施罗德	交银纯债 AB	中长期纯债型基金	362	276	7.844
23	交银施罗德	交银纯债 C	中长期纯债型基金	362	301	4.975
23	交银施罗德	交银丰硕收益 C	中长期纯债型基金	362	302	2.292
23	交银施罗德	交银丰泽收益 A	中长期纯债型基金	362	306	1.303
23	交银施罗德	交银荣祥保本	偏债混合型基金	97	72	3.958
23	交银施罗德	交银阿尔法	偏股混合型基金	475	7	13.751
23	交银施罗德	交银新成长	偏股混合型基金	475	8	16.045
23	交银施罗德	交银精选	偏股混合型基金	475	30	29.836
23	交银施罗德	交银趋势优先	偏股混合型基金	475	31	2.985

整体投资回报能力排名	基金公司（简称）	基金名称	投资类型（二级分类）	样本基金数量	同类基金中排名	期间内规模（亿）
23	交银施罗德	交银先进制造	偏股混合型基金	475	52	15.639
23	交银施罗德	交银蓝筹	偏股混合型基金	475	120	26.075
23	交银施罗德	交银成长 30	偏股混合型基金	475	286	0.898
23	交银施罗德	交银成长 A	偏股混合型基金	475	322	30.692
23	交银施罗德	交银先锋	偏股混合型基金	475	412	18.942
23	交银施罗德	交银定期支付双息平衡	平衡混合型基金	25	1	8.583
23	交银施罗德	交银消费新驱动	普通股票型基金	156	11	3.328
23	交银施罗德	交银信用添利	混合债券型一级基金	160	35	2.683
23	交银施罗德	交银增利债券 B	混合债券型一级基金	160	93	6.164
23	交银施罗德	交银增利债券 A	混合债券型一级基金	160	94	6.164
23	交银施罗德	交银增利债券 C	混合债券型一级基金	160	115	2.155
23	交银施罗德	交银安心收益	混合债券型二级基金	262	84	9.584
23	交银施罗德	交银定期支付月月丰 A	混合债券型二级基金	262	121	0.452
23	交银施罗德	交银定期支付月月丰 C	混合债券型二级基金	262	137	0.059
23	交银施罗德	交银双利 AB	混合债券型二级基金	262	192	7.609
23	交银施罗德	交银双利 C	混合债券型二级基金	262	196	1.716
23	交银施罗德	交银强化回报 AB	混合债券型二级基金	262	208	2.569
23	交银施罗德	交银强化回报 C	混合债券型二级基金	262	214	2.616
23	交银施罗德	交银周期回报 C	灵活配置型基金	781	9	4.652
23	交银施罗德	交银周期回报 A	灵活配置型基金	781	42	15.153
23	交银施罗德	交银多策略回报 C	灵活配置型基金	781	62	11.309
23	交银施罗德	交银多策略回报 A	灵活配置型基金	781	64	9.402
23	交银施罗德	交银新回报 A	灵活配置型基金	781	68	27.599
23	交银施罗德	交银优势行业	灵活配置型基金	781	73	14.773
23	交银施罗德	交银新回报 C	灵活配置型基金	781	87	0.081
23	交银施罗德	交银策略回报	灵活配置型基金	781	101	4.313

整体投资回报能力排名	基金公司(简称)	基金名称	投资类型(二级分类)	样本基金数量	同类基金中排名	期间内规模(亿)
23	交银施罗德	交银稳健配置混合A	灵活配置型基金	781	360	33.207
23	交银施罗德	交银主题优选	灵活配置型基金	781	381	6.801
23	交银施罗德	交银国企改革	灵活配置型基金	781	613	11.603
23	交银施罗德	交银180治理ETF联接	被动指数型基金	383	81	5.219
23	交银施罗德	交银180治理ETF	被动指数型基金	383	87	5.126
23	交银施罗德	交银深证300价值ETF联接	被动指数型基金	383	121	0.517
23	交银施罗德	交银深证300价值ETF	被动指数型基金	383	129	0.525
23	交银施罗德	交银国证新能源	被动指数型基金	383	319	5.236
23	交银施罗德	交银互联网金融	被动指数型基金	383	351	1.570
23	交银施罗德	交银理财21天B	货币市场型基金	489	76	120.137
23	交银施罗德	交银理财21天A	货币市场型基金	489	123	0.242
23	交银施罗德	交银理财60天B	货币市场型基金	489	197	67.891
23	交银施罗德	交银理财60天A	货币市场型基金	489	272	0.108
23	交银施罗德	交银货币B	货币市场型基金	489	346	145.665
23	交银施罗德	交银现金宝A	货币市场型基金	489	429	28.504
23	交银施罗德	交银货币A	货币市场型基金	489	432	8.042
24	长安	长安宏观策略	偏股混合型基金	475	214	1.095
24	长安	长安鑫利优选A	灵活配置型基金	781	10	0.316
24	长安	长安鑫利优选C	灵活配置型基金	781	11	0.291
24	长安	长安产业精选A	灵活配置型基金	781	233	0.267
24	长安	长安产业精选C	灵活配置型基金	781	280	10.651
24	长安	长安300非周期	被动指数型基金	383	151	0.689
24	长安	长安货币B	货币市场型基金	489	167	45.227
24	长安	长安货币A	货币市场型基金	489	325	0.919
25	中融	中融增鑫一年A	混合债券型一级基金	160	60	1.278

整体投资回报能力排名	基金公司（简称）	基金名称	投资类型（二级分类）	样本基金数量	同类基金中排名	期间内规模（亿）
25	中融	中融增鑫一年 C	混合债券型一级基金	160	78	0.402
25	中融	中融稳健添利	混合债券型二级基金	262	221	1.834
25	中融	中融融安二号保本	灵活配置型基金	781	339	1.393
25	中融	中融鑫起点 A	灵活配置型基金	781	402	0.019
25	中融	中融鑫起点 C	灵活配置型基金	781	440	25.530
25	中融	中融鑫视野 A	灵活配置型基金	781	492	0.254
25	中融	中融融安	灵活配置型基金	781	508	2.270
25	中融	中融新经济 A	灵活配置型基金	781	524	1.376
25	中融	中融新机遇	灵活配置型基金	781	534	2.897
25	中融	中融新经济 C	灵活配置型基金	781	551	11.486
25	中融	中融鑫视野 C	灵活配置型基金	781	559	1.469
25	中融	中融国企改革	灵活配置型基金	781	579	1.523
25	中融	中融中证白酒	被动指数型基金	383	26	0.279
25	中融	中融中证银行	被动指数型基金	383	65	0.189
25	中融	中融中证煤炭	被动指数型基金	383	199	1.048
25	中融	中融一带一路	被动指数型基金	383	228	0.821
25	中融	中融国证钢铁	被动指数型基金	383	249	0.276
25	中融	中融货币 C	货币市场型基金	489	89	213.219
25	中融	中融货币 A	货币市场型基金	489	241	2.155
25	中融	中融日日盈 A	货币市场型基金	489	357	7.959
26	英大	英大纯债 A	中长期纯债型基金	362	9	1.202
26	英大	英大纯债 C	中长期纯债型基金	362	39	0.060
26	英大	英大灵活配置 A	灵活配置型基金	781	309	7.662
26	英大	英大策略优选 A	灵活配置型基金	781	333	0.446
26	英大	英大领先回报	灵活配置型基金	781	336	0.877
26	英大	英大灵活配置 B	灵活配置型基金	781	338	13.048

整体投资回报能力排名	基金公司（简称）	基金名称	投资类型（二级分类）	样本基金数量	同类基金中排名	期间内规模（亿）
26	英大	英大策略优选 C	灵活配置型基金	781	370	1.024
26	英大	英大现金宝	货币市场型基金	489	205	7.981
27	国寿安保	国寿安保尊享 C	中长期纯债型基金	362	50	0.298
27	国寿安保	国寿安保尊享 A	中长期纯债型基金	362	68	12.104
27	国寿安保	国寿安保尊益信用纯债	中长期纯债型基金	362	164	2.452
27	国寿安保	国寿安保尊盈一年 A	中长期纯债型基金	362	259	3.334
27	国寿安保	国寿安保尊盈一年 C	中长期纯债型基金	362	290	0.250
27	国寿安保	国寿安保稳健回报 A	偏债混合型基金	97	18	2.910
27	国寿安保	国寿安保稳恒 A	偏债混合型基金	97	23	28.358
27	国寿安保	国寿安保成长优选	普通股票型基金	156	44	3.808
27	国寿安保	国寿安保智慧生活	普通股票型基金	156	72	6.993
27	国寿安保	国寿安保稳惠	灵活配置型基金	781	213	1.655
27	国寿安保	国寿安保沪深 300ETF联接	被动指数型基金	383	132	6.719
27	国寿安保	国寿安保养老产业	被动指数型基金	383	255	0.828
27	国寿安保	国寿安保中证 500ETF联接	被动指数型基金	383	288	2.089
27	国寿安保	国寿安保中证 500ETF	被动指数型基金	383	308	3.495
27	国寿安保	国寿安保增金宝	货币市场型基金	489	64	25.383
27	国寿安保	国寿安保薪金宝	货币市场型基金	489	67	237.785
27	国寿安保	国寿安保聚宝盆	货币市场型基金	489	88	20.007
27	国寿安保	国寿安保场内申赎 B	货币市场型基金	489	206	13.264
27	国寿安保	国寿安保鑫钱包	货币市场型基金	489	213	66.061
27	国寿安保	国寿安保货币 B	货币市场型基金	489	266	255.119
27	国寿安保	国寿安保货币 A	货币市场型基金	489	401	1.960
27	国寿安保	国寿安保场内申赎 A	货币市场型基金	489	436	4.874
28	广发	广发双债添利 A	中长期纯债型基金	362	42	32.294

续表 2-2

整体投资回报能力排名	基金公司（简称）	基金名称	投资类型（二级分类）	样本基金数量	同类基金中排名	期间内规模（亿）
28	广发	广发双债添利 C	中长期纯债型基金	362	69	0.915
28	广发	广发集利一年 A	中长期纯债型基金	362	105	22.404
28	广发	广发集利一年 C	中长期纯债型基金	362	148	3.488
28	广发	广发纯债 A	中长期纯债型基金	362	178	16.891
28	广发	广发聚源 A	中长期纯债型基金	362	186	15.156
28	广发	广发纯债 C	中长期纯债型基金	362	210	23.852
28	广发	广发聚源 C	中长期纯债型基金	362	232	0.357
28	广发	广发聚安 A	偏债混合型基金	97	2	0.945
28	广发	广发聚安 C	偏债混合型基金	97	6	11.292
28	广发	广发聚宝	偏债混合型基金	97	10	4.751
28	广发	广发聚泰 A	偏债混合型基金	97	12	0.271
28	广发	广发聚泰 C	偏债混合型基金	97	15	12.794
28	广发	广发安心回报	偏债混合型基金	97	20	4.909
28	广发	广发安泰回报	偏债混合型基金	97	65	7.836
28	广发	广发聚康 C	偏债混合型基金	97	78	2.266
28	广发	广发聚康 A	偏债混合型基金	97	81	0.019
28	广发	广发消费品精选	偏股混合型基金	475	6	3.556
28	广发	广发稳健增长	偏股混合型基金	475	11	39.381
28	广发	广发新经济	偏股混合型基金	475	65	3.709
28	广发	广发大盘成长	偏股混合型基金	475	108	26.390
28	广发	广发小盘成长	偏股混合型基金	475	155	23.089
28	广发	广发核心精选	偏股混合型基金	475	234	12.507
28	广发	广发轮动配置	偏股混合型基金	475	278	10.943
28	广发	广发聚瑞	偏股混合型基金	475	289	10.218
28	广发	广发制造业精选	偏股混合型基金	475	341	7.629
28	广发	广发策略优选	偏股混合型基金	475	374	37.931

续表 2-2

整体投资回报能力排名	基金公司(简称)	基金名称	投资类型(二级分类)	样本基金数量	同类基金中排名	期间内规模(亿)
28	广发	广发行业领先 H	偏股混合型基金	475	381	0.015
28	广发	广发行业领先 A	偏股混合型基金	475	382	40.645
28	广发	广发聚丰	偏股混合型基金	475	393	71.826
28	广发	广发新动力	偏股混合型基金	475	421	23.454
28	广发	广发聚富	平衡混合型基金	25	11	18.105
28	广发	广发聚利	混合债券型一级基金	160	40	6.657
28	广发	广发聚财信用 A	混合债券型一级基金	160	50	8.723
28	广发	广发聚财信用 B	混合债券型一级基金	160	58	4.373
28	广发	广发增强债券	混合债券型一级基金	160	63	10.426
28	广发	广发集鑫 C	混合债券型二级基金	262	75	0.196
28	广发	广发集鑫 A	混合债券型二级基金	262	80	1.293
28	广发	广发聚鑫 A	混合债券型二级基金	262	211	5.845
28	广发	广发聚鑫 C	混合债券型二级基金	262	218	2.840
28	广发	广发安宏回报 A	灵活配置型基金	781	15	3.796
28	广发	广发趋势优选	灵活配置型基金	781	16	1.218
28	广发	广发安宏回报 C	灵活配置型基金	781	25	0.007
28	广发	广发聚盛 A	灵活配置型基金	781	50	1.668
28	广发	广发聚盛 C	灵活配置型基金	781	51	0.018
28	广发	广发成长优选	灵活配置型基金	781	262	2.369
28	广发	广发聚惠 A	灵活配置型基金	781	312	23.374
28	广发	广发聚惠 C	灵活配置型基金	781	326	0.017
28	广发	广发逆向策略	灵活配置型基金	781	386	0.981
28	广发	广发安富回报 C	灵活配置型基金	781	391	0.003
28	广发	广发安富回报 A	灵活配置型基金	781	394	1.016
28	广发	广发百发大数据 A	灵活配置型基金	781	528	0.546
28	广发	广发百发大数据 E	灵活配置型基金	781	529	1.153

整体投资回报能力排名	基金公司（简称）	基金名称	投资类型（二级分类）	样本基金数量	同类基金中排名	期间内规模（亿）
28	广发	广发多策略	灵活配置型基金	781	538	34.445
28	广发	广发竞争优势	灵活配置型基金	781	567	7.717
28	广发	广发百发大数据策略成长 E	灵活配置型基金	781	574	0.697
28	广发	广发百发大数据策略成长 A	灵活配置型基金	781	576	3.353
28	广发	广发聚祥灵活配置	灵活配置型基金	781	619	5.483
28	广发	广发聚优 A	灵活配置型基金	781	649	3.771
28	广发	广发内需增长	灵活配置型基金	781	681	3.306
28	广发	广发主题领先	灵活配置型基金	781	703	16.356
28	广发	广发改革先锋	灵活配置型基金	781	777	11.753
28	广发	广发理财年年红	短期纯债型基金	10	8	12.860
28	广发	广发对冲套利	股票多空	17	9	11.114
28	广发	广发中债金融债 C	被动指数型债券基金	22	21	0.034
28	广发	广发中债金融债 A	被动指数型债券基金	22	22	0.041
28	广发	广发中证全指主要消费 ETF 联接 A	被动指数型基金	383	56	0.211
28	广发	广发中证全指主要消费 ETF	被动指数型基金	383	57	0.275
28	广发	广发中证全指金融地产 ETF	被动指数型基金	383	89	2.464
28	广发	广发中证全指能源 ETF 联接 A	被动指数型基金	383	104	0.472
28	广发	广发中证全指金融地产 ETF 联接 A	被动指数型基金	383	105	1.322
28	广发	广发沪深 300ETF	被动指数型基金	383	111	11.195
28	广发	广发沪深 300ETF 联接 A	被动指数型基金	383	114	11.813
28	广发	广发中证全指能源 ETF	被动指数型基金	383	158	0.694

整体投资回报能力排名	基金公司(简称)	基金名称	投资类型(二级分类)	样本基金数量	同类基金中排名	期间内规模(亿)
28	广发	广发中证全指原材料ETF联接A	被动指数型基金	383	186	0.183
28	广发	广发深证100分级	被动指数型基金	383	192	0.558
28	广发	广发中证养老产业A	被动指数型基金	383	211	4.455
28	广发	广发中证全指医药卫生ETF联接A	被动指数型基金	383	216	7.449
28	广发	广发中证全指医药卫生ETF	被动指数型基金	383	224	12.374
28	广发	广发中证全指原材料ETF	被动指数型基金	383	238	0.638
28	广发	广发中证医疗	被动指数型基金	383	256	1.017
28	广发	广发中证百发100E	被动指数型基金	383	263	7.128
28	广发	广发中证百发100A	被动指数型基金	383	264	3.828
28	广发	广发中证全指可选消费ETF联接A	被动指数型基金	383	273	3.788
28	广发	广发中证全指可选消费ETF	被动指数型基金	383	291	3.630
28	广发	广发中证500ETF联接A	被动指数型基金	383	292	13.268
28	广发	广发中证500ETF	被动指数型基金	383	310	24.812
28	广发	广发中小板300ETF联接	被动指数型基金	383	316	2.264
28	广发	广发中证环保产业联接A	被动指数型基金	383	325	10.989
28	广发	广发中小板300ETF	被动指数型基金	383	327	2.513
28	广发	广发中证全指信息技术ETF联接A	被动指数型基金	383	342	2.570
28	广发	广发中证全指信息技术ETF	被动指数型基金	383	347	4.670
28	广发	广发理财30天B	货币市场型基金	489	3	322.800
28	广发	广发理财7天B	货币市场型基金	489	9	130.572

整体投资回报能力排名	基金公司（简称）	基金名称	投资类型（二级分类）	样本基金数量	同类基金中排名	期间内规模（亿）
28	广发	广发理财 30 天 A	货币市场型基金	489	37	19.202
28	广发	广发理财 7 天 A	货币市场型基金	489	65	3.765
28	广发	广发天天利 B	货币市场型基金	489	78	12.969
28	广发	广发天天红 B	货币市场型基金	489	92	181.957
28	广发	广发现金宝 B	货币市场型基金	489	98	4.296
28	广发	广发活期宝 A	货币市场型基金	489	116	12.421
28	广发	广发钱袋子 A	货币市场型基金	489	140	142.343
28	广发	广发货币 B	货币市场型基金	489	152	1 020.146
28	广发	广发天天利 E	货币市场型基金	489	219	283.283
28	广发	广发天天利 A	货币市场型基金	489	221	5.332
28	广发	广发天天红 A	货币市场型基金	489	245	130.863
28	广发	广发货币 A	货币市场型基金	489	311	70.998
28	广发	广发现金宝 A	货币市场型基金	489	431	5.763
29	万家	万家强化收益	中长期纯债型基金	362	35	2.956
29	万家	万家信用恒利 A	中长期纯债型基金	362	172	6.017
29	万家	万家信用恒利 C	中长期纯债型基金	362	221	1.221
29	万家	万家精选	偏股混合型基金	475	33	13.218
29	万家	万家行业优选	偏股混合型基金	475	82	2.468
29	万家	万家和谐增长	偏股混合型基金	475	152	11.034
29	万家	万家稳健增利 A	混合债券型一级基金	160	77	13.816
29	万家	万家稳健增利 C	混合债券型一级基金	160	92	0.773
29	万家	万家添利	混合债券型一级基金	160	133	4.346
29	万家	万家双利	混合债券型二级基金	262	141	0.912
29	万家	万家增强收益	混合债券型二级基金	262	158	8.664
29	万家	万家瑞益 A	灵活配置型基金	781	28	0.006
29	万家	万家瑞益 C	灵活配置型基金	781	43	3.657

整体投资回报能力排名	基金公司（简称）	基金名称	投资类型（二级分类）	样本基金数量	同类基金中排名	期间内规模（亿）
29	万家	万家瑞丰 A	灵活配置型基金	781	90	5.063
29	万家	万家瑞兴	灵活配置型基金	781	134	1.811
29	万家	万家瑞丰 C	灵活配置型基金	781	187	7.615
29	万家	万家新利	灵活配置型基金	781	284	7.744
29	万家	万家双引擎	灵活配置型基金	781	354	5.104
29	万家	万家品质生活	灵活配置型基金	781	357	18.550
29	万家	万家上证 50ETF	被动指数型基金	383	16	0.056
29	万家	万家中证红利	被动指数型基金	383	92	0.488
29	万家	万家上证 180	被动指数型基金	383	103	15.603
29	万家	万家货币 R	货币市场型基金	489	203	0.022
29	万家	万家日日薪 B	货币市场型基金	489	207	1.001
29	万家	万家货币 B	货币市场型基金	489	209	117.823
29	万家	万家现金宝 A	货币市场型基金	489	265	23.552
29	万家	万家货币 E	货币市场型基金	489	269	4.481
29	万家	万家日日薪 A	货币市场型基金	489	358	0.536
29	万家	万家货币 A	货币市场型基金	489	360	6.079
29	万家	万家日日薪 R	货币市场型基金	489	484	0.000
30	易方达	易方达永旭添利	中长期纯债型基金	362	37	10.378
30	易方达	易方达纯债 1 年 A	中长期纯债型基金	362	49	10.872
30	易方达	易方达信用债 A	中长期纯债型基金	362	60	15.217
30	易方达	易方达纯债 1 年 C	中长期纯债型基金	362	67	0.628
30	易方达	易方达聚盈分级	中长期纯债型基金	362	90	12.706
30	易方达	易方达高等级信用债 C	中长期纯债型基金	362	101	11.592
30	易方达	易方达信用债 C	中长期纯债型基金	362	103	4.223
30	易方达	易方达纯债 A	中长期纯债型基金	362	126	22.935
30	易方达	易方达高等级信用债 A	中长期纯债型基金	362	135	19.268

整体投资回报能力排名	基金公司（简称）	基金名称	投资类型（二级分类）	样本基金数量	同类基金中排名	期间内规模（亿）
30	易方达	易方达恒久添利 1 年 A	中长期纯债型基金	362	144	5.383
30	易方达	易方达投资级信用债 A	中长期纯债型基金	362	171	13.127
30	易方达	易方达纯债 C	中长期纯债型基金	362	173	25.985
30	易方达	易方达投资级信用债 C	中长期纯债型基金	362	189	5.512
30	易方达	易方达恒久添利 1 年 C	中长期纯债型基金	362	200	0.318
30	易方达	易方达安心回馈	偏债混合型基金	97	4	12.952
30	易方达	易方达裕惠回报	偏债混合型基金	97	7	32.866
30	易方达	易方达中小盘	偏股混合型基金	475	1	45.865
30	易方达	易方达资源行业	偏股混合型基金	475	64	4.733
30	易方达	易方达行业领先	偏股混合型基金	475	123	7.775
30	易方达	易方达改革红利	偏股混合型基金	475	129	18.863
30	易方达	易方达医疗保健	偏股混合型基金	475	154	26.695
30	易方达	易方达积极成长	偏股混合型基金	475	156	20.949
30	易方达	易方达科翔	偏股混合型基金	475	176	26.333
30	易方达	易方达价值精选	偏股混合型基金	475	259	30.896
30	易方达	易方达国防军工	偏股混合型基金	475	397	47.185
30	易方达	易方达策略 2 号	偏股混合型基金	475	437	14.731
30	易方达	易方达策略成长	偏股混合型基金	475	445	16.741
30	易方达	易方达科讯	偏股混合型基金	475	461	69.136
30	易方达	易方达上证 50 指数 A	增强指数型基金	45	1	94.017
30	易方达	易方达沪深 300 量化	增强指数型基金	45	13	6.963
30	易方达	易方达平稳增长	平衡混合型基金	25	10	20.608
30	易方达	易方达消费行业	普通股票型基金	156	2	70.306
30	易方达	基金科瑞	普通股票型基金	156	65	38.868
30	易方达	易方达增强回报 A	混合债券型一级基金	160	64	35.595
30	易方达	易方达增强回报 B	混合债券型一级基金	160	81	28.521

整体投资回报能力排名	基金公司（简称）	基金名称	投资类型（二级分类）	样本基金数量	同类基金中排名	期间内规模（亿）
30	易方达	易方达双债增强 A	混合债券型一级基金	160	105	26.428
30	易方达	易方达岁丰添利	混合债券型一级基金	160	108	1.221
30	易方达	易方达双债增强 C	混合债券型一级基金	160	118	0.411
30	易方达	易方达裕丰回报	混合债券型二级基金	262	5	32.346
30	易方达	易方达稳健收益 B	混合债券型二级基金	262	35	73.441
30	易方达	易方达稳健收益 A	混合债券型二级基金	262	51	29.757
30	易方达	易方达安心回报 A	混合债券型二级基金	262	171	34.898
30	易方达	易方达安心回报 B	混合债券型二级基金	262	178	36.139
30	易方达	易方达新益 E	灵活配置型基金	781	1	10.113
30	易方达	易方达新享 A	灵活配置型基金	781	5	5.643
30	易方达	易方达新益 I	灵活配置型基金	781	7	3.794
30	易方达	易方达新鑫 I	灵活配置型基金	781	30	4.375
30	易方达	易方达新鑫 E	灵活配置型基金	781	34	10.184
30	易方达	易方达瑞选 I	灵活配置型基金	781	35	25.639
30	易方达	易方达新收益 A	灵活配置型基金	781	36	24.590
30	易方达	易方达新收益 C	灵活配置型基金	781	40	0.052
30	易方达	易方达瑞选 E	灵活配置型基金	781	41	0.018
30	易方达	易方达瑞景	灵活配置型基金	781	48	3.911
30	易方达	易方达新利	灵活配置型基金	781	102	13.874
30	易方达	易方达裕如	灵活配置型基金	781	152	42.649
30	易方达	易方达新享 C	灵活配置型基金	781	164	8.672
30	易方达	易方达瑞惠	灵活配置型基金	781	225	239.047
30	易方达	易方达新经济	灵活配置型基金	781	486	8.007
30	易方达	易方达瑞享 I	灵活配置型基金	781	560	1.420
30	易方达	易方达瑞享 E	灵活配置型基金	781	561	0.575
30	易方达	易方达新丝路	灵活配置型基金	781	578	125.214

整体投资回报能力排名	基金公司（简称）	基金名称	投资类型（二级分类）	样本基金数量	同类基金中排名	期间内规模（亿）
30	易方达	易方达科汇	灵活配置型基金	781	642	13.241
30	易方达	易方达价值成长	灵活配置型基金	781	654	62.911
30	易方达	易方达创新驱动	灵活配置型基金	781	750	29.240
30	易方达	易方达新兴成长	灵活配置型基金	781	765	22.197
30	易方达	易方达新常态	灵活配置型基金	781	775	50.637
30	易方达	易方达中债新综合 A	被动指数型债券基金	22	1	1.414
30	易方达	易方达中债新综合 C	被动指数型债券基金	22	2	0.729
30	易方达	易方达 3～5 年期国债	被动指数型债券基金	22	4	1.648
30	易方达	易方达银行	被动指数型基金	383	29	1.417
30	易方达	易方达上证 50 分级	被动指数型基金	383	43	3.837
30	易方达	易方达沪深 300 医药卫生 ETF	被动指数型基金	383	58	2.590
30	易方达	易方达沪深 300ETF 联接	被动指数型基金	383	110	41.368
30	易方达	易方达沪深 300ETF	被动指数型基金	383	126	45.770
30	易方达	易方达沪深 300 非银 ETF 联接	被动指数型基金	383	131	9.392
30	易方达	易方达沪深 300 非银 ETF	被动指数型基金	383	144	12.629
30	易方达	易方达上证中盘 ETF 联接 A	被动指数型基金	383	167	2.324
30	易方达	易方达国企改革分级	被动指数型基金	383	168	3.983
30	易方达	易方达上证中盘 ETF	被动指数型基金	383	175	2.866
30	易方达	易方达深证 100ETF 联接 A	被动指数型基金	383	203	20.312
30	易方达	易方达深证 100ETF	被动指数型基金	383	215	46.037
30	易方达	易方达生物科技	被动指数型基金	383	233	1.973
30	易方达	易方达证券公司	被动指数型基金	383	270	3.060
30	易方达	易方达中小板指数	被动指数型基金	383	279	1.604

整体投资回报能力排名	基金公司（简称）	基金名称	投资类型（二级分类）	样本基金数量	同类基金中排名	期间内规模（亿）
30	易方达	易方达中证500ETF	被动指数型基金	383	334	0.102
30	易方达	易方达军工	被动指数型基金	383	349	2.210
30	易方达	易方达创业板 ETF 联接 A	被动指数型基金	383	350	16.199
30	易方达	易方达创业板 ETF	被动指数型基金	383	363	112.819
30	易方达	易方达并购重组	被动指数型基金	383	377	17.142
30	易方达	易方达现金增利 B	货币市场型基金	489	2	134.879
30	易方达	易方达月月利 B	货币市场型基金	489	6	157.796
30	易方达	易方达财富快线 B	货币市场型基金	489	16	56.060
30	易方达	易方达双月利 B	货币市场型基金	489	17	5.610
30	易方达	易方达现金增利 A	货币市场型基金	489	23	3.030
30	易方达	易方达天天增利 B	货币市场型基金	489	27	2.048
30	易方达	易方达龙宝 B	货币市场型基金	489	28	0.805
30	易方达	易方达天天 R	货币市场型基金	489	50	37.736
30	易方达	易方达易理财	货币市场型基金	489	53	953.528
30	易方达	易方达天天 B	货币市场型基金	489	54	342.908
30	易方达	易方达月月利 A	货币市场型基金	489	58	4.705
30	易方达	易方达增金宝	货币市场型基金	489	60	90.945
30	易方达	易方达财富快线 Y	货币市场型基金	489	84	140.899
30	易方达	易方达财富快线 A	货币市场型基金	489	85	70.945
30	易方达	易方达双月利 A	货币市场型基金	489	102	4.185
30	易方达	易方达天天增利 A	货币市场型基金	489	136	7.977
30	易方达	易方达龙宝 A	货币市场型基金	489	143	13.984
30	易方达	易方达天天 A	货币市场型基金	489	182	378.993
30	易方达	易方达保证金 B	货币市场型基金	489	302	5.031
30	易方达	易方达货币 B	货币市场型基金	489	332	952.175

整体投资回报能力排名	基金公司（简称）	基金名称	投资类型（二级分类）	样本基金数量	同类基金中排名	期间内规模（亿）
30	易方达	易方达保证金 A	货币市场型基金	489	415	4.707
30	易方达	易方达货币 A	货币市场型基金	489	428	44.032
30	易方达	易方达货币 E	货币市场型基金	489	430	273.959
31	国泰	国泰淘金互联网	中长期纯债型基金	362	284	0.180
31	国泰	国泰安康定期支付 C	偏债混合型基金	97	1	2.997
31	国泰	国泰安康定期支付 A	偏债混合型基金	97	19	9.237
31	国泰	国泰鑫保本	偏债混合型基金	97	58	16.646
31	国泰	国泰金鹿保本五期	偏债混合型基金	97	87	2.850
31	国泰	国泰金马稳健回报	偏股混合型基金	475	23	13.288
31	国泰	国泰成长优选	偏股混合型基金	475	104	14.553
31	国泰	国泰金鹏蓝筹价值	偏股混合型基金	475	136	5.891
31	国泰	国泰事件驱动	偏股混合型基金	475	140	0.776
31	国泰	国泰金牛创新成长	偏股混合型基金	475	158	16.193
31	国泰	国泰金龙行业精选	偏股混合型基金	475	171	11.721
31	国泰	国泰区位优势	偏股混合型基金	475	198	2.257
31	国泰	国泰估值优势	偏股混合型基金	475	224	10.298
31	国泰	国泰中小盘成长	偏股混合型基金	475	265	8.537
31	国泰	国泰策略收益	偏股混合型基金	475	285	0.574
31	国泰	国泰金鼎价值精选	偏股混合型基金	475	343	14.307
31	国泰	国泰互联网＋	普通股票型基金	156	19	16.233
31	国泰	国泰央企改革	普通股票型基金	156	48	1.699
31	国泰	国泰金鑫	普通股票型基金	156	78	7.363
31	国泰	国泰信用互利分级	混合债券型一级基金	160	22	2.471
31	国泰	国泰金龙债券 A	混合债券型一级基金	160	91	3.145
31	国泰	国泰金龙债券 C	混合债券型一级基金	160	102	1.003
31	国泰	国泰创利	混合债券型一级基金	160	139	0.067

整体投资回报能力排名	基金公司（简称）	基金名称	投资类型（二级分类）	样本基金数量	同类基金中排名	期间内规模（亿）
31	国泰	国泰双利债券 A	混合债券型二级基金	262	14	0.479
31	国泰	国泰双利债券 C	混合债券型二级基金	262	16	0.516
31	国泰	国泰民安增利 A	混合债券型二级基金	262	38	0.478
31	国泰	国泰民安增利 C	混合债券型二级基金	262	58	1.246
31	国泰	国泰信用 A	混合债券型二级基金	262	105	0.056
31	国泰	国泰信用 C	混合债券型二级基金	262	134	0.240
31	国泰	国泰浓益 C	灵活配置型基金	781	2	10.789
31	国泰	国泰生益 A	灵活配置型基金	781	22	4.282
31	国泰	国泰生益 C	灵活配置型基金	781	67	12.129
31	国泰	国泰兴益 A	灵活配置型基金	781	266	5.773
31	国泰	国泰新目标收益	灵活配置型基金	781	269	17.280
31	国泰	国泰兴益 C	灵活配置型基金	781	272	9.685
31	国泰	国泰新经济	灵活配置型基金	781	285	15.842
31	国泰	国泰结构转型 A	灵活配置型基金	781	355	1.808
31	国泰	国泰结构转型 C	灵活配置型基金	781	366	12.011
31	国泰	国泰价值经典	灵活配置型基金	781	378	22.802
31	国泰	国泰聚信价值优势 C	灵活配置型基金	781	400	1.667
31	国泰	国泰浓益 A	灵活配置型基金	781	404	5.863
31	国泰	国泰金鹰增长	灵活配置型基金	781	406	33.678
31	国泰	国泰聚信价值优势 A	灵活配置型基金	781	413	3.199
31	国泰	国泰国策驱动 C	灵活配置型基金	781	449	8.894
31	国泰	国泰国策驱动 A	灵活配置型基金	781	458	3.033
31	国泰	国泰睿吉 A	灵活配置型基金	781	459	0.118
31	国泰	国泰民益 C	灵活配置型基金	781	463	0.524
31	国泰	国泰睿吉 C	灵活配置型基金	781	466	23.173
31	国泰	国泰民益 A	灵活配置型基金	781	474	17.696

整体投资回报能力排名	基金公司（简称）	基金名称	投资类型（二级分类）	样本基金数量	同类基金中排名	期间内规模（亿）
31	国泰	国泰金泰 C	灵活配置型基金	781	505	6.633
31	国泰	国泰金泰 A	灵活配置型基金	781	533	1.527
31	国泰	国泰上证 5 年期国债 ETF	被动指数型债券基金	22	7	8.409
31	国泰	国泰上证 5 年期国债 ETF 联接 C	被动指数型债券基金	22	12	4.168
31	国泰	国泰上证 5 年期国债 ETF 联接 A	被动指数型债券基金	22	18	0.060
31	国泰	国泰国证食品饮料	被动指数型基金	383	3	8.629
31	国泰	国泰上证 180 金融 ETF 联接	被动指数型基金	383	72	5.039
31	国泰	国泰上证 180 金融 ETF	被动指数型基金	383	77	44.873
31	国泰	国泰沪深 300A	被动指数型基金	383	112	18.941
31	国泰	国泰国证医药卫生	被动指数型基金	383	190	16.955
31	国泰	国泰国证房地产	被动指数型基金	383	243	5.827
31	国泰	国泰国证有色金属行业	被动指数型基金	383	246	2.824
31	国泰	国泰深证 TMT50	被动指数型基金	383	331	1.974
31	国泰	国泰货币	货币市场型基金	489	352	139.629
31	国泰	国泰现金管理 B	货币市场型基金	489	450	9.238
31	国泰	国泰现金管理 A	货币市场型基金	489	456	1.359
32	光大保德信	光大岁末红利纯债 A	中长期纯债型基金	362	220	4.687
32	光大保德信	光大岁末红利纯债 C	中长期纯债型基金	362	260	0.300
32	光大保德信	光大尊尚一年 A	中长期纯债型基金	362	326	1.355
32	光大保德信	光大尊尚一年 C	中长期纯债型基金	362	338	0.027
32	光大保德信	光大精选	偏股混合型基金	475	92	1.607
32	光大保德信	光大新增长	偏股混合型基金	475	128	3.018
32	光大保德信	光大优势	偏股混合型基金	475	170	38.934
32	光大保德信	光大中小盘	偏股混合型基金	475	189	4.964

整体投资回报能力排名	基金公司（简称）	基金名称	投资类型（二级分类）	样本基金数量	同类基金中排名	期间内规模（亿）
32	光大保德信	光大行业轮动	偏股混合型基金	475	205	0.697
32	光大保德信	光大银发商机主题	偏股混合型基金	475	212	2.443
32	光大保德信	光大一带一路	偏股混合型基金	475	248	7.666
32	光大保德信	光大红利	偏股混合型基金	475	363	14.148
32	光大保德信	光大国企改革主题	普通股票型基金	156	41	13.984
32	光大保德信	光大核心	普通股票型基金	156	128	28.635
32	光大保德信	光大收益 A	混合债券型一级基金	160	82	3.179
32	光大保德信	光大收益 C	混合债券型一级基金	160	97	0.361
32	光大保德信	光大添益 A	混合债券型二级基金	262	78	0.975
32	光大保德信	光大添益 C	混合债券型二级基金	262	94	0.357
32	光大保德信	光大欣鑫 A	灵活配置型基金	781	3	4.381
32	光大保德信	光大睿鑫 A	灵活配置型基金	781	6	2.485
32	光大保德信	光大欣鑫 C	灵活配置型基金	781	45	0.009
32	光大保德信	光大睿鑫 C	灵活配置型基金	781	190	13.015
32	光大保德信	光大中国制造 2025	灵活配置型基金	781	268	9.470
32	光大保德信	光大鼎鑫 A	灵活配置型基金	781	337	20.647
32	光大保德信	光大鼎鑫 C	灵活配置型基金	781	350	2.525
32	光大保德信	光大动态优选	灵活配置型基金	781	552	8.840
32	光大保德信	光大添天盈 B	货币市场型基金	489	12	193.690
32	光大保德信	光大添天盈 A	货币市场型基金	489	56	1.534
32	光大保德信	光大现金宝 B	货币市场型基金	489	210	195.197
32	光大保德信	光大耀钱包 A	货币市场型基金	489	279	5.874
32	光大保德信	光大现金宝 A	货币市场型基金	489	362	0.896
32	光大保德信	光大货币	货币市场型基金	489	378	180.550
32	光大保德信	光大添盛理财 B	货币市场型基金	489	488	0.222
32	光大保德信	光大添盛理财 A	货币市场型基金	489	489	0.068

整体投资回报能力排名	基金公司（简称）	基金名称	投资类型（二级分类）	样本基金数量	同类基金中排名	期间内规模（亿）
33	海富通	海富通纯债 A	中长期纯债型基金	362	116	6.029
33	海富通	海富通纯债 C	中长期纯债型基金	362	159	2.181
33	海富通	海富通新内需 C	偏债混合型基金	97	21	0.000
33	海富通	海富通安颐收益 A	偏债混合型基金	97	24	15.270
33	海富通	海富通新内需 A	偏债混合型基金	97	26	7.453
33	海富通	海富通精选 2 号	偏股混合型基金	475	100	4.929
33	海富通	海富通精选	偏股混合型基金	475	105	19.125
33	海富通	海富通内需热点	偏股混合型基金	475	141	0.454
33	海富通	海富通领先成长	偏股混合型基金	475	282	1.187
33	海富通	海富通国策导向	偏股混合型基金	475	336	1.836
33	海富通	海富通股票	偏股混合型基金	475	371	19.561
33	海富通	海富通风格优势	偏股混合型基金	475	434	4.850
33	海富通	海富通中小盘	偏股混合型基金	475	457	1.781
33	海富通	海富通稳健添利 A	混合债券型一级基金	160	26	3.675
33	海富通	海富通稳健添利 C	混合债券型一级基金	160	38	0.362
33	海富通	海富通一年定期开放 C	混合债券型一级基金	160	76	0.482
33	海富通	海富通一年定期开放 A	混合债券型一级基金	160	107	12.410
33	海富通	海富通双利	混合债券型一级基金	160	143	0.981
33	海富通	海富通稳进增利	混合债券型二级基金	262	198	0.534
33	海富通	海富通稳固收益	混合债券型二级基金	262	200	3.225
33	海富通	海富通收益增长	灵活配置型基金	781	500	11.806
33	海富通	海富通强化回报	灵活配置型基金	781	591	4.773
33	海富通	海富通阿尔法对冲	股票多空	17	1	8.461
33	海富通	海富通上证可质押城投债 ETF	被动指数型债券基金	22	3	42.970
33	海富通	海富通中证 100	被动指数型基金	383	69	1.185

整体投资回报能力排名	基金公司（简称）	基金名称	投资类型（二级分类）	样本基金数量	同类基金中排名	期间内规模（亿）
33	海富通	海富通上证周期ETF	被动指数型基金	383	86	0.433
33	海富通	海富通上证周期ETF联接	被动指数型基金	383	90	0.277
33	海富通	海富通上证非周期ETF	被动指数型基金	383	162	0.307
33	海富通	海富通上证非周期ETF联接	被动指数型基金	383	166	0.227
33	海富通	海富通中证低碳	被动指数型基金	383	240	0.285
33	海富通	海富通货币B	货币市场型基金	489	174	222.163
33	海富通	海富通货币A	货币市场型基金	489	335	9.397
33	海富通	海富通季季增利	货币市场型基金	489	487	0.000
34	汇添富	汇添富安心中国C	中长期纯债型基金	362	211	0.343
34	汇添富	汇添富安心中国A	中长期纯债型基金	362	257	2.520
34	汇添富	汇添富高息债A	中长期纯债型基金	362	289	0.470
34	汇添富	汇添富年年利A	中长期纯债型基金	362	299	8.981
34	汇添富	汇添富实业债A	中长期纯债型基金	362	308	2.269
34	汇添富	汇添富年年利C	中长期纯债型基金	362	317	1.691
34	汇添富	汇添富实业债C	中长期纯债型基金	362	324	0.686
34	汇添富	汇添富高息债C	中长期纯债型基金	362	340	0.682
34	汇添富	汇添富消费行业	偏股混合型基金	475	17	33.771
34	汇添富	汇添富价值精选A	偏股混合型基金	475	22	74.848
34	汇添富	汇添富成长焦点	偏股混合型基金	475	43	49.747
34	汇添富	汇添富优势精选	偏股混合型基金	475	133	21.942
34	汇添富	汇添富美丽30	偏股混合型基金	475	148	32.348
34	汇添富	汇添富逆向投资	偏股混合型基金	475	172	8.900
34	汇添富	汇添富民营活力A	偏股混合型基金	475	304	55.827
34	汇添富	汇添富医药保健A	偏股混合型基金	475	321	40.984
34	汇添富	汇添富策略回报	偏股混合型基金	475	325	15.247

整体投资回报能力排名	基金公司（简称）	基金名称	投资类型（二级分类）	样本基金数量	同类基金中排名	期间内规模（亿）
34	汇添富	汇添富均衡增长	偏股混合型基金	475	354	54.001
34	汇添富	汇添富社会责任	偏股混合型基金	475	440	36.735
34	汇添富	汇添富新兴消费	普通股票型基金	156	74	16.907
34	汇添富	汇添富成长多因子量化策略	普通股票型基金	156	82	13.036
34	汇添富	汇添富国企创新增长	普通股票型基金	156	115	12.539
34	汇添富	汇添富民营新动力	普通股票型基金	156	120	7.846
34	汇添富	汇添富环保行业	普通股票型基金	156	133	28.940
34	汇添富	汇添富外延增长主题	普通股票型基金	156	141	39.802
34	汇添富	汇添富移动互联	普通股票型基金	156	153	72.235
34	汇添富	汇添富季季红	混合债券型一级基金	160	14	3.829
34	汇添富	汇添富增强收益 A	混合债券型一级基金	160	86	15.201
34	汇添富	汇添富增强收益 C	混合债券型一级基金	160	104	2.167
34	汇添富	汇添富双利增强 A	混合债券型二级基金	262	37	3.900
34	汇添富	汇添富双利增强 C	混合债券型二级基金	262	43	0.356
34	汇添富	汇添富多元收益 A	混合债券型二级基金	262	65	6.153
34	汇添富	汇添富多元收益 C	混合债券型二级基金	262	77	2.797
34	汇添富	汇添富双利 A	混合债券型二级基金	262	128	1.350
34	汇添富	汇添富双利 C	混合债券型二级基金	262	140	0.408
34	汇添富	汇添富可转债 A	混合债券型二级基金	262	222	1.705
34	汇添富	汇添富可转债 C	混合债券型二级基金	262	229	1.290
34	汇添富	汇添富安鑫智选 C	灵活配置型基金	781	47	13.991
34	汇添富	汇添富安鑫智选 A	灵活配置型基金	781	124	1.891
34	汇添富	汇添富蓝筹稳健	灵活配置型基金	781	219	23.535
34	汇添富	汇添富达欣 A	灵活配置型基金	781	255	1.299
34	汇添富	汇添富达欣 C	灵活配置型基金	781	271	3.421

整体投资回报能力排名	基金公司（简称）	基金名称	投资类型（二级分类）	样本基金数量	同类基金中排名	期间内规模（亿）
34	汇添富	汇添富优选回报 A	灵活配置型基金	781	420	0.747
34	汇添富	汇添富医疗服务	灵活配置型基金	781	485	141.458
34	汇添富	汇添富中证主要消费 ETF	被动指数型基金	383	7	13.621
34	汇添富	汇添富中证主要消费 ETF 联接	被动指数型基金	383	8	13.281
34	汇添富	汇添富沪深 300 安中动态策略	被动指数型基金	383	142	2.712
34	汇添富	汇添富中证金融地产 ETF	被动指数型基金	383	143	0.384
34	汇添富	汇添富上证综指	被动指数型基金	383	159	14.363
34	汇添富	汇添富中证医药卫生 ETF	被动指数型基金	383	198	1.239
34	汇添富	汇添富中证能源 ETF	被动指数型基金	383	212	0.129
34	汇添富	汇添富深证 300ETF 联接	被动指数型基金	383	258	0.612
34	汇添富	汇添富深证 300ETF	被动指数型基金	383	272	0.791
34	汇添富	汇添富理财 60 天 B	货币市场型基金	489	7	15.210
34	汇添富	汇添富理财 30 天 B	货币市场型基金	489	10	150.965
34	汇添富	汇添富理财 7 天 B	货币市场型基金	489	15	79.595
34	汇添富	汇添富和聚宝	货币市场型基金	489	57	92.281
34	汇添富	汇添富理财 60 天 A	货币市场型基金	489	59	2.775
34	汇添富	汇添富理财 30 天 A	货币市场型基金	489	71	5.552
34	汇添富	汇添富全额宝	货币市场型基金	489	82	530.627
34	汇添富	汇添富现金宝	货币市场型基金	489	99	562.736
34	汇添富	汇添富货币 B	货币市场型基金	489	163	126.595
34	汇添富	汇添富理财 7 天 A	货币市场型基金	489	171	3.065
34	汇添富	汇添富理财 14 天 B	货币市场型基金	489	190	82.313
34	汇添富	汇添富收益快线货币 B	货币市场型基金	489	237	162.397

整体投资回报能力排名	基金公司（简称）	基金名称	投资类型（二级分类）	样本基金数量	同类基金中排名	期间内规模（亿）
34	汇添富	汇添富添富通 B	货币市场型基金	489	271	68.679
34	汇添富	汇添富货币 D	货币市场型基金	489	320	17.947
34	汇添富	汇添富货币 C	货币市场型基金	489	321	47.296
34	汇添富	汇添富货币 A	货币市场型基金	489	322	2.577
34	汇添富	汇添富理财 14 天 A	货币市场型基金	489	364	2.438
34	汇添富	汇添富添富通 A	货币市场型基金	489	405	2.573
34	汇添富	汇添富添富通 E	货币市场型基金	489	408	61.163
34	汇添富	汇添富收益快钱 B	货币市场型基金	489	414	1.568
34	汇添富	汇添富收益快钱 A	货币市场型基金	489	445	1.839
34	汇添富	汇添富收益快线货币 A	货币市场型基金	489	447	125.765
35	华夏	华夏纯债 A	中长期纯债型基金	362	168	48.278
35	华夏	华夏纯债 C	中长期纯债型基金	362	217	11.106
35	华夏	华夏永福 A	偏债混合型基金	97	48	13.283
35	华夏	华夏永福 C	偏债混合型基金	97	77	6.608
35	华夏	华夏大盘精选	偏股混合型基金	475	45	25.633
35	华夏	华夏蓝筹核心	偏股混合型基金	475	112	41.340
35	华夏	华夏医疗健康 A	偏股混合型基金	475	165	27.192
35	华夏	华夏医疗健康 C	偏股混合型基金	475	175	5.524
35	华夏	华夏收入	偏股混合型基金	475	191	28.493
35	华夏	华夏成长	偏股混合型基金	475	237	50.393
35	华夏	华夏经典配置	偏股混合型基金	475	319	10.611
35	华夏	华夏行业精选	偏股混合型基金	475	324	28.617
35	华夏	华夏优势增长	偏股混合型基金	475	327	64.464
35	华夏	华夏红利	偏股混合型基金	475	366	102.695
35	华夏	华夏复兴	偏股混合型基金	475	395	17.888
35	华夏	华夏盛世精选	偏股混合型基金	475	467	15.712

整体投资回报能力排名	基金公司（简称）	基金名称	投资类型（二级分类）	样本基金数量	同类基金中排名	期间内规模（亿）
35	华夏	华夏沪深300增强A	增强指数型基金	45	23	2.463
35	华夏	华夏沪深300增强C	增强指数型基金	45	25	1.028
35	华夏	华夏回报H	平衡混合型基金	25	3	94.279
35	华夏	华夏回报A	平衡混合型基金	25	4	94.279
35	华夏	华夏回报2号	平衡混合型基金	25	5	46.076
35	华夏	华夏领先	普通股票型基金	156	148	28.842
35	华夏	华夏双债增强A	混合债券型一级基金	160	101	1.404
35	华夏	华夏双债增强C	混合债券型一级基金	160	112	0.713
35	华夏	华夏稳定双利债券C	混合债券型一级基金	160	121	9.042
35	华夏	华夏债券AB	混合债券型一级基金	160	123	9.109
35	华夏	华夏债券C	混合债券型一级基金	160	127	16.128
35	华夏	华夏聚利	混合债券型一级基金	160	146	28.748
35	华夏	华夏安康信用优选A	混合债券型二级基金	262	30	9.982
35	华夏	华夏安康信用优选C	混合债券型二级基金	262	44	4.288
35	华夏	华夏希望债券A	混合债券型二级基金	262	136	15.679
35	华夏	华夏希望债券C	混合债券型二级基金	262	146	7.619
35	华夏	华夏新趋势C	灵活配置型基金	781	189	1.002
35	华夏	华夏新趋势A	灵活配置型基金	781	228	1.042
35	华夏	华夏策略精选	灵活配置型基金	781	305	6.833
35	华夏	华夏新经济	灵活配置型基金	781	427	206.672
35	华夏	华夏兴华A	灵活配置型基金	781	645	10.571
35	华夏	华夏国企改革	灵活配置型基金	781	651	17.091
35	华夏	华夏兴和	灵活配置型基金	781	707	7.078
35	华夏	华夏平稳增长	灵活配置型基金	781	748	17.444
35	华夏	华夏亚债中国A	被动指数型债券基金	22	5	39.475
35	华夏	华夏亚债中国C	被动指数型债券基金	22	6	0.856

整体投资回报能力排名	基金公司（简称）	基金名称	投资类型（二级分类）	样本基金数量	同类基金中排名	期间内规模（亿）
35	华夏	华夏沪港通恒生 ETF	被动指数型基金	383	4	5.717
35	华夏	华夏沪港通恒生 ETF 联接 A	被动指数型基金	383	5	5.202
35	华夏	华夏上证主要消费 ETF	被动指数型基金	383	9	2.317
35	华夏	华夏上证 50ETF 联接 A	被动指数型基金	383	54	6.672
35	华夏	华夏上证 50ETF	被动指数型基金	383	61	379.698
35	华夏	华夏上证金融地产 ETF	被动指数型基金	383	66	0.796
35	华夏	华夏上证能源 ETF	被动指数型基金	383	108	0.345
35	华夏	华夏沪深 300ETF 联接 A	被动指数型基金	383	113	110.575
35	华夏	华夏沪深 300ETF	被动指数型基金	383	123	203.798
35	华夏	华夏上证医药卫生 ETF	被动指数型基金	383	130	1.336
35	华夏	华夏上证原材料 ETF	被动指数型基金	383	141	0.302
35	华夏	华夏 MSCI 中国 A 股国际通 ETF 联接 A	被动指数型基金	383	146	1.335
35	华夏	华夏 MSCI 中国 A 股国际通 ETF	被动指数型基金	383	156	5.177
35	华夏	华夏中证 500ETF 联接 A	被动指数型基金	383	285	9.544
35	华夏	华夏中小板 ETF	被动指数型基金	383	297	23.522
35	华夏	华夏中证 500ETF	被动指数型基金	383	304	16.085
35	华夏	华夏理财 30 天 A	货币市场型基金	489	40	13.424
35	华夏	华夏货币 B	货币市场型基金	489	94	191.322
35	华夏	华夏收益宝 B	货币市场型基金	489	122	52.158
35	华夏	华夏薪金宝	货币市场型基金	489	124	143.906
35	华夏	华夏财富宝 A	货币市场型基金	489	128	619.177
35	华夏	华夏现金增利 B	货币市场型基金	489	135	1 003.961
35	华夏	华夏保证金 B	货币市场型基金	489	185	4.119

整体投资回报能力排名	基金公司(简称)	基金名称	投资类型(二级分类)	样本基金数量	同类基金中排名	期间内规模(亿)
35	华夏	华夏现金宝 B	货币市场型基金	489	246	1.887
35	华夏	华夏货币 A	货币市场型基金	489	248	28.573
35	华夏	华夏收益宝 A	货币市场型基金	489	290	0.767
35	华夏	华夏现金增利 E	货币市场型基金	489	296	627.116
35	华夏	华夏现金增利 A	货币市场型基金	489	297	627.116
35	华夏	华夏理财 30 天 B	货币市场型基金	489	331	125.528
35	华夏	华夏现金宝 A	货币市场型基金	489	391	2.537
35	华夏	华夏保证金 A	货币市场型基金	489	439	2.528
36	中金	中金纯债 A	中长期纯债型基金	362	162	1.303
36	中金	中金纯债 C	中长期纯债型基金	362	219	0.444
36	中金	中金消费升级	普通股票型基金	156	138	2.960
36	中金	中金绝对收益策略	股票多空	17	10	2.116
36	中金	中金现金管家 B	货币市场型基金	489	160	65.908
36	中金	中金现金管家 A	货币市场型基金	489	316	1.298
37	中银	中银安心回报半年	中长期纯债型基金	362	57	33.639
37	中银	中银盛利纯债一年	中长期纯债型基金	362	113	25.844
37	中银	中银纯债 A	中长期纯债型基金	362	115	57.196
37	中银	中银中高等级 A	中长期纯债型基金	362	117	56.678
37	中银	中银惠利纯债	中长期纯债型基金	362	118	53.660
37	中银	中银纯债 C	中长期纯债型基金	362	142	21.083
37	中银	中银国有企业债 A	中长期纯债型基金	362	152	23.327
37	中银	中银聚利分级	中长期纯债型基金	362	323	15.783
37	中银	中银收益 A	偏股混合型基金	475	70	16.426
37	中银	中银中国精选	偏股混合型基金	475	109	13.800
37	中银	中银优秀企业	偏股混合型基金	475	187	0.353
37	中银	中银动态策略	偏股混合型基金	475	194	7.413

整体投资回报能力排名	基金公司（简称）	基金名称	投资类型（二级分类）	样本基金数量	同类基金中排名	期间内规模（亿）
37	中银	中银健康生活	偏股混合型基金	475	235	0.823
37	中银	中银美丽中国	偏股混合型基金	475	257	0.484
37	中银	中银持续增长 A	偏股混合型基金	475	296	25.339
37	中银	中银消费主题	偏股混合型基金	475	344	0.391
37	中银	中银中小盘成长	偏股混合型基金	475	418	0.457
37	中银	中银主题策略	偏股混合型基金	475	456	2.470
37	中银	中银中证 100	增强指数型基金	45	3	2.980
37	中银	中银战略新兴产业	普通股票型基金	156	23	2.197
37	中银	中银互联网＋	普通股票型基金	156	107	1.078
37	中银	中银智能制造	普通股票型基金	156	147	26.972
37	中银	中银新动力	普通股票型基金	156	154	24.802
37	中银	中银稳健增利	混合债券型一级基金	160	41	12.557
37	中银	中银信用增利	混合债券型一级基金	160	68	18.037
37	中银	中银稳健添利 A	混合债券型二级基金	262	3	13.634
37	中银	中银恒利半年	混合债券型二级基金	262	62	22.659
37	中银	中银产业债一年	混合债券型二级基金	262	68	8.106
37	中银	中银稳健双利 A	混合债券型二级基金	262	143	37.672
37	中银	中银稳健双利 B	混合债券型二级基金	262	153	10.691
37	中银	中银转债增强 A	混合债券型二级基金	262	247	1.391
37	中银	中银转债增强 B	混合债券型二级基金	262	248	0.856
37	中银	中银新回报	灵活配置型基金	781	59	27.746
37	中银	中银新机遇 A	灵活配置型基金	781	86	2.927
37	中银	中银新机遇 C	灵活配置型基金	781	93	19.931
37	中银	中银多策略	灵活配置型基金	781	105	23.486
37	中银	中银新财富 A	灵活配置型基金	781	174	0.037
37	中银	中银新财富 C	灵活配置型基金	781	200	18.565

续表 2-2

整体投资回报能力排名	基金公司（简称）	基金名称	投资类型（二级分类）	样本基金数量	同类基金中排名	期间内规模（亿）
37	中银	中银保本	灵活配置型基金	781	214	47.759
37	中银	中银新趋势	灵活配置型基金	781	298	11.390
37	中银	中银行业优选	灵活配置型基金	781	571	3.296
37	中银	中银价值精选	灵活配置型基金	781	615	2.256
37	中银	中银宏观策略	灵活配置型基金	781	629	19.068
37	中银	中银蓝筹精选	灵活配置型基金	781	647	2.837
37	中银	中银研究精选	灵活配置型基金	781	701	3.295
37	中银	中银新经济	灵活配置型基金	781	778	9.253
37	中银	中银上证国企 ETF	被动指数型基金	383	115	0.218
37	中银	中银沪深 300 等权重	被动指数型基金	383	236	0.341
37	中银	中银理财 7 天 B	货币市场型基金	489	20	94.446
37	中银	中银理财 30 天 B	货币市场型基金	489	24	154.021
37	中银	中银理财 14 天 B	货币市场型基金	489	69	66.451
37	中银	中银机构现金管理	货币市场型基金	489	108	138.174
37	中银	中银理财 7 天 A	货币市场型基金	489	137	2.583
37	中银	中银理财 30 天 A	货币市场型基金	489	150	3.929
37	中银	中银薪钱包	货币市场型基金	489	176	102.498
37	中银	中银活期宝	货币市场型基金	489	191	739.248
37	中银	中银理财 14 天 A	货币市场型基金	489	240	1.595
37	中银	中银货币 B	货币市场型基金	489	262	833.719
37	中银	中银货币 A	货币市场型基金	489	398	6.417
37	中银	中银理财 60 天 B	货币市场型基金	489	475	7.226
37	中银	中银理财 60 天 A	货币市场型基金	489	476	0.436
37	中银	中银理财 21 天 B	货币市场型基金	489	477	1.211
37	中银	中银理财 21 天 A	货币市场型基金	489	479	0.883
38	建信	建信纯债 A	中长期纯债型基金	362	80	6.604

整体投资回报能力排名	基金公司（简称）	基金名称	投资类型（二级分类）	样本基金数量	同类基金中排名	期间内规模（亿）
38	建信	建信纯债C	中长期纯债型基金	362	128	4.137
38	建信	建信安心回报A	中长期纯债型基金	362	226	0.684
38	建信	建信安心回报C	中长期纯债型基金	362	258	0.585
38	建信	建信安心保本	偏债混合型基金	97	45	10.998
38	建信	建信内生动力	偏股混合型基金	475	71	4.856
38	建信	建信创新中国	偏股混合型基金	475	90	0.720
38	建信	建信消费升级	偏股混合型基金	475	114	0.601
38	建信	建信优选成长A	偏股混合型基金	475	135	19.493
38	建信	建信健康民生	偏股混合型基金	475	183	0.882
38	建信	建信社会责任	偏股混合型基金	475	222	0.317
38	建信	建信优势动力	偏股混合型基金	475	230	4.743
38	建信	建信优化配置	偏股混合型基金	475	254	22.258
38	建信	建信核心精选	偏股混合型基金	475	295	7.911
38	建信	建信恒久价值	偏股混合型基金	475	405	10.080
38	建信	建信精工制造	增强指数型基金	45	30	1.055
38	建信	建信深证100	增强指数型基金	45	32	0.767
38	建信	建信中证500A	增强指数型基金	45	36	15.273
38	建信	建信双利策略主题	普通股票型基金	156	36	1.685
38	建信	建信大安全	普通股票型基金	156	40	1.233
38	建信	建信潜力新蓝筹	普通股票型基金	156	70	1.001
38	建信	建信信息产业	普通股票型基金	156	87	6.137
38	建信	建信改革红利	普通股票型基金	156	97	2.077
38	建信	建信环保产业	普通股票型基金	156	116	32.636
38	建信	建信中小盘	普通股票型基金	156	126	2.904
38	建信	建信互联网＋产业升级	普通股票型基金	156	137	15.450
38	建信	建信安心回报两年A	混合债券型一级基金	160	13	1.004

整体投资回报能力排名	基金公司（简称）	基金名称	投资类型（二级分类）	样本基金数量	同类基金中排名	期间内规模（亿）
38	建信	建信安心回报两年 C	混合债券型一级基金	160	27	1.201
38	建信	建信稳定增利 A	混合债券型一级基金	160	67	15.993
38	建信	建信稳定增利 C	混合债券型一级基金	160	84	26.169
38	建信	建信信用增强 A	混合债券型一级基金	160	152	4.274
38	建信	建信信用增强 C	混合债券型一级基金	160	154	1.746
38	建信	建信双债增强 A	混合债券型一级基金	160	155	3.099
38	建信	建信双债增强 C	混合债券型一级基金	160	157	1.700
38	建信	建信稳定得利 A	混合债券型二级基金	262	21	1.732
38	建信	建信稳定丰利 A	混合债券型二级基金	262	24	3.611
38	建信	建信稳定得利 C	混合债券型二级基金	262	33	1.777
38	建信	建信稳定丰利 C	混合债券型二级基金	262	41	2.062
38	建信	建信收益增强 A	混合债券型二级基金	262	133	8.856
38	建信	建信收益增强 C	混合债券型二级基金	262	145	3.305
38	建信	建信稳定添利 A	混合债券型二级基金	262	161	1.876
38	建信	建信双息红利 A	混合债券型二级基金	262	163	31.924
38	建信	建信双息红利 C	混合债券型二级基金	262	176	7.853
38	建信	建信稳定添利 C	混合债券型二级基金	262	181	1.793
38	建信	建信转债增强 A	混合债券型二级基金	262	239	0.775
38	建信	建信转债增强 C	混合债券型二级基金	262	241	1.081
38	建信	建信回报	灵活配置型基金	781	191	15.400
38	建信	建信鑫安回报	灵活配置型基金	781	243	15.744
38	建信	建信稳健回报	灵活配置型基金	781	254	13.295
38	建信	建信鑫丰回报 A	灵活配置型基金	781	283	0.378
38	建信	建信鑫丰回报 C	灵活配置型基金	781	297	13.616
38	建信	建信恒稳价值	灵活配置型基金	781	450	0.401
38	建信	建信积极配置	灵活配置型基金	781	488	2.146

整体投资回报能力排名	基金公司（简称）	基金名称	投资类型（二级分类）	样本基金数量	同类基金中排名	期间内规模（亿）
38	建信	建信鑫利	灵活配置型基金	781	557	26.789
38	建信	建信睿盈 A	灵活配置型基金	781	623	1.628
38	建信	建信睿盈 C	灵活配置型基金	781	637	1.069
38	建信	建信新经济	灵活配置型基金	781	640	5.828
38	建信	建信央视财经 50	被动指数型基金	383	19	5.794
38	建信	建信深证基本面 60ETF	被动指数型基金	383	33	1.945
38	建信	建信深证基本面 60ETF 联接 A	被动指数型基金	383	36	1.800
38	建信	建信中证申万有色金属	被动指数型基金	383	47	0.340
38	建信	建信上证社会责任 ETF	被动指数型基金	383	53	1.054
38	建信	建信上证社会责任 ETF 联接	被动指数型基金	383	60	1.089
38	建信	建信沪深 300	被动指数型基金	383	107	4.772
38	建信	建信中证互联网金融	被动指数型基金	383	275	0.424
38	建信	建信月盈安心理财 B	货币市场型基金	489	31	107.914
38	建信	建信双周安心理财 B	货币市场型基金	489	46	103.020
38	建信	建信周盈安心理财 B	货币市场型基金	489	107	38.760
38	建信	建信嘉薪宝 A	货币市场型基金	489	121	13.574
38	建信	建信双月安心 B	货币市场型基金	489	168	42.454
38	建信	建信月盈安心理财 A	货币市场型基金	489	173	6.869
38	建信	建信现金添利 A	货币市场型基金	489	175	2 389.395
38	建信	建信双周安心理财 A	货币市场型基金	489	200	10.804
38	建信	建信周盈安心理财 A	货币市场型基金	489	306	7.389
38	建信	建信货币 A	货币市场型基金	489	329	376.000
38	建信	建信双月安心 A	货币市场型基金	489	349	1.678
39	平安	平安大华添利 A	中长期纯债型基金	362	212	7.159
39	平安	平安大华添利 C	中长期纯债型基金	362	252	1.343

整体投资回报能力排名	基金公司(简称)	基金名称	投资类型(二级分类)	样本基金数量	同类基金中排名	期间内规模(亿)
39	平安	平安大华行业先锋	偏股混合型基金	475	429	3.678
39	平安	平安大华深证300	增强指数型基金	45	40	0.534
39	平安	平安大华鑫享C	灵活配置型基金	781	260	15.616
39	平安	平安大华鑫享A	灵活配置型基金	781	263	0.530
39	平安	平安大华鑫安A	灵活配置型基金	781	295	1.419
39	平安	平安大华鑫安C	灵活配置型基金	781	316	0.663
39	平安	平安大华保本	灵活配置型基金	781	321	4.080
39	平安	平安大华策略先锋	灵活配置型基金	781	747	1.642
39	平安	平安大华新鑫先锋A	灵活配置型基金	781	769	0.880
39	平安	平安大华新鑫先锋C	灵活配置型基金	781	771	0.038
39	平安	平安大华智慧中国	灵活配置型基金	781	773	8.357
39	平安	平安大华财富宝	货币市场型基金	489	42	273.106
39	平安	平安大华日增利	货币市场型基金	489	242	996.647
40	南方	南方金利A	中长期纯债型基金	362	44	2.444
40	南方	南方金利C	中长期纯债型基金	362	70	0.877
40	南方	南方通利A	中长期纯债型基金	362	145	8.904
40	南方	南方聚利1年A	中长期纯债型基金	362	160	2.117
40	南方	南方通利C	中长期纯债型基金	362	179	8.581
40	南方	南方丰元信用增强A	中长期纯债型基金	362	185	10.547
40	南方	南方聚利1年C	中长期纯债型基金	362	203	0.296
40	南方	南方丰元信用增强C	中长期纯债型基金	362	225	2.303
40	南方	南方润元纯债AB	中长期纯债型基金	362	244	7.636
40	南方	南方启元A	中长期纯债型基金	362	253	28.104
40	南方	南方稳利1年A	中长期纯债型基金	362	263	18.352
40	南方	南方弘利C	中长期纯债型基金	362	265	0.000
40	南方	南方弘利A	中长期纯债型基金	362	266	10.658

整体投资回报能力排名	基金公司（简称）	基金名称	投资类型（二级分类）	样本基金数量	同类基金中排名	期间内规模（亿）
40	南方	南方润元纯债 C	中长期纯债型基金	362	273	12.893
40	南方	南方启元 C	中长期纯债型基金	362	278	0.276
40	南方	南方稳利 1 年 C	中长期纯债型基金	362	288	0.526
40	南方	南方双元 A	中长期纯债型基金	362	320	2.254
40	南方	南方双元 C	中长期纯债型基金	362	327	0.216
40	南方	南方避险增值	偏债混合型基金	97	42	38.063
40	南方	南方安心保本二期	偏债混合型基金	97	46	34.936
40	南方	南方潜力新蓝筹	偏债混合型基金	97	47	14.611
40	南方	南方宝元债券	偏债混合型基金	97	54	19.022
40	南方	南方隆元产业主题	偏股混合型基金	475	75	22.059
40	南方	南方成分精选	偏股混合型基金	475	78	37.175
40	南方	南方绩优成长 A	偏股混合型基金	475	125	48.488
40	南方	南方稳健成长	偏股混合型基金	475	162	20.039
40	南方	南方优选价值 A	偏股混合型基金	475	197	13.217
40	南方	南方积极配置	偏股混合型基金	475	223	9.092
40	南方	南方策略优化	偏股混合型基金	475	313	4.850
40	南方	南方高增长	偏股混合型基金	475	379	17.389
40	南方	南方盛元红利	偏股混合型基金	475	413	12.185
40	南方	南方稳健成长 2 号	平衡混合型基金	25	13	20.093
40	南方	南方顺达保本	普通股票型基金	156	22	22.280
40	南方	南方新兴消费增长	普通股票型基金	156	26	3.870
40	南方	南方天元新产业	普通股票型基金	156	28	6.859
40	南方	南方国策动力	普通股票型基金	156	100	2.330
40	南方	南方量化成长	普通股票型基金	156	111	3.444
40	南方	南方产业活力	普通股票型基金	156	142	17.201
40	南方	南方多利增强 A	混合债券型一级基金	160	75	18.059

整体投资回报能力排名	基金公司（简称）	基金名称	投资类型（二级分类）	样本基金数量	同类基金中排名	期间内规模（亿）
40	南方	南方多利增强 C	混合债券型一级基金	160	89	8.052
40	南方	南方永利 1 年 A	混合债券型一级基金	160	141	1.590
40	南方	南方永利 1 年 C	混合债券型一级基金	160	145	0.056
40	南方	南方广利回报 AB	混合债券型二级基金	262	235	8.742
40	南方	南方广利回报 C	混合债券型二级基金	262	237	6.015
40	南方	南方荣光 A	灵活配置型基金	781	95	3.269
40	南方	南方荣光 C	灵活配置型基金	781	96	9.184
40	南方	南方消费活力	灵活配置型基金	781	104	219.220
40	南方	南方利淘 C	灵活配置型基金	781	108	1.112
40	南方	南方利淘 A	灵活配置型基金	781	113	11.658
40	南方	南方利众 A	灵活配置型基金	781	142	4.581
40	南方	南方利众 C	灵活配置型基金	781	143	7.717
40	南方	南方利达 C	灵活配置型基金	781	147	6.532
40	南方	南方利达 A	灵活配置型基金	781	148	7.985
40	南方	南方利鑫 C	灵活配置型基金	781	150	0.161
40	南方	南方利鑫 A	灵活配置型基金	781	151	17.394
40	南方	南方新优享	灵活配置型基金	781	204	19.321
40	南方	南方利安 A	灵活配置型基金	781	257	2.064
40	南方	南方利安 C	灵活配置型基金	781	258	7.007
40	南方	南方优选成长 A	灵活配置型基金	781	277	7.056
40	南方	南方创新经济	灵活配置型基金	781	341	14.793
40	南方	南方瑞利	灵活配置型基金	781	405	8.107
40	南方	南方医药保健	灵活配置型基金	781	421	5.493
40	南方	南方顺康	灵活配置型基金	781	468	13.237
40	南方	南方高端装备 A	灵活配置型基金	781	570	4.350
40	南方	南方改革机遇	灵活配置型基金	781	585	18.066

整体投资回报能力排名	基金公司（简称）	基金名称	投资类型（二级分类）	样本基金数量	同类基金中排名	期间内规模（亿）
40	南方	南方中国梦	灵活配置型基金	781	597	4.268
40	南方	南方沪港深价值主题	灵活配置型基金	781	602	3.104
40	南方	南方绝对收益策略	股票多空	17	2	6.891
40	南方	南方中债中期票据 A	被动指数型债券基金	22	14	0.514
40	南方	南方中债中期票据 C	被动指数型债券基金	22	15	0.075
40	南方	南方恒生 ETF	被动指数型基金	383	6	0.835
40	南方	南方小康产业 ETF 联接 A	被动指数型基金	383	95	6.933
40	南方	南方小康产业 ETF	被动指数型基金	383	102	7.013
40	南方	南方开元沪深 300ETF 联接 A	被动指数型基金	383	109	8.819
40	南方	南方开元沪深 300ETF	被动指数型基金	383	116	11.965
40	南方	南方大数据 300A	被动指数型基金	383	133	9.056
40	南方	南方大数据 300C	被动指数型基金	383	139	1.041
40	南方	南方中证 100A	被动指数型基金	383	155	3.469
40	南方	南方中证国企改革	被动指数型基金	383	169	1.812
40	南方	南方中证 500 原材料 ETF	被动指数型基金	383	208	0.704
40	南方	南方中证互联网	被动指数型基金	383	245	2.239
40	南方	南方上证 380ETF 联接	被动指数型基金	383	254	2.020
40	南方	南方上证 380ETF	被动指数型基金	383	260	2.378
40	南方	南方中证高铁产业	被动指数型基金	383	261	1.772
40	南方	南方中证 500 医药卫生 ETF	被动指数型基金	383	266	0.710
40	南方	南方深成 ETF 联接 A	被动指数型基金	383	269	3.048
40	南方	南方中证 500ETF 联接 A	被动指数型基金	383	287	51.398
40	南方	南方深成 ETF	被动指数型基金	383	290	4.877

整体投资回报能力排名	基金公司（简称）	基金名称	投资类型（二级分类）	样本基金数量	同类基金中排名	期间内规模（亿）
40	南方	南方大数据 100A	被动指数型基金	383	294	52.266
40	南方	南方中证 500ETF	被动指数型基金	383	313	269.581
40	南方	南方中证 500 信息技术 ETF	被动指数型基金	383	339	0.746
40	南方	南方中证 500 工业 ETF	被动指数型基金	383	344	0.909
40	南方	南方理财 60 天 B	货币市场型基金	489	5	9.019
40	南方	南方理财 14 天 B	货币市场型基金	489	8	95.510
40	南方	南方现金通 C	货币市场型基金	489	21	62.155
40	南方	南方理财 60 天 E	货币市场型基金	489	32	0.005
40	南方	南方现金通 B	货币市场型基金	489	36	0.576
40	南方	南方理财 60 天 A	货币市场型基金	489	48	6.986
40	南方	南方现金通 A	货币市场型基金	489	52	0.147
40	南方	南方理财 14 天 A	货币市场型基金	489	61	12.393
40	南方	南方现金通 E	货币市场型基金	489	75	456.184
40	南方	南方薪金宝	货币市场型基金	489	101	109.317
40	南方	南方现金增利 B	货币市场型基金	489	134	575.255
40	南方	南方收益宝 B	货币市场型基金	489	159	165.821
40	南方	南方理财金 A	货币市场型基金	489	287	18.350
40	南方	南方理财金 H	货币市场型基金	489	288	108.131
40	南方	南方现金增利 A	货币市场型基金	489	293	280.624
40	南方	南方收益宝 A	货币市场型基金	489	317	11.917
41	华安	华安纯债 A	中长期纯债型基金	362	64	1.736
41	华安	华安信用四季红 A	中长期纯债型基金	362	84	8.839
41	华安	华安纯债 C	中长期纯债型基金	362	85	5.455
41	华安	华安年年红 A	中长期纯债型基金	362	99	9.182
41	华安	华安年年红 C	中长期纯债型基金	362	156	2.823

整体投资回报能力排名	基金公司（简称）	基金名称	投资类型（二级分类）	样本基金数量	同类基金中排名	期间内规模（亿）
41	华安	华安双债添利 A	中长期纯债型基金	362	195	10.697
41	华安	华安双债添利 C	中长期纯债型基金	362	231	4.289
41	华安	华安年年盈 A	中长期纯债型基金	362	312	1.946
41	华安	华安年年盈 C	中长期纯债型基金	362	322	0.178
41	华安	华安添颐	偏债混合型基金	97	28	20.651
41	华安	华安乐惠保本 A	偏债混合型基金	97	43	23.611
41	华安	华安乐惠保本 C	偏债混合型基金	97	52	12.945
41	华安	华安保本	偏债混合型基金	97	63	11.580
41	华安	华安策略优选	偏股混合型基金	475	9	55.842
41	华安	华安核心优选	偏股混合型基金	475	13	6.616
41	华安	华安科技动力	偏股混合型基金	475	29	13.243
41	华安	华安生态优先	偏股混合型基金	475	76	1.505
41	华安	华安行业轮动	偏股混合型基金	475	144	2.302
41	华安	华安安信消费服务	偏股混合型基金	475	147	3.551
41	华安	华安升级主题	偏股混合型基金	475	149	2.191
41	华安	华安逆向策略	偏股混合型基金	475	231	15.157
41	华安	华安宏利	偏股混合型基金	475	256	25.032
41	华安	华安中小盘成长	偏股混合型基金	475	332	21.634
41	华安	华安中证高分红 C	增强指数型基金	45	9	0.032
41	华安	华安中证高分红 A	增强指数型基金	45	10	0.005
41	华安	华安沪深 300 量化 A	增强指数型基金	45	12	2.533
41	华安	华安沪深 300 量化 C	增强指数型基金	45	15	1.280
41	华安	华安 MSCI 中国 A 股	增强指数型基金	45	31	22.631
41	华安	华安宝利配置	平衡混合型基金	25	18	17.174
41	华安	华安创新	平衡混合型基金	25	24	23.647
41	华安	华安新丝路主题	普通股票型基金	156	27	25.532

续表 2-2

整体投资回报能力排名	基金公司(简称)	基金名称	投资类型(二级分类)	样本基金数量	同类基金中排名	期间内规模(亿)
41	华安	华安智能装备主题	普通股票型基金	156	90	12.904
41	华安	华安大国新经济	普通股票型基金	156	123	3.188
41	华安	华安物联网主题	普通股票型基金	156	139	14.570
41	华安	华安稳定收益 A	混合债券型一级基金	160	90	12.980
41	华安	华安稳固收益 C	混合债券型一级基金	160	96	17.675
41	华安	华安稳定收益 B	混合债券型一级基金	160	111	1.966
41	华安	华安强化收益 A	混合债券型二级基金	262	60	1.672
41	华安	华安强化收益 B	混合债券型二级基金	262	71	0.961
41	华安	华安安心收益 A	混合债券型二级基金	262	172	1.831
41	华安	华安安心收益 B	混合债券型二级基金	262	182	0.606
41	华安	华安信用增强	混合债券型二级基金	262	223	3.039
41	华安	华安可转债 A	混合债券型二级基金	262	259	1.189
41	华安	华安可转债 B	混合债券型二级基金	262	260	2.431
41	华安	华安新活力	灵活配置型基金	781	92	10.273
41	华安	华安新回报	灵活配置型基金	781	116	33.094
41	华安	华安新乐享	灵活配置型基金	781	175	15.928
41	华安	华安新动力	灵活配置型基金	781	201	24.073
41	华安	华安安享	灵活配置型基金	781	209	20.156
41	华安	华安新机遇	灵活配置型基金	781	303	16.866
41	华安	华安安益	灵活配置型基金	781	363	26.266
41	华安	华安安顺	灵活配置型基金	781	396	9.505
41	华安	华安新优选 C	灵活配置型基金	781	401	20.964
41	华安	华安国企改革	灵活配置型基金	781	425	5.246
41	华安	华安新优选 A	灵活配置型基金	781	443	1.435
41	华安	华安媒体互联网	灵活配置型基金	781	480	22.504
41	华安	华安动态灵活配置	灵活配置型基金	781	577	2.320

整体投资回报能力排名	基金公司（简称）	基金名称	投资类型（二级分类）	样本基金数量	同类基金中排名	期间内规模（亿）
41	华安	华安中证银行	被动指数型基金	383	63	2.046
41	华安	华安上证 180ETF 联接	被动指数型基金	383	96	4.408
41	华安	华安上证 180ETF	被动指数型基金	383	98	175.756
41	华安	华安沪深 300	被动指数型基金	383	136	1.118
41	华安	华安中证细分医药 ETF 联接 A	被动指数型基金	383	160	0.347
41	华安	华安中证细分医药 ETF 联接 C	被动指数型基金	383	161	0.185
41	华安	华安中证细分医药 ETF	被动指数型基金	383	163	0.801
41	华安	华安中证细分地产 ETF	被动指数型基金	383	179	0.029
41	华安	华安上证龙头 ETF 联接	被动指数型基金	383	181	1.000
41	华安	华安上证龙头 ETF	被动指数型基金	383	183	1.132
41	华安	华安深证 300	被动指数型基金	383	311	0.248
41	华安	华安中证全指证券	被动指数型基金	383	320	1.360
41	华安	华安创业板 50	被动指数型基金	383	383	2.110
41	华安	华安日日鑫 B	货币市场型基金	489	83	21.613
41	华安	华安汇财通	货币市场型基金	489	166	99.469
41	华安	华安日日鑫 A	货币市场型基金	489	229	646.124
41	华安	华安现金富利 B	货币市场型基金	489	251	232.336
41	华安	华安现金富利 A	货币市场型基金	489	388	16.713
41	华安	华安月月鑫 B	货币市场型基金	489	451	1.209
41	华安	华安月月鑫 A	货币市场型基金	489	455	0.880
41	华安	华安季季鑫 A	货币市场型基金	489	458	0.200
41	华安	华安季季鑫 B	货币市场型基金	489	462	22.652
41	华安	华安月安鑫 A	货币市场型基金	489	463	0.642
41	华安	华安月安鑫 B	货币市场型基金	489	470	1.007

整体投资回报能力排名	基金公司（简称）	基金名称	投资类型（二级分类）	样本基金数量	同类基金中排名	期间内规模（亿）
42	华泰柏瑞	华泰柏瑞丰盛纯债A	中长期纯债型基金	362	34	5.791
42	华泰柏瑞	华泰柏瑞丰盛纯债C	中长期纯债型基金	362	77	0.402
42	华泰柏瑞	华泰柏瑞稳健收益A	中长期纯债型基金	362	155	52.703
42	华泰柏瑞	华泰柏瑞稳健收益C	中长期纯债型基金	362	198	22.410
42	华泰柏瑞	华泰柏瑞量化A	偏股混合型基金	475	56	38.951
42	华泰柏瑞	华泰柏瑞量化先行	偏股混合型基金	475	93	21.511
42	华泰柏瑞	华泰柏瑞行业领先	偏股混合型基金	475	188	2.174
42	华泰柏瑞	华泰柏瑞盛世中国	偏股混合型基金	475	196	17.182
42	华泰柏瑞	华泰柏瑞价值增长	偏股混合型基金	475	263	7.401
42	华泰柏瑞	华泰柏瑞积极成长A	偏股混合型基金	475	309	15.869
42	华泰柏瑞	华泰柏瑞积极优选	普通股票型基金	156	109	4.497
42	华泰柏瑞	华泰柏瑞季季红	混合债券型一级基金	160	10	4.795
42	华泰柏瑞	华泰柏瑞丰汇A	混合债券型一级基金	160	31	0.795
42	华泰柏瑞	华泰柏瑞丰汇C	混合债券型一级基金	160	47	0.415
42	华泰柏瑞	华泰柏瑞信用增利	混合债券型一级基金	160	62	2.482
42	华泰柏瑞	华泰柏瑞增利A	混合债券型二级基金	262	97	0.246
42	华泰柏瑞	华泰柏瑞增利B	混合债券型二级基金	262	107	0.394
42	华泰柏瑞	华泰柏瑞激励动力C	灵活配置型基金	781	26	14.643
42	华泰柏瑞	华泰柏瑞新利A	灵活配置型基金	781	170	13.787
42	华泰柏瑞	华泰柏瑞激励动力A	灵活配置型基金	781	198	2.754
42	华泰柏瑞	华泰柏瑞新利C	灵活配置型基金	781	205	0.000
42	华泰柏瑞	华泰柏瑞创新升级	灵活配置型基金	781	318	6.384
42	华泰柏瑞	华泰柏瑞量化优选	灵活配置型基金	781	343	4.543
42	华泰柏瑞	华泰柏瑞创新动力	灵活配置型基金	781	364	1.845
42	华泰柏瑞	华泰柏瑞量化驱动	灵活配置型基金	781	423	11.288
42	华泰柏瑞	华泰柏瑞量化智慧A	灵活配置型基金	781	483	8.416

整体投资回报能力排名	基金公司（简称）	基金名称	投资类型（二级分类）	样本基金数量	同类基金中排名	期间内规模（亿）
42	华泰柏瑞	华泰柏瑞惠利 A	灵活配置型基金	781	527	20.388
42	华泰柏瑞	华泰柏瑞惠利 C	灵活配置型基金	781	543	0.005
42	华泰柏瑞	华泰柏瑞健康生活	灵活配置型基金	781	632	9.037
42	华泰柏瑞	华泰柏瑞中国制造 2025C	灵活配置型基金	781	657	0.030
42	华泰柏瑞	华泰柏瑞中国制造 2025A	灵活配置型基金	781	660	0.811
42	华泰柏瑞	华泰柏瑞消费成长	灵活配置型基金	781	705	6.359
42	华泰柏瑞	华泰柏瑞量化收益	股票多空	17	4	1.681
42	华泰柏瑞	华泰柏瑞红利 ETF	被动指数型基金	383	67	14.997
42	华泰柏瑞	华泰柏瑞沪深 300ETF 联接 A	被动指数型基金	383	124	10.736
42	华泰柏瑞	华泰柏瑞沪深 300ETF	被动指数型基金	383	137	275.792
42	华泰柏瑞	华泰柏瑞上证中小盘 ETF	被动指数型基金	383	229	0.472
42	华泰柏瑞	华泰柏瑞上证中小盘 ETF 联接	被动指数型基金	383	231	0.310
42	华泰柏瑞	华泰柏瑞中证 500ETF 联接 A	被动指数型基金	383	267	2.112
42	华泰柏瑞	华泰柏瑞中证 500ETF	被动指数型基金	383	281	4.130
42	华泰柏瑞	华泰柏瑞货币 B	货币市场型基金	489	257	349.672
42	华泰柏瑞	华泰柏瑞交易货币 A	货币市场型基金	489	268	21.636
42	华泰柏瑞	华泰柏瑞货币 A	货币市场型基金	489	392	5.806
43	兴业	兴业添利	中长期纯债型基金	362	53	94.680
43	兴业	兴业定期开放 A	中长期纯债型基金	362	87	12.586
43	兴业	兴业稳固收益两年	中长期纯债型基金	362	165	18.667
43	兴业	兴业年年利	中长期纯债型基金	362	227	17.057
43	兴业	兴业丰利	中长期纯债型基金	362	283	27.302
43	兴业	兴业稳固收益一年	中长期纯债型基金	362	342	6.300

整体投资回报能力排名	基金公司（简称）	基金名称	投资类型（二级分类）	样本基金数量	同类基金中排名	期间内规模（亿）
43	兴业	兴业收益增强 A	混合债券型二级基金	262	70	2.476
43	兴业	兴业收益增强 C	混合债券型二级基金	262	91	1.884
43	兴业	兴业聚惠 A	灵活配置型基金	781	38	12.025
43	兴业	兴业国企改革	灵活配置型基金	781	324	3.113
43	兴业	兴业聚利	灵活配置型基金	781	382	2.402
43	兴业	兴业聚优	灵活配置型基金	781	419	8.618
43	兴业	兴业多策略	灵活配置型基金	781	593	6.790
43	兴业	兴业添天盈 B	货币市场型基金	489	110	57.556
43	兴业	兴业货币 B	货币市场型基金	489	258	196.577
43	兴业	兴业添天盈 A	货币市场型基金	489	270	0.251
43	兴业	兴业鑫天盈 B	货币市场型基金	489	277	83.005
43	兴业	兴业货币 A	货币市场型基金	489	394	12.842
43	兴业	兴业鑫天盈 A	货币市场型基金	489	412	0.047
44	工银瑞信	工银信用纯债一年 A	中长期纯债型基金	362	78	3.016
44	工银瑞信	工银信用纯债一年 C	中长期纯债型基金	362	131	1.264
44	工银瑞信	工银信用纯债两年 A	中长期纯债型基金	362	170	1.414
44	工银瑞信	工银瑞信信用纯债 A	中长期纯债型基金	362	205	9.377
44	工银瑞信	工银中高等级信用债 A	中长期纯债型基金	362	213	6.671
44	工银瑞信	工银信用纯债两年 C	中长期纯债型基金	362	215	0.427
44	工银瑞信	工银瑞信纯债	中长期纯债型基金	362	242	3.277
44	工银瑞信	工银瑞信信用纯债 B	中长期纯债型基金	362	243	3.249
44	工银瑞信	工银中高等级信用债 B	中长期纯债型基金	362	254	3.916
44	工银瑞信	工银瑞信目标收益一年 C	中长期纯债型基金	362	287	5.182
44	工银瑞信	工银瑞信纯债 A	中长期纯债型基金	362	297	50.137
44	工银瑞信	工银瑞信纯债 B	中长期纯债型基金	362	315	23.920

整体投资回报能力排名	基金公司（简称）	基金名称	投资类型（二级分类）	样本基金数量	同类基金中排名	期间内规模（亿）
44	工银瑞信	工银瑞信保本 3 号 A	偏债混合型基金	97	34	13.110
44	工银瑞信	工银瑞信保本 3 号 B	偏债混合型基金	97	50	1.477
44	工银瑞信	工银瑞信大盘蓝筹	偏股混合型基金	475	25	4.759
44	工银瑞信	工银瑞信消费服务	偏股混合型基金	475	32	3.766
44	工银瑞信	工银瑞信金融地产	偏股混合型基金	475	34	20.809
44	工银瑞信	工银瑞信核心价值 A	偏股混合型基金	475	160	44.000
44	工银瑞信	工银瑞信红利	偏股混合型基金	475	219	5.651
44	工银瑞信	工银瑞信量化策略	偏股混合型基金	475	225	1.569
44	工银瑞信	工银瑞信精选平衡	偏股混合型基金	475	428	20.556
44	工银瑞信	工银瑞信信息产业	偏股混合型基金	475	439	16.702
44	工银瑞信	工银瑞信中小盘成长	偏股混合型基金	475	446	3.078
44	工银瑞信	工银瑞信主题策略	偏股混合型基金	475	455	17.006
44	工银瑞信	工银瑞信稳健成长 A	偏股混合型基金	475	471	18.140
44	工银瑞信	工银瑞信文体产业	普通股票型基金	156	3	4.254
44	工银瑞信	工银瑞信新蓝筹	普通股票型基金	156	9	2.393
44	工银瑞信	工银瑞信战略转型主题	普通股票型基金	156	31	8.846
44	工银瑞信	工银瑞信美丽城镇主题	普通股票型基金	156	38	6.371
44	工银瑞信	工银瑞信国企改革主题	普通股票型基金	156	47	23.522
44	工银瑞信	工银瑞信新金融	普通股票型基金	156	50	13.182
44	工银瑞信	工银瑞信养老产业	普通股票型基金	156	79	9.069
44	工银瑞信	工银瑞信农业产业	普通股票型基金	156	84	9.400
44	工银瑞信	工银瑞信医疗保健行业	普通股票型基金	156	92	42.196
44	工银瑞信	工银瑞信研究精选	普通股票型基金	156	101	1.485
44	工银瑞信	工银瑞信新材料新能源行业	普通股票型基金	156	136	27.716
44	工银瑞信	工银瑞信生态环境	普通股票型基金	156	144	16.749

整体投资回报能力排名	基金公司（简称）	基金名称	投资类型（二级分类）	样本基金数量	同类基金中排名	期间内规模（亿）
44	工银瑞信	工银瑞信聚焦30	普通股票型基金	156	145	3.709
44	工银瑞信	工银瑞信高端制造行业	普通股票型基金	156	151	17.197
44	工银瑞信	工银瑞信创新动力	普通股票型基金	156	155	23.139
44	工银瑞信	工银瑞信互联网加	普通股票型基金	156	156	69.130
44	工银瑞信	工银瑞信四季收益	混合债券型一级基金	160	69	8.692
44	工银瑞信	工银瑞信增强收益A	混合债券型一级基金	160	130	17.983
44	工银瑞信	工银瑞信增强收益B	混合债券型一级基金	160	132	9.080
44	工银瑞信	工银瑞信信用添利A	混合债券型一级基金	160	142	26.307
44	工银瑞信	工银瑞信信用添利B	混合债券型一级基金	160	147	19.662
44	工银瑞信	工银瑞信双利A	混合债券型二级基金	262	4	72.100
44	工银瑞信	工银瑞信双利B	混合债券型二级基金	262	7	4.336
44	工银瑞信	工银瑞信产业债A	混合债券型二级基金	262	39	4.757
44	工银瑞信	工银瑞信产业债B	混合债券型二级基金	262	55	2.506
44	工银瑞信	工银瑞信月月薪A	混合债券型二级基金	262	118	7.580
44	工银瑞信	工银瑞信添福B	混合债券型二级基金	262	151	3.882
44	工银瑞信	工银瑞信添福A	混合债券型二级基金	262	164	32.556
44	工银瑞信	工银瑞信添颐A	混合债券型二级基金	262	180	4.897
44	工银瑞信	工银瑞信添颐B	混合债券型二级基金	262	189	10.465
44	工银瑞信	工银瑞信丰收回报C	灵活配置型基金	781	139	1.878
44	工银瑞信	工银瑞信丰收回报A	灵活配置型基金	781	140	8.118
44	工银瑞信	工银瑞信新趋势A	灵活配置型基金	781	186	11.022
44	工银瑞信	工银瑞信新财富	灵活配置型基金	781	261	12.530
44	工银瑞信	工银瑞信新趋势C	灵活配置型基金	781	275	0.500
44	工银瑞信	工银瑞信灵活配置B	灵活配置型基金	781	282	16.181
44	工银瑞信	工银瑞信丰盈回报	灵活配置型基金	781	387	21.864
44	工银瑞信	工银瑞信灵活配置A	灵活配置型基金	781	441	3.777

整体投资回报能力排名	基金公司（简称）	基金名称	投资类型（二级分类）	样本基金数量	同类基金中排名	期间内规模（亿）
44	工银瑞信	工银瑞信总回报	灵活配置型基金	781	541	18.796
44	工银瑞信	工银瑞信绝对收益 A	股票多空	17	12	33.995
44	工银瑞信	工银瑞信绝对收益 B	股票多空	17	13	4.734
44	工银瑞信	工银瑞信深证红利 ETF 联接	被动指数型基金	383	44	3.530
44	工银瑞信	工银瑞信深证红利 ETF	被动指数型基金	383	49	4.669
44	工银瑞信	工银上证央企 50ETF	被动指数型基金	383	79	2.312
44	工银瑞信	工银瑞信沪深 300	被动指数型基金	383	125	29.023
44	工银瑞信	工银瑞信高铁产业	被动指数型基金	383	296	0.486
44	工银瑞信	工银瑞信中证 500	被动指数型基金	383	303	0.991
44	工银瑞信	工银瑞信中证新能源	被动指数型基金	383	330	0.375
44	工银瑞信	工银瑞信环保产业	被动指数型基金	383	352	0.359
44	工银瑞信	工银瑞信中证传媒	被动指数型基金	383	382	1.196
44	工银瑞信	工银瑞信 60 天理财 B	货币市场型基金	489	22	14.986
44	工银瑞信	工银瑞信薪金 B	货币市场型基金	489	90	192.521
44	工银瑞信	工银瑞信 14 天理财 B	货币市场型基金	489	93	95.092
44	工银瑞信	工银瑞信 7 天理财 B	货币市场型基金	489	103	129.479
44	工银瑞信	工银瑞信现金快线	货币市场型基金	489	125	140.104
44	工银瑞信	工银瑞信添益快线	货币市场型基金	489	127	618.281
44	工银瑞信	工银瑞信 60 天理财 A	货币市场型基金	489	142	16.185
44	工银瑞信	工银瑞信货币	货币市场型基金	489	178	2 367.459
44	工银瑞信	工银瑞信薪金 A	货币市场型基金	489	275	103.062
44	工银瑞信	工银瑞信 14 天理财 A	货币市场型基金	489	286	17.873
44	工银瑞信	工银瑞信 7 天理财 A	货币市场型基金	489	305	101.937
44	工银瑞信	工银瑞信财富快线 A	货币市场型基金	489	371	12.611
45	永赢	永赢稳益	中长期纯债型基金	362	154	35.419

续表 2-2

整体投资回报能力排名	基金公司（简称）	基金名称	投资类型（二级分类）	样本基金数量	同类基金中排名	期间内规模（亿）
45	永赢	永赢量化灵活配置	灵活配置型基金	781	530	0.823
45	永赢	永赢量化	股票多空	17	17	11.451
45	永赢	永赢货币	货币市场型基金	489	132	109.835
46	金鹰	金鹰元盛 C	中长期纯债型基金	362	209	2.897
46	金鹰	金鹰元安 A	偏债混合型基金	97	62	1.102
46	金鹰	金鹰行业优势	偏股混合型基金	475	250	1.971
46	金鹰	金鹰中小盘精选	偏股混合型基金	475	252	6.108
46	金鹰	金鹰策略配置	偏股混合型基金	475	338	1.878
46	金鹰	金鹰稳健成长	偏股混合型基金	475	349	6.309
46	金鹰	金鹰主题优势	偏股混合型基金	475	361	3.108
46	金鹰	金鹰核心资源	偏股混合型基金	475	474	5.434
46	金鹰	金鹰科技创新	普通股票型基金	156	135	8.910
46	金鹰	金鹰持久增利 C	混合债券型二级基金	262	217	0.553
46	金鹰	金鹰灵活配置 A	灵活配置型基金	781	74	0.067
46	金鹰	金鹰灵活配置 C	灵活配置型基金	781	149	7.602
46	金鹰	金鹰红利价值	灵活配置型基金	781	491	1.295
46	金鹰	金鹰改革红利	灵活配置型基金	781	499	3.429
46	金鹰	金鹰成分股优选	灵活配置型基金	781	506	4.040
46	金鹰	金鹰民族新兴	灵活配置型基金	781	540	2.332
46	金鹰	金鹰技术领先 A	灵活配置型基金	781	684	0.545
46	金鹰	金鹰产业整合	灵活配置型基金	781	740	5.332
46	金鹰	金鹰货币 B	货币市场型基金	489	66	117.723
46	金鹰	金鹰货币 A	货币市场型基金	489	201	1.860
47	国投瑞银	国投瑞银纯债 B	中长期纯债型基金	362	150	6.265
47	国投瑞银	国投瑞银中高等级 A	中长期纯债型基金	362	166	5.175
47	国投瑞银	国投瑞银纯债 A	中长期纯债型基金	362	184	0.290

整体投资回报能力排名	基金公司（简称）	基金名称	投资类型（二级分类）	样本基金数量	同类基金中排名	期间内规模（亿）
47	国投瑞银	国投瑞银岁添利 A	中长期纯债型基金	362	192	5.867
47	国投瑞银	国投瑞银中高等级 C	中长期纯债型基金	362	207	1.251
47	国投瑞银	国投瑞银岁添利 C	中长期纯债型基金	362	214	0.260
47	国投瑞银	国投瑞银岁增利 A	中长期纯债型基金	362	218	4.184
47	国投瑞银	国投瑞银岁丰利 A	中长期纯债型基金	362	223	2.754
47	国投瑞银	国投瑞银岁丰利 C	中长期纯债型基金	362	247	0.342
47	国投瑞银	国投瑞银岁增利 C	中长期纯债型基金	362	248	0.275
47	国投瑞银	国投瑞银新活力定开 A	偏债混合型基金	97	14	0.002
47	国投瑞银	国投瑞银新活力定开 C	偏债混合型基金	97	16	15.174
47	国投瑞银	国投瑞银优选收益	偏债混合型基金	97	64	16.172
47	国投瑞银	国投瑞银融华债券	偏债混合型基金	97	90	3.768
47	国投瑞银	国投瑞银创新动力	偏股混合型基金	475	145	10.681
47	国投瑞银	国投瑞银成长优选	偏股混合型基金	475	353	5.156
47	国投瑞银	国投瑞银核心企业	偏股混合型基金	475	391	14.126
47	国投瑞银	国投瑞银景气行业	平衡混合型基金	25	16	8.670
47	国投瑞银	国投瑞银双债增利 A	混合债券型一级基金	160	42	2.059
47	国投瑞银	国投瑞银双债增利 C	混合债券型一级基金	160	54	3.247
47	国投瑞银	国投瑞银稳定增利	混合债券型一级基金	160	103	12.634
47	国投瑞银	国投瑞银优化增强 AB	混合债券型二级基金	262	8	18.791
47	国投瑞银	国投瑞银优化增强 C	混合债券型二级基金	262	13	10.679
47	国投瑞银	国投瑞银新动力	灵活配置型基金	781	39	16.132
47	国投瑞银	国投瑞银新增长	灵活配置型基金	781	58	9.692
47	国投瑞银	国投瑞银新成长 A	灵活配置型基金	781	66	0.007
47	国投瑞银	国投瑞银新成长 C	灵活配置型基金	781	91	1.862
47	国投瑞银	国投瑞银境煊 A	灵活配置型基金	781	165	3.702
47	国投瑞银	国投瑞银新收益 A	灵活配置型基金	781	181	0.231

整体投资回报能力排名	基金公司（简称）	基金名称	投资类型（二级分类）	样本基金数量	同类基金中排名	期间内规模（亿）
47	国投瑞银	国投瑞银境煊 C	灵活配置型基金	781	216	17.098
47	国投瑞银	国投瑞银新收益 C	灵活配置型基金	781	231	14.754
47	国投瑞银	国投瑞银瑞源	灵活配置型基金	781	246	10.194
47	国投瑞银	国投瑞银策略精选	灵活配置型基金	781	299	3.959
47	国投瑞银	国投瑞银新机遇 A	灵活配置型基金	781	306	6.056
47	国投瑞银	国投瑞银瑞盈	灵活配置型基金	781	314	6.903
47	国投瑞银	国投瑞银新价值	灵活配置型基金	781	322	18.784
47	国投瑞银	国投瑞银新机遇 C	灵活配置型基金	781	334	9.712
47	国投瑞银	国投瑞银瑞利	灵活配置型基金	781	351	11.081
47	国投瑞银	国投瑞银新回报	灵活配置型基金	781	399	2.838
47	国投瑞银	国投瑞银新兴产业	灵活配置型基金	781	452	0.788
47	国投瑞银	国投瑞银稳健增长	灵活配置型基金	781	470	4.812
47	国投瑞银	国投瑞银医疗保健行业	灵活配置型基金	781	489	3.484
47	国投瑞银	国投瑞银瑞兴	灵活配置型基金	781	504	10.123
47	国投瑞银	国投瑞银信息消费	灵活配置型基金	781	516	1.822
47	国投瑞银	国投瑞银新丝路	灵活配置型基金	781	616	3.134
47	国投瑞银	国投瑞银美丽中国	灵活配置型基金	781	656	6.427
47	国投瑞银	国投瑞银精选收益	灵活配置型基金	781	694	11.046
47	国投瑞银	国投瑞银国家安全	灵活配置型基金	781	721	8.521
47	国投瑞银	国投瑞银锐意改革	灵活配置型基金	781	732	13.592
47	国投瑞银	国投瑞银沪深 300 金融地产 ETF 联接	被动指数型基金	383	71	4.561
47	国投瑞银	国投瑞银沪深 300 金融地产 ETF	被动指数型基金	383	73	3.915
47	国投瑞银	国投瑞银瑞和 300	被动指数型基金	383	80	1.120
47	国投瑞银	国投瑞银中证上游	被动指数型基金	383	106	1.167
47	国投瑞银	国投瑞银中证下游	被动指数型基金	383	154	0.519

整体投资回报能力排名	基金公司（简称）	基金名称	投资类型（二级分类）	样本基金数量	同类基金中排名	期间内规模（亿）
47	国投瑞银	国投瑞银瑞福深证100	被动指数型基金	383	219	6.639
47	国投瑞银	国投瑞银瑞泽中证创业成长	被动指数型基金	383	378	0.199
47	国投瑞银	国投瑞银钱多宝 I	货币市场型基金	489	43	2.178
47	国投瑞银	国投瑞银钱多宝 A	货币市场型基金	489	44	10.863
47	国投瑞银	国投瑞银添利宝 A	货币市场型基金	489	162	1.537
47	国投瑞银	国投瑞银添利宝 B	货币市场型基金	489	164	17.506
47	国投瑞银	国投瑞银货币 B	货币市场型基金	489	181	181.537
47	国投瑞银	国投瑞银增利宝 B	货币市场型基金	489	208	75.562
47	国投瑞银	国投瑞银增利宝 A	货币市场型基金	489	214	4.974
47	国投瑞银	国投瑞银货币 A	货币市场型基金	489	340	9.496
48	嘉实	嘉实丰益信用 C	中长期纯债型基金	362	3	0.679
48	嘉实	嘉实增强信用	中长期纯债型基金	362	58	6.029
48	嘉实	嘉实纯债 A	中长期纯债型基金	362	114	53.822
48	嘉实	嘉实纯债 C	中长期纯债型基金	362	141	0.905
48	嘉实	嘉实丰益信用 A	中长期纯债型基金	362	143	0.829
48	嘉实	嘉实丰益纯债	中长期纯债型基金	362	147	6.078
48	嘉实	嘉实如意宝 AB	中长期纯债型基金	362	197	5.268
48	嘉实	嘉实丰益策略	中长期纯债型基金	362	233	0.785
48	嘉实	嘉实如意宝 C	中长期纯债型基金	362	238	0.383
48	嘉实	嘉实增强收益定期 A	中长期纯债型基金	362	245	1.500
48	嘉实	嘉实增强收益定期 C	中长期纯债型基金	362	274	0.000
48	嘉实	嘉实优化红利	偏股混合型基金	475	21	16.741
48	嘉实	嘉实价值优势	偏股混合型基金	475	47	9.878
48	嘉实	嘉实稳健	偏股混合型基金	475	115	35.026
48	嘉实	嘉实增长	偏股混合型基金	475	117	23.970

整体投资回报能力排名	基金公司（简称）	基金名称	投资类型（二级分类）	样本基金数量	同类基金中排名	期间内规模（亿）
48	嘉实	嘉实成长收益 A	偏股混合型基金	475	166	41.633
48	嘉实	嘉实优质企业	偏股混合型基金	475	216	26.767
48	嘉实	嘉实主题新动力	偏股混合型基金	475	253	7.608
48	嘉实	嘉实领先成长	偏股混合型基金	475	260	17.520
48	嘉实	嘉实研究精选 A	偏股混合型基金	475	292	40.351
48	嘉实	嘉实量化阿尔法	偏股混合型基金	475	305	2.485
48	嘉实	嘉实周期优选	偏股混合型基金	475	314	24.975
48	嘉实	嘉实主题精选	偏股混合型基金	475	376	40.744
48	嘉实	嘉实服务增值行业	偏股混合型基金	475	398	21.936
48	嘉实	嘉实策略增长	偏股混合型基金	475	416	50.498
48	嘉实	嘉实沪深 300 增强	增强指数型基金	45	21	4.354
48	嘉实	嘉实新消费	普通股票基金	156	7	22.628
48	嘉实	嘉实新兴产业	普通股票型基金	156	17	7.593
48	嘉实	嘉实环保低碳	普通股票型基金	156	21	19.652
48	嘉实	基金丰和	普通股票型基金	156	33	36.340
48	嘉实	嘉实研究阿尔法	普通股票型基金	156	37	3.560
48	嘉实	嘉实低价策略	普通股票型基金	156	49	3.240
48	嘉实	嘉实医疗保健	普通股票型基金	156	55	17.161
48	嘉实	嘉实腾讯自选股大数据	普通股票型基金	156	57	7.332
48	嘉实	嘉实先进制造	普通股票型基金	156	91	20.169
48	嘉实	嘉实逆向策略	普通股票型基金	156	93	15.827
48	嘉实	嘉实企业变革	普通股票型基金	156	99	21.262
48	嘉实	嘉实事件驱动	普通股票型基金	156	131	79.035
48	嘉实	嘉实债券	混合债券型一级基金	160	37	13.909
48	嘉实	嘉实信用 A	混合债券型一级基金	160	59	10.513
48	嘉实	嘉实信用 C	混合债券型一级基金	160	80	4.475

整体投资回报能力排名	基金公司（简称）	基金名称	投资类型（二级分类）	样本基金数量	同类基金中排名	期间内规模（亿）
48	嘉实	嘉实稳固收益	混合债券型二级基金	262	61	9.080
48	嘉实	嘉实多元收益 A	混合债券型二级基金	262	111	2.600
48	嘉实	嘉实多利分级	混合债券型二级基金	262	117	0.655
48	嘉实	嘉实多元收益 B	混合债券型二级基金	262	122	1.688
48	嘉实	嘉实元和	灵活配置型基金	781	32	112.740
48	嘉实	嘉实新起点 A	灵活配置型基金	781	192	14.053
48	嘉实	嘉实新起点 C	灵活配置型基金	781	237	0.002
48	嘉实	嘉实新机遇	灵活配置型基金	781	346	213.338
48	嘉实	嘉实泰和	灵活配置型基金	781	362	16.209
48	嘉实	嘉实回报灵活配置	灵活配置型基金	781	409	4.156
48	嘉实	嘉实新收益	灵活配置型基金	781	690	14.415
48	嘉实	嘉实超短债	短期纯债型基金	10	3	26.622
48	嘉实	嘉实对冲套利	股票多空	17	7	3.995
48	嘉实	嘉实绝对收益策略	股票多空	17	8	2.024
48	嘉实	嘉实中证中期企业债 A	被动指数型债券基金	22	8	2.994
48	嘉实	嘉实中证中期企业债 C	被动指数型债券基金	22	9	0.464
48	嘉实	嘉实中证中期国债 ETF	被动指数型债券基金	22	10	2.143
48	嘉实	嘉实中期国债 ETF 联接 A	被动指数型债券基金	22	17	0.122
48	嘉实	嘉实中期国债 ETF 联接 C	被动指数型债券基金	22	19	0.020
48	嘉实	嘉实中证主要消费 ETF	被动指数型基金	383	10	0.109
48	嘉实	嘉实基本面 50 指数（LOF）A	被动指数型基金	383	12	14.705
48	嘉实	嘉实深证基本面 120ETF 联接 A	被动指数型基金	383	82	2.511
48	嘉实	嘉实深证基本面 120ETF	被动指数型基金	383	83	3.391

整体投资回报能力排名	基金公司（简称）	基金名称	投资类型（二级分类）	样本基金数量	同类基金中排名	期间内规模（亿）
48	嘉实	嘉实中证金融地产 ETF 联接 A	被动指数型基金	383	117	0.584
48	嘉实	嘉实中证金融地产 ETF	被动指数型基金	383	120	0.593
48	嘉实	嘉实沪深 300ETF 联接（LOF）A	被动指数型基金	383	122	169.167
48	嘉实	嘉实沪深 300ETF	被动指数型基金	383	135	195.836
48	嘉实	嘉实中证医药卫生 ETF	被动指数型基金	383	210	0.338
48	嘉实	嘉实中证 500ETF 联接 A	被动指数型基金	383	278	7.174
48	嘉实	嘉实中证 500ETF	被动指数型基金	383	295	10.693
48	嘉实	嘉实中创 400ETF 联接 A	被动指数型基金	383	369	1.372
48	嘉实	嘉实中创 400ETF	被动指数型基金	383	375	1.400
48	嘉实	嘉实活期宝	货币市场型基金	489	114	120.909
48	嘉实	嘉实货币 B	货币市场型基金	489	117	201.254
48	嘉实	嘉实快线 A	货币市场型基金	489	138	399.585
48	嘉实	嘉实活钱包 A	货币市场型基金	489	147	62.796
48	嘉实	嘉实薪金宝	货币市场型基金	489	192	190.494
48	嘉实	嘉实货币 A	货币市场型基金	489	282	357.573
48	嘉实	嘉实快线 H	货币市场型基金	489	284	5.192
48	嘉实	嘉实保证金理财 B	货币市场型基金	489	300	0.880
48	嘉实	嘉实安心货币 B	货币市场型基金	489	400	42.053
48	嘉实	嘉实理财宝 7 天 B	货币市场型基金	489	403	95.524
48	嘉实	嘉实货币 E	货币市场型基金	489	421	1.660
48	嘉实	嘉实安心货币 A	货币市场型基金	489	441	1.602
48	嘉实	嘉实理财宝 7 天 A	货币市场型基金	489	446	0.832
48	嘉实	嘉实保证金理财 A	货币市场型基金	489	452	2.966
48	嘉实	嘉实快线 C	货币市场型基金	489	465	17.952

续表 2-2

整体投资回报能力排名	基金公司（简称）	基金名称	投资类型（二级分类）	样本基金数量	同类基金中排名	期间内规模（亿）
48	嘉实	嘉实快线 B	货币市场型基金	489	466	0.893
48	嘉实	嘉实 3 个月理财 E	货币市场型基金	489	468	5.162
48	嘉实	嘉实 1 个月理财 E	货币市场型基金	489	471	15.059
48	嘉实	嘉实 1 个月理财 A	货币市场型基金	489	472	15.700
48	嘉实	嘉实 3 个月理财 A	货币市场型基金	489	473	1.305
49	中信保诚	信诚优质纯债 A	中长期纯债型基金	362	81	1.477
49	中信保诚	信诚优质纯债 B	中长期纯债型基金	362	146	10.365
49	中信保诚	信诚新双盈	中长期纯债型基金	362	328	0.582
49	中信保诚	信诚月月定期支付	中长期纯债型基金	362	356	0.081
49	中信保诚	信诚盛世蓝筹	偏股混合型基金	475	80	4.507
49	中信保诚	信诚新机遇	偏股混合型基金	475	88	4.451
49	中信保诚	信诚优胜精选	偏股混合型基金	475	173	8.766
49	中信保诚	信诚精萃成长	偏股混合型基金	475	242	17.972
49	中信保诚	信诚周期轮动	偏股混合型基金	475	290	6.144
49	中信保诚	信诚四季红	偏股混合型基金	475	300	10.064
49	中信保诚	信诚幸福消费	偏股混合型基金	475	307	0.159
49	中信保诚	信诚深度价值	偏股混合型基金	475	396	0.766
49	中信保诚	信诚中小盘	偏股混合型基金	475	442	0.609
49	中信保诚	信诚新兴产业	偏股混合型基金	475	468	0.254
49	中信保诚	信诚双盈	混合债券型一级基金	160	20	12.332
49	中信保诚	信诚年年有余 A	混合债券型一级基金	160	106	3.828
49	中信保诚	信诚经典优债 A	混合债券型一级基金	160	117	0.248
49	中信保诚	信诚年年有余 B	混合债券型一级基金	160	119	0.059
49	中信保诚	信诚经典优债 B	混合债券型一级基金	160	122	0.391
49	中信保诚	信诚添金分级	混合债券型一级基金	160	151	3.794
49	中信保诚	信诚三得益债券 A	混合债券型二级基金	262	20	1.076

整体投资回报能力排名	基金公司（简称）	基金名称	投资类型（二级分类）	样本基金数量	同类基金中排名	期间内规模（亿）
49	中信保诚	信诚三得益债券 B	混合债券型二级基金	262	34	9.748
49	中信保诚	信诚季季定期支付	混合债券型二级基金	262	53	0.513
49	中信保诚	信诚增强收益	混合债券型二级基金	262	56	1.223
49	中信保诚	信诚新鑫回报 A	灵活配置型基金	781	138	0.061
49	中信保诚	信诚新鑫回报 B	灵活配置型基金	781	155	8.369
49	中信保诚	信诚新旺回报 A	灵活配置型基金	781	163	2.473
49	中信保诚	信诚新锐回报 A	灵活配置型基金	781	224	1.445
49	中信保诚	信诚新锐回报 B	灵活配置型基金	781	240	0.000
49	中信保诚	信诚新旺回报 C	灵活配置型基金	781	248	1.721
49	中信保诚	信诚新选回报 B	灵活配置型基金	781	472	11.647
49	中信保诚	信诚新选回报 A	灵活配置型基金	781	476	0.798
49	中信保诚	信诚沪深 300 分级	被动指数基金	383	94	0.989
49	中信保诚	信诚中证 800 金融	被动指数型基金	383	97	1.114
49	中信保诚	信诚中证 800 医药	被动指数型基金	383	138	1.028
49	中信保诚	信诚中证 800 有色	被动指数型基金	383	191	1.749
49	中信保诚	信诚中证 500 分级	被动指数型基金	383	242	2.546
49	中信保诚	信诚中证信息安全	被动指数型基金	383	348	2.309
49	中信保诚	信诚中证 TMT 产业	被动指数型基金	383	356	1.714
49	中信保诚	信诚中证智能家居	被动指数型基金	383	364	0.907
49	中信保诚	信诚薪金宝	货币市场型基金	489	193	273.940
49	中信保诚	信诚货币 B	货币市场型基金	489	247	89.868
49	中信保诚	信诚理财 7 日盈 A	货币市场型基金	489	314	0.810
49	中信保诚	信诚货币 A	货币市场型基金	489	385	1.710
49	中信保诚	信诚理财 7 日盈 B	货币市场型基金	489	423	21.003
50	信达澳银	信达澳银中小盘	偏股混合型基金	475	201	0.967
50	信达澳银	信达澳银领先增长	偏股混合型基金	475	287	14.828

整体投资回报能力排名	基金公司（简称）	基金名称	投资类型（二级分类）	样本基金数量	同类基金中排名	期间内规模（亿）
50	信达澳银	信达澳银红利回报	偏股混合型基金	475	404	0.654
50	信达澳银	信达澳银产业升级	偏股混合型基金	475	423	1.622
50	信达澳银	信达澳银消费优选	偏股混合型基金	475	435	0.834
50	信达澳银	信达澳银新能源产业	普通股票型基金	156	14	4.226
50	信达澳银	信达澳银转型创新	普通股票型基金	156	89	7.159
50	信达澳银	信达澳银稳定 A	混合债券型一级基金	160	88	1.750
50	信达澳银	信达澳银稳定 B	混合债券型一级基金	160	109	0.217
50	信达澳银	信达澳银信用债 A	混合债券型二级基金	262	160	3.831
50	信达澳银	信达澳银信用债 C	混合债券型二级基金	262	177	0.061
50	信达澳银	信达澳银鑫安	混合债券型二级基金	262	199	2.052
50	信达澳银	信达澳银精华	灵活配置型基金	781	392	1.155
50	信达澳银	信达澳银慧管家 C	货币市场型基金	489	131	59.073
50	信达澳银	信达澳银慧管家 A	货币市场型基金	489	291	4.319
50	信达澳银	信达澳银慧管家 E	货币市场型基金	489	422	0.589
51	前海开源	前海开源睿远稳健增利 A	偏债混合型基金	97	59	0.071
51	前海开源	前海开源睿远稳健增利 C	偏债混合型基金	97	71	1.166
51	前海开源	前海开源中证大农业	增强指数型基金	45	39	1.251
51	前海开源	前海开源再融资主题精选	普通股票型基金	156	15	6.559
51	前海开源	前海开源股息率 100 强	普通股票型基金	156	34	5.336
51	前海开源	前海开源优势蓝筹 C	普通股票型基金	156	45	0.028
51	前海开源	前海开源强势共识 100 强	普通股票型基金	156	58	0.634
51	前海开源	前海开源优势蓝筹 A	普通股票型基金	156	67	0.354
51	前海开源	前海开源可转债	混合债券型二级基金	262	238	0.487
51	前海开源	前海开源沪港深蓝筹	灵活配置型基金	781	53	12.719

整体投资回报能力排名	基金公司（简称）	基金名称	投资类型（二级分类）	样本基金数量	同类基金中排名	期间内规模（亿）
51	前海开源	前海开源工业革命4.0	灵活配置型基金	781	55	9.831
51	前海开源	前海开源清洁能源A	灵活配置型基金	781	119	3.836
51	前海开源	前海开源高端装备制造	灵活配置型基金	781	232	5.872
51	前海开源	前海开源事件驱动A	灵活配置型基金	781	238	4.759
51	前海开源	前海开源国家比较优势	灵活配置型基金	781	241	4.620
51	前海开源	前海开源事件驱动C	灵活配置型基金	781	267	10.837
51	前海开源	前海开源金银珠宝A	灵活配置型基金	781	522	2.713
51	前海开源	前海开源中国稀缺资产C	灵活配置型基金	781	526	1.438
51	前海开源	前海开源金银珠宝C	灵活配置型基金	781	553	0.370
51	前海开源	前海开源中国稀缺资产A	灵活配置型基金	781	582	0.396
51	前海开源	前海开源一带一路C	灵活配置型基金	781	584	9.525
51	前海开源	前海开源新经济	灵活配置型基金	781	587	2.797
51	前海开源	前海开源一带一路A	灵活配置型基金	781	614	5.593
51	前海开源	前海开源大安全核心	灵活配置型基金	781	650	4.620
51	前海开源	前海开源中国成长	灵活配置型基金	781	668	0.538
51	前海开源	前海开源大海洋	灵活配置型基金	781	733	1.414
51	前海开源	前海开源沪深300	被动指数型基金	383	100	0.077
51	前海开源	前海开源中证健康	被动指数型基金	383	239	0.450
51	前海开源	前海开源中证军工A	被动指数型基金	383	354	9.043
51	前海开源	前海开源中证军工C	被动指数型基金	383	357	1.360
51	前海开源	前海开源中航军工	被动指数型基金	383	374	4.312
51	前海开源	前海开源现金增利B	货币市场型基金	489	199	118.166
51	前海开源	前海开源现金增利A	货币市场型基金	489	353	0.306
52	长城	长城增强收益A	中长期纯债型基金	362	108	22.097
52	长城	长城增强收益C	中长期纯债型基金	362	151	1.428

整体投资回报能力排名	基金公司（简称）	基金名称	投资类型（二级分类）	样本基金数量	同类基金中排名	期间内规模（亿）
52	长城	长城久盈纯债	中长期纯债型基金	362	280	2.712
52	长城	长城久利保本	偏债混合型基金	97	79	15.604
52	长城	长城中小盘成长	偏股混合型基金	475	36	1.190
52	长城	长城医疗保健	偏股混合型基金	475	67	2.460
52	长城	长城品牌优选	偏股混合型基金	475	126	37.118
52	长城	长城优化升级	偏股混合型基金	475	139	1.643
52	长城	长城久富	偏股混合型基金	475	215	10.192
52	长城	长城消费增值	偏股混合型基金	475	233	13.066
52	长城	长城双动力	偏股混合型基金	475	392	9.029
52	长城	长城久泰沪深300	增强指数型基金	45	24	8.936
52	长城	基金久嘉	普通股票型基金	156	43	24.421
52	长城	长城积极增利 A	混合债券型一级基金	160	70	15.590
52	长城	长城积极增利 C	混合债券型一级基金	160	85	8.590
52	长城	长城稳健增利	混合债券型二级基金	262	67	5.918
52	长城	长城稳固收益 A	混合债券型二级基金	262	83	1.274
52	长城	长城稳固收益 C	混合债券型二级基金	262	98	0.808
52	长城	长城新策略 C	灵活配置型基金	781	78	0.051
52	长城	长城稳健成长灵活配置	灵活配置型基金	781	230	9.599
52	长城	长城新策略 A	灵活配置型基金	781	244	0.168
52	长城	长城久祥	灵活配置型基金	781	252	19.022
52	长城	长城久惠	灵活配置型基金	781	304	15.417
52	长城	长城久鑫	灵活配置型基金	781	349	17.173
52	长城	长城新兴产业	灵活配置型基金	781	432	12.462
52	长城	长城环保主题	灵活配置型基金	781	572	11.142
52	长城	长城安心回报	灵活配置型基金	781	575	20.529
52	长城	长城久恒	灵活配置型基金	781	624	4.857

整体投资回报能力排名	基金公司（简称）	基金名称	投资类型（二级分类）	样本基金数量	同类基金中排名	期间内规模（亿）
52	长城	长城改革红利	灵活配置型基金	781	738	9.746
52	长城	长城景气行业龙头	灵活配置型基金	781	758	0.724
52	长城	长城岁岁金理财	短期纯债型基金	10	9	1.763
52	长城	长城淘金一年期理财	短期纯债型基金	10	10	2.465
52	长城	长城久兆中小板 300	被动指数型基金	383	232	0.202
52	长城	长城货币 B	货币市场型基金	489	170	203.830
52	长城	长城货币 E	货币市场型基金	489	231	4.283
52	长城	长城货币 A	货币市场型基金	489	330	59.292
52	长城	长城工资宝 A	货币市场型基金	489	370	0.605
53	汇丰晋信	汇丰晋信 2026	偏债混合型基金	97	95	0.900
53	汇丰晋信	汇丰晋信龙腾	偏股混合型基金	475	63	6.333
53	汇丰晋信	汇丰晋信新动力	偏股混合型基金	475	426	4.443
53	汇丰晋信	汇丰晋信大盘 A	普通股票型基金	156	16	21.626
53	汇丰晋信	汇丰晋信大盘 H	普通股票型基金	156	18	0.966
53	汇丰晋信	汇丰晋信消费红利	普通股票型基金	156	20	3.107
53	汇丰晋信	汇丰晋信智造先锋 A	普通股票型基金	156	83	1.679
53	汇丰晋信	汇丰晋信智造先锋 C	普通股票型基金	156	85	0.652
53	汇丰晋信	汇丰晋信中小盘	普通股票型基金	156	88	0.829
53	汇丰晋信	汇丰晋信科技先锋	普通股票型基金	156	146	7.739
53	汇丰晋信	汇丰晋信低碳先锋	普通股票型基金	156	150	7.110
53	汇丰晋信	汇丰晋信平稳增利 A	混合债券型一级基金	160	100	1.352
53	汇丰晋信	汇丰晋信平稳增利 C	混合债券型一级基金	160	114	1.011
53	汇丰晋信	汇丰晋信 2016	混合债券型二级基金	262	86	1.687
53	汇丰晋信	汇丰晋信双核策略 A	灵活配置型基金	781	106	29.976
53	汇丰晋信	汇丰晋信双核策略 C	灵活配置型基金	781	135	3.115
53	汇丰晋信	汇丰晋信动态策略 A	灵活配置型基金	781	517	7.911

整体投资回报能力排名	基金公司（简称）	基金名称	投资类型（二级分类）	样本基金数量	同类基金中排名	期间内规模（亿）
53	汇丰晋信	汇丰晋信恒生 A 股 A	被动指数型基金	383	13	1.564
53	汇丰晋信	汇丰晋信恒生 A 股 C	被动指数型基金	383	20	0.174
53	汇丰晋信	汇丰晋信货币 B	货币市场型基金	489	427	51.897
53	汇丰晋信	汇丰晋信货币 A	货币市场型基金	489	449	0.195
54	诺安	诺安纯债 A	中长期纯债型基金	362	7	6.502
54	诺安	诺安纯债 C	中长期纯债型基金	362	16	1.604
54	诺安	诺安聚利 A	中长期纯债型基金	362	43	3.179
54	诺安	诺安泰鑫一年 A	中长期纯债型基金	362	72	1.691
54	诺安	诺安聚利 C	中长期纯债型基金	362	89	0.451
54	诺安	诺安稳固收益	中长期纯债型基金	362	122	18.655
54	诺安	诺安泰鑫一年 C	中长期纯债型基金	362	161	0.375
54	诺安	诺安信用债	中长期纯债型基金	362	279	0.550
54	诺安	诺安裕鑫收益两年	中长期纯债型基金	362	348	1.395
54	诺安	诺安鸿鑫保本	偏债混合型基金	97	39	6.388
54	诺安	诺安中小盘精选	偏股混合型基金	475	28	10.077
54	诺安	诺安主题精选	偏股混合型基金	475	51	2.662
54	诺安	诺安先锋	偏股混合型基金	475	203	38.955
54	诺安	诺安价值增长	偏股混合型基金	475	213	17.926
54	诺安	诺安平衡	偏股混合型基金	475	240	17.831
54	诺安	诺安多策略	偏股混合型基金	475	279	0.515
54	诺安	诺安成长	偏股混合型基金	475	464	5.896
54	诺安	诺安沪深 300	增强指数型基金	45	38	0.615
54	诺安	诺安先进制造	普通股票型基金	156	4	3.304
54	诺安	诺安低碳经济	普通股票型基金	156	10	16.865
54	诺安	诺安策略精选	普通股票型基金	156	32	14.201
54	诺安	诺安研究精选	普通股票型基金	156	63	7.697

整体投资回报能力排名	基金公司（简称）	基金名称	投资类型（二级分类）	样本基金数量	同类基金中排名	期间内规模（亿）
54	诺安	诺安新经济	普通股票型基金	156	149	5.299
54	诺安	诺安优化收益	混合债券型一级基金	160	135	2.875
54	诺安	诺安双利	混合债券型二级基金	262	1	3.872
54	诺安	诺安永鑫收益一年	混合债券型二级基金	262	42	0.840
54	诺安	诺安增利 A	混合债券型二级基金	262	227	3.703
54	诺安	诺安增利 B	混合债券型二级基金	262	233	1.720
54	诺安	诺安稳健回报 A	灵活配置型基金	781	221	2.806
54	诺安	诺安稳健回报 C	灵活配置型基金	781	250	17.178
54	诺安	诺安创新驱动 A	灵活配置型基金	781	270	6.513
54	诺安	诺安创新驱动 C	灵活配置型基金	781	273	20.889
54	诺安	诺安利鑫	灵活配置型基金	781	294	25.529
54	诺安	诺安优势行业 A	灵活配置型基金	781	375	9.033
54	诺安	诺安优势行业 C	灵活配置型基金	781	376	7.024
54	诺安	诺安灵活配置	灵活配置型基金	781	461	28.648
54	诺安	诺安新动力	灵活配置型基金	781	568	0.749
54	诺安	诺安景鑫	灵活配置型基金	781	595	25.488
54	诺安	诺安中证 100	被动指数型基金	383	35	1.707
54	诺安	诺安中小板等权 ETF	被动指数型基金	383	150	0.246
54	诺安	诺安上证新兴产业 ETF	被动指数型基金	383	223	0.608
54	诺安	诺安中证 500ETF 联接	被动指数型基金	383	302	1.480
54	诺安	诺安中证 500ETF	被动指数型基金	383	323	1.463
54	诺安	诺安中证创业成长	被动指数型基金	383	373	0.157
54	诺安	诺安天天宝 B	货币市场型基金	489	155	5.023
54	诺安	诺安理财宝 B	货币市场型基金	489	184	119.708
54	诺安	诺安理财宝 A	货币市场型基金	489	186	2.350
54	诺安	诺安理财宝 C	货币市场型基金	489	187	0.449

整体投资回报能力排名	基金公司（简称）	基金名称	投资类型（二级分类）	样本基金数量	同类基金中排名	期间内规模（亿）
54	诺安	诺安货币 B	货币市场型基金	489	232	79.989
54	诺安	诺安天天宝 E	货币市场型基金	489	238	5.201
54	诺安	诺安聚鑫宝 D	货币市场型基金	489	319	15.223
54	诺安	诺安天天宝 C	货币市场型基金	489	326	0.004
54	诺安	诺安聚鑫宝 C	货币市场型基金	489	334	0.172
54	诺安	诺安天天宝 A	货币市场型基金	489	348	54.285
54	诺安	诺安聚鑫宝 B	货币市场型基金	489	350	55.006
54	诺安	诺安聚鑫宝 A	货币市场型基金	489	359	124.863
54	诺安	诺安货币 A	货币市场型基金	489	377	10.286
55	农银汇理	农银汇理策略精选	偏股混合型基金	475	27	7.480
55	农银汇理	农银汇理行业领先	偏股混合型基金	475	50	13.233
55	农银汇理	农银汇理平衡双利	偏股混合型基金	475	103	3.402
55	农银汇理	农银汇理策略价值	偏股混合型基金	475	134	3.619
55	农银汇理	农银汇理大盘蓝筹	偏股混合型基金	475	167	2.652
55	农银汇理	农银汇理行业轮动	偏股混合型基金	475	207	2.610
55	农银汇理	农银汇理低估值高增长	偏股混合型基金	475	342	4.826
55	农银汇理	农银汇理行业成长 A	偏股混合型基金	475	351	21.219
55	农银汇理	农银汇理中小盘	偏股混合型基金	475	372	13.451
55	农银汇理	农银汇理消费主题 A	偏股混合型基金	475	377	12.939
55	农银汇理	农银汇理深证 100	增强指数型基金	45	27	0.270
55	农银汇理	农银汇理医疗保健主题	普通股票型基金	156	95	15.908
55	农银汇理	农银汇理信息传媒	普通股票型基金	156	134	23.250
55	农银汇理	农银汇理恒久增利 A	混合债券型一级基金	160	46	1.307
55	农银汇理	农银汇理恒久增利 C	混合债券型一级基金	160	53	0.358
55	农银汇理	农银汇理信用添利	混合债券型一级基金	160	61	0.475
55	农银汇理	农银汇理增强收益 A	混合债券型二级基金	262	32	0.476

整体投资回报能力排名	基金公司（简称）	基金名称	投资类型（二级分类）	样本基金数量	同类基金中排名	期间内规模（亿）
55	农银汇理	农银汇理增强收益 C	混合债券型二级基金	262	48	0.236
55	农银汇理	农银汇理区间收益	灵活配置型基金	781	469	3.734
55	农银汇理	农银汇理工业 4.0	灵活配置型基金	781	621	1.683
55	农银汇理	农银汇理主题轮动	灵活配置型基金	781	698	6.846
55	农银汇理	农银汇理研究精选	灵活配置型基金	781	752	3.229
55	农银汇理	农银汇理沪深 300A	被动指数型基金	383	119	8.029
55	农银汇理	农银汇理中证 500	被动指数型基金	383	321	0.817
55	农银汇理	农银汇理 7 天理财 B	货币市场型基金	489	79	9.384
55	农银汇理	农银汇理红利 B	货币市场型基金	489	119	210.438
55	农银汇理	农银汇理 14 天理财 B	货币市场型基金	489	146	2.129
55	农银汇理	农银汇理天天利 B	货币市场型基金	489	151	16.220
55	农银汇理	农银汇理货币 B	货币市场型基金	489	183	208.355
55	农银汇理	农银汇理 7 天理财 A	货币市场型基金	489	223	12.449
55	农银汇理	农银汇理 14 天理财 A	货币市场型基金	489	276	3.331
55	农银汇理	农银汇理红利 A	货币市场型基金	489	281	426.243
55	农银汇理	农银汇理天天利 A	货币市场型基金	489	312	38.967
55	农银汇理	农银汇理货币 A	货币市场型基金	489	341	92.493
56	红塔红土	红塔红土盛金新动力 A	灵活配置型基金	781	308	0.965
56	红塔红土	红塔红土盛金新动力 C	灵活配置型基金	781	323	5.219
56	红塔红土	红塔红土优质成长 A	灵活配置型基金	781	371	0.156
56	红塔红土	红塔红土优质成长 C	灵活配置型基金	781	383	0.008
56	红塔红土	红塔红土盛世普益	灵活配置型基金	781	451	5.677
57	新华	新华安享惠金 A	中长期纯债型基金	362	5	1.564
57	新华	新华安享惠金 C	中长期纯债型基金	362	10	0.227
57	新华	新华纯债添利 A	中长期纯债型基金	362	51	21.544
57	新华	新华纯债添利 C	中长期纯债型基金	362	86	2.872

续表 2-2

整体投资回报能力排名	基金公司（简称）	基金名称	投资类型（二级分类）	样本基金数量	同类基金中排名	期间内规模（亿）
57	新华	新华阿鑫二号保本	偏债混合型基金	97	22	12.038
57	新华	新华阿里一号保本	偏债混合型基金	97	31	8.440
57	新华	新华阿鑫一号保本	偏债混合型基金	97	56	9.427
57	新华	新华优选消费	偏股混合型基金	475	143	5.466
57	新华	新华趋势领航	偏股混合型基金	475	181	12.550
57	新华	新华钻石品质企业	偏股混合型基金	475	246	4.943
57	新华	新华优选分红	偏股混合型基金	475	251	12.024
57	新华	新华优选成长	偏股混合型基金	475	303	5.721
57	新华	新华灵活主题	偏股混合型基金	475	308	0.315
57	新华	新华行业周期轮换	偏股混合型基金	475	310	1.853
57	新华	新华中小市值优选	偏股混合型基金	475	335	2.931
57	新华	新华策略精选	普通股票型基金	156	68	9.814
57	新华	新华精选低波动	普通股票型基金	156	94	5.649
57	新华	新华增怡 C	混合债券型二级基金	262	10	1.692
57	新华	新华增盈回报	混合债券型二级基金	262	12	14.161
57	新华	新华增怡 A	混合债券型二级基金	262	27	9.749
57	新华	新华泛资源优势	灵活配置型基金	781	71	4.400
57	新华	新华鑫益	灵活配置型基金	781	315	4.599
57	新华	新华万银多元策略	灵活配置型基金	781	477	1.379
57	新华	新华行业轮换配置 A	灵活配置型基金	781	509	24.599
57	新华	新华鑫回报	灵活配置型基金	781	515	0.927
57	新华	新华行业轮换配置 C	灵活配置型基金	781	520	0.270
57	新华	新华积极价值	灵活配置型基金	781	531	2.816
57	新华	新华稳健回报	灵活配置型基金	781	569	4.504
57	新华	新华鑫利	灵活配置型基金	781	652	1.198
57	新华	新华战略新兴产业	灵活配置型基金	781	763	4.766

整体投资回报能力排名	基金公司(简称)	基金名称	投资类型(二级分类)	样本基金数量	同类基金中排名	期间内规模(亿)
57	新华	新华中证环保产业	被动指数型基金	383	345	1.988
57	新华	新华活期添利 A	货币市场型基金	489	154	37.750
57	新华	新华壹诺宝 A	货币市场型基金	489	323	60.805
57	新华	新华财富金 30 天	货币市场型基金	489	478	0.568
58	博时	博时双月薪	中长期纯债型基金	362	11	8.820
58	博时	博时裕瑞纯债	中长期纯债型基金	362	24	27.185
58	博时	博时信用债纯债 A	中长期纯债型基金	362	36	9.451
58	博时	博时裕泰纯债	中长期纯债型基金	362	56	10.209
58	博时	博时裕恒纯债	中长期纯债型基金	362	59	23.104
58	博时	博时裕盈三个月	中长期纯债型基金	362	75	15.950
58	博时	博时裕达纯债	中长期纯债型基金	362	76	8.660
58	博时	博时裕丰 3 个月	中长期纯债型基金	362	106	16.293
58	博时	博时信用债纯债 C	中长期纯债型基金	362	123	4.307
58	博时	博时裕嘉三个月	中长期纯债型基金	362	124	7.192
58	博时	博时裕坤纯债 3 个月	中长期纯债型基金	362	133	39.684
58	博时	博时月月薪	中长期纯债型基金	362	149	5.265
58	博时	博时裕荣纯债	中长期纯债型基金	362	153	12.231
58	博时	博时安丰 18 个月 A	中长期纯债型基金	362	183	10.037
58	博时	博时裕康纯债	中长期纯债型基金	362	230	6.069
58	博时	博时安荣 18 个月	中长期纯债型基金	362	235	13.133
58	博时	博时岁岁增利	中长期纯债型基金	362	249	0.859
58	博时	博时安誉 18 个月	中长期纯债型基金	362	255	14.436
58	博时	博时裕晟纯债	中长期纯债型基金	362	267	10.597
58	博时	博时安心收益 A	中长期纯债型基金	362	298	1.479
58	博时	博时优势收益信用债	中长期纯债型基金	362	300	8.419
58	博时	博时产业债 A	中长期纯债型基金	362	307	1.188

整体投资回报能力排名	基金公司（简称）	基金名称	投资类型（二级分类）	样本基金数量	同类基金中排名	期间内规模（亿）
58	博时	博时安心收益 C	中长期纯债型基金	362	313	0.623
58	博时	博时产业债 C	中长期纯债型基金	362	319	0.149
58	博时	博时裕和纯债	中长期纯债型基金	362	341	1.053
58	博时	博时双债增强 A	中长期纯债型基金	362	349	0.429
58	博时	博时双债增强 C	中长期纯债型基金	362	353	1.304
58	博时	博时新财富 A	偏债混合型基金	97	33	6.040
58	博时	博时境源保本 A	偏债混合型基金	97	35	7.547
58	博时	博时境源保本 C	偏债混合型基金	97	40	13.296
58	博时	博时招财一号大数据	偏债混合型基金	97	53	13.645
58	博时	博时新机遇 A	偏债混合型基金	97	80	0.330
58	博时	博时主题行业	偏股混合型基金	475	26	84.387
58	博时	博时行业轮动	偏股混合型基金	475	48	2.216
58	博时	博时精选 A	偏股混合型基金	475	164	38.605
58	博时	博时创业成长 A	偏股混合型基金	475	190	3.546
58	博时	博时特许价值 A	偏股混合型基金	475	272	2.945
58	博时	博时医疗保健行业 A	偏股混合型基金	475	315	11.920
58	博时	博时卓越品牌	偏股混合型基金	475	352	3.136
58	博时	博时第三产业成长	偏股混合型基金	475	422	20.585
58	博时	博时新兴成长	偏股混合型基金	475	443	38.838
58	博时	博时平衡配置	平衡混合型基金	25	15	5.749
58	博时	博时价值增长	平衡混合型基金	25	21	44.096
58	博时	博时价值增长 2 号	平衡混合型基金	25	22	16.823
58	博时	博时丝路主题 A	普通股票型基金	156	54	14.916
58	博时	博时国企改革主题	普通股票型基金	156	86	16.860
58	博时	博时稳定价值 A	混合债券型一级基金	160	65	2.225
58	博时	博时稳定价值 B	混合债券型一级基金	160	74	3.533

整体投资回报能力排名	基金公司（简称）	基金名称	投资类型（二级分类）	样本基金数量	同类基金中排名	期间内规模（亿）
58	博时	博时稳健回报 A	混合债券型一级基金	160	138	0.318
58	博时	博时稳健回报 C	混合债券型一级基金	160	140	1.370
58	博时	博时信用债券 A	混合债券型二级基金	262	87	9.761
58	博时	博时信用债券 B	混合债券型二级基金	262	88	9.761
58	博时	博时信用债券 C	混合债券型二级基金	262	99	5.107
58	博时	博时宏观回报 AB	混合债券型二级基金	262	102	0.607
58	博时	博时天颐 A	混合债券型二级基金	262	110	3.682
58	博时	博时宏观回报 C	混合债券型二级基金	262	114	0.232
58	博时	博时天颐 C	混合债券型二级基金	262	127	0.411
58	博时	博时转债 A	混合债券型二级基金	262	254	1.155
58	博时	博时转债 C	混合债券型二级基金	262	255	1.645
58	博时	博时新起点 A	灵活配置型基金	781	17	0.008
58	博时	博时新起点 C	灵活配置型基金	781	20	9.303
58	博时	博时灵活配置 A	灵活配置型基金	781	72	12.678
58	博时	博时新策略 A	灵活配置型基金	781	82	3.693
58	博时	博时新趋势 C	灵活配置型基金	781	123	12.666
58	博时	博时新趋势 A	灵活配置型基金	781	226	0.068
58	博时	博时新策略 C	灵活配置型基金	781	289	7.015
58	博时	博时产业新动力 A	灵活配置型基金	781	361	6.057
58	博时	博时裕隆	灵活配置型基金	781	374	8.383
58	博时	博时沪港深优质企业 A	灵活配置型基金	781	539	11.176
58	博时	博时策略灵活配置	灵活配置型基金	781	594	4.409
58	博时	博时回报灵活配置	灵活配置型基金	781	671	2.313
58	博时	博时裕益灵活配置	灵活配置型基金	781	695	3.280
58	博时	博时内需增长灵活配置	灵活配置型基金	781	700	3.025
58	博时	博时互联网主题	灵活配置型基金	781	723	18.825

整体投资回报能力排名	基金公司（简称）	基金名称	投资类型（二级分类）	样本基金数量	同类基金中排名	期间内规模（亿）
58	博时	博时安盈 A	短期纯债型基金	10	4	0.771
58	博时	博时安盈 C	短期纯债型基金	10	6	11.214
58	博时	博时上证企债 30ETF	被动指数型债券基金	22	16	0.517
58	博时	博时中证银行	被动指数型基金	383	31	1.237
58	博时	博时上证 50ETF	被动指数型基金	383	37	3.923
58	博时	博时超大盘 ETF	被动指数型基金	383	41	2.209
58	博时	博时超大盘 ETF 联接	被动指数型基金	383	46	1.928
58	博时	博时上证 50ETF 联接 A	被动指数型基金	383	51	1.558
58	博时	博时裕富沪深 300A	被动指数型基金	383	78	49.423
58	博时	博时深证基本面 200ETF	被动指数型基金	383	145	0.415
58	博时	博时淘金大数据 100I	被动指数型基金	383	152	2.548
58	博时	博时淘金大数据 100A	被动指数型基金	383	153	12.509
58	博时	博时深证基本面 200ETF 联接	被动指数型基金	383	157	0.354
58	博时	博时自然资源 ETF	被动指数型基金	383	172	0.833
58	博时	博时自然资源 ETF 联接	被动指数型基金	383	173	0.429
58	博时	博时中证 800 证券保险	被动指数型基金	383	196	2.089
58	博时	博时外服货币	货币市场型基金	489	62	148.016
58	博时	博时现金宝 B	货币市场型基金	489	112	75.421
58	博时	博时现金宝 A	货币市场型基金	489	153	112.667
58	博时	博时现金收益 B	货币市场型基金	489	227	354.885
58	博时	博时天天增利 B	货币市场型基金	489	354	24.206
58	博时	博时现金收益 A	货币市场型基金	489	372	748.621
58	博时	博时保证金	货币市场型基金	489	425	40.894
58	博时	博时天天增利 A	货币市场型基金	489	433	0.916

整体投资回报能力排名	基金公司(简称)	基金名称	投资类型(二级分类)	样本基金数量	同类基金中排名	期间内规模(亿)
58	博时	博时月月盈 R	货币市场型基金	489	474	0.000
58	博时	博时月月盈 A	货币市场型基金	489	480	0.000
59	兴银	兴银长乐半年定期	中长期纯债型基金	362	28	51.580
59	兴银	兴银朝阳	中长期纯债型基金	362	93	8.855
59	兴银	兴银瑞益纯债	中长期纯债型基金	362	228	39.570
59	兴银	兴银稳健	中长期纯债型基金	362	240	42.809
59	兴银	兴银丰盈	灵活配置型基金	781	188	1.599
59	兴银	兴银鼎新	灵活配置型基金	781	604	1.837
59	兴银	兴银大健康	灵活配置型基金	781	631	2.445
59	兴银	兴银现金增利	货币市场型基金	489	289	84.248
59	兴银	兴银货币 B	货币市场型基金	489	318	237.976
59	兴银	兴银货币 A	货币市场型基金	489	410	0.230
60	北信瑞丰	北信瑞丰稳定收益 A	中长期纯债型基金	362	30	6.888
60	北信瑞丰	北信瑞丰稳定收益 C	中长期纯债型基金	362	46	3.364
60	北信瑞丰	北信瑞丰新成长	灵活配置型基金	781	445	0.753
60	北信瑞丰	北信瑞丰健康生活主题	灵活配置型基金	781	648	7.192
60	北信瑞丰	北信瑞丰平安中国	灵活配置型基金	781	734	1.099
60	北信瑞丰	北信瑞丰无限互联主题	灵活配置型基金	781	755	0.814
60	北信瑞丰	北信瑞丰宜投宝 B	货币市场型基金	489	198	22.233
60	北信瑞丰	北信瑞丰现金添利 B	货币市场型基金	489	295	8.058
60	北信瑞丰	北信瑞丰宜投宝 A	货币市场型基金	489	351	0.295
60	北信瑞丰	北信瑞丰现金添利 A	货币市场型基金	489	411	0.148
61	天弘	天弘稳利 A	中长期纯债型基金	362	63	2.587
61	天弘	天弘稳利 B	中长期纯债型基金	362	111	0.808
61	天弘	天弘安康颐养	偏债混合型基金	97	25	18.653
61	天弘	天弘普惠养老保本 A	偏债混合型基金	97	37	2.272

整体投资回报能力排名	基金公司（简称）	基金名称	投资类型（二级分类）	样本基金数量	同类基金中排名	期间内规模（亿）
61	天弘	天弘普惠养老保本 B	偏债混合型基金	97	38	0.039
61	天弘	天弘鑫安宝	偏债混合型基金	97	51	7.615
61	天弘	天弘永定成长	偏股混合型基金	475	58	4.935
61	天弘	天弘医疗健康 A	偏股混合型基金	475	111	0.229
61	天弘	天弘医疗健康 C	偏股混合型基金	475	119	0.266
61	天弘	天弘周期策略	偏股混合型基金	475	362	1.617
61	天弘	天弘量化驱动 A	普通股票型基金	156	105	0.142
61	天弘	天弘量化驱动 C	普通股票型基金	156	106	0.106
61	天弘	天弘丰利	混合债券型一级基金	160	25	7.674
61	天弘	天弘添利	混合债券型一级基金	160	43	8.999
61	天弘	天弘瑞利分级	混合债券型二级基金	262	45	7.275
61	天弘	天弘永利债券 B	混合债券型二级基金	262	85	12.625
61	天弘	天弘永利债券 A	混合债券型二级基金	262	100	5.803
61	天弘	天弘弘利	混合债券型二级基金	262	101	5.976
61	天弘	天弘债券型发起式 A	混合债券型二级基金	262	106	4.947
61	天弘	天弘债券型发起式 B	混合债券型二级基金	262	129	3.497
61	天弘	天弘惠利	灵活配置型基金	781	57	26.171
61	天弘	天弘通利	灵活配置型基金	781	107	17.264
61	天弘	天弘新活力	灵活配置型基金	781	130	16.305
61	天弘	天弘新价值	灵活配置型基金	781	377	13.429
61	天弘	天弘精选	灵活配置型基金	781	643	14.381
61	天弘	天弘互联网	灵活配置型基金	781	661	10.803
61	天弘	天弘云端生活优选	灵活配置型基金	781	678	3.976
61	天弘	天弘中证食品饮料 A	被动指数型基金	383	14	1.318
61	天弘	天弘中证食品饮料 C	被动指数型基金	383	17	1.056
61	天弘	天弘中证 100A	被动指数型基金	383	22	0.157

整体投资回报能力排名	基金公司（简称）	基金名称	投资类型（二级分类）	样本基金数量	同类基金中排名	期间内规模（亿）
61	天弘	天弘中证 100C	被动指数型基金	383	25	0.150
61	天弘	天弘上证 50A	被动指数型基金	383	45	1.550
61	天弘	天弘上证 50C	被动指数型基金	383	52	1.036
61	天弘	天弘中证银行 A	被动指数型基金	383	55	0.851
61	天弘	天弘中证银行 C	被动指数型基金	383	62	1.138
61	天弘	天弘沪深 300A	被动指数型基金	383	134	10.075
61	天弘	天弘中证 800A	被动指数型基金	383	170	0.334
61	天弘	天弘中证 800C	被动指数型基金	383	178	0.104
61	天弘	天弘中证证券保险 A	被动指数型基金	383	193	0.749
61	天弘	天弘中证证券保险 C	被动指数型基金	383	195	0.618
61	天弘	天弘中证全指运输 A	被动指数型基金	383	218	0.238
61	天弘	天弘中证全指运输 C	被动指数型基金	383	221	0.109
61	天弘	天弘中证医药 100A	被动指数型基金	383	234	0.932
61	天弘	天弘中证医药 100C	被动指数型基金	383	237	0.557
61	天弘	天弘中证高端装备制造 A	被动指数型基金	383	247	0.155
61	天弘	天弘中证移动互联网 A	被动指数型基金	383	248	0.156
61	天弘	天弘中证高端装备制造 C	被动指数型基金	383	251	0.088
61	天弘	天弘中证移动互联网 C	被动指数型基金	383	253	0.071
61	天弘	天弘中证电子 A	被动指数型基金	383	271	0.269
61	天弘	天弘中证电子 C	被动指数型基金	383	276	0.433
61	天弘	天弘中证环保产业 A	被动指数型基金	383	277	0.199
61	天弘	天弘中证环保产业 C	被动指数型基金	383	280	0.113
61	天弘	天弘中证 500A	被动指数型基金	383	289	6.420
61	天弘	天弘中证计算机 A	被动指数型基金	383	353	0.564
61	天弘	天弘中证计算机 C	被动指数型基金	383	358	1.542

整体投资回报能力排名	基金公司（简称）	基金名称	投资类型（二级分类）	样本基金数量	同类基金中排名	期间内规模（亿）
61	天弘	天弘创业板 A	被动指数型基金	383	360	2.970
61	天弘	天弘创业板 C	被动指数型基金	383	361	4.659
61	天弘	天弘中证休闲娱乐 A	被动指数型基金	383	367	0.096
61	天弘	天弘中证休闲娱乐 C	被动指数型基金	383	368	0.080
61	天弘	天弘云商宝	货币市场型基金	489	216	1 216.146
61	天弘	天弘现金 B	货币市场型基金	489	228	51.338
61	天弘	天弘弘运宝 A	货币市场型基金	489	253	4.019
61	天弘	天弘余额宝	货币市场型基金	489	283	9 719.515
61	天弘	天弘现金 C	货币市场型基金	489	347	5.792
61	天弘	天弘弘运宝 B	货币市场型基金	489	366	39.280
61	天弘	天弘现金 D	货币市场型基金	489	374	0.224
61	天弘	天弘现金 A	货币市场型基金	489	375	2.074
61	天弘	天弘增益宝	货币市场型基金	489	469	26.024
62	上银	上银新兴价值成长	灵活配置型基金	781	435	1.573
62	上银	上银慧财宝 B	货币市场型基金	489	263	254.544
62	上银	上银慧财宝 A	货币市场型基金	489	399	12.827
63	华润元大	华润元大稳健收益 A	中长期纯债型基金	362	294	1.114
63	华润元大	华润元大稳健收益 C	中长期纯债型基金	362	310	1.023
63	华润元大	华润元大医疗保健量化	偏股混合型基金	475	365	0.436
63	华润元大	华润元大信息传媒科技	偏股混合型基金	475	402	0.592
63	华润元大	华润元大安鑫	灵活配置型基金	781	457	2.604
63	华润元大	华润元大富时中国 A50	被动指数型基金	383	27	2.597
63	华润元大	华润元大中创 100ETF 联接	被动指数型基金	383	194	1.698
63	华润元大	华润元大中创 100ETF	被动指数型基金	383	293	0.726
63	华润元大	华润元大现金收益 B	货币市场型基金	489	244	21.056

整体投资回报能力排名	基金公司（简称）	基金名称	投资类型（二级分类）	样本基金数量	同类基金中排名	期间内规模（亿）
63	华润元大	华润元大现金收益 A	货币市场型基金	489	384	0.920
64	德邦	德邦纯债 C	中长期纯债型基金	362	330	0.000
64	德邦	德邦纯债 18 个月 A	中长期纯债型基金	362	335	2.386
64	德邦	德邦纯债 A	中长期纯债型基金	362	339	10.586
64	德邦	德邦纯债 18 个月 C	中长期纯债型基金	362	343	0.952
64	德邦	德邦新添利 A	混合债券型二级基金	262	25	1.842
64	德邦	德邦鑫星价值 A	灵活配置型基金	781	94	2.603
64	德邦	德邦鑫星价值 C	灵活配置型基金	781	128	7.129
64	德邦	德邦鑫星稳健	灵活配置型基金	781	302	10.823
64	德邦	德邦大健康	灵活配置型基金	781	342	3.369
64	德邦	德邦福鑫 A	灵活配置型基金	781	416	5.228
64	德邦	德邦福鑫 C	灵活配置型基金	781	429	1.739
64	德邦	德邦优化	灵活配置型基金	781	653	0.441
64	德邦	德邦德利货币 B	货币市场型基金	489	255	87.493
64	德邦	德邦增利 B	货币市场型基金	489	386	1.000
64	德邦	德邦德利货币 A	货币市场型基金	489	389	1.986
64	德邦	德邦增利 A	货币市场型基金	489	426	0.009
65	鑫元	鑫元鸿利	中长期纯债型基金	362	55	16.737
65	鑫元	鑫元合享分级	中长期纯债型基金	362	130	2.724
65	鑫元	鑫元稳利	中长期纯债型基金	362	167	20.891
65	鑫元	鑫元合丰分级	中长期纯债型基金	362	329	2.323
65	鑫元	鑫元聚鑫收益增强 A	混合债券型二级基金	262	109	1.580
65	鑫元	鑫元聚鑫收益增强 C	混合债券型二级基金	262	125	0.544
65	鑫元	鑫元恒鑫收益增强 A	混合债券型二级基金	262	195	6.526
65	鑫元	鑫元恒鑫收益增强 C	混合债券型二级基金	262	205	1.715
65	鑫元	鑫元鑫新收益 A	灵活配置型基金	781	365	1.497

整体投资回报能力排名	基金公司（简称）	基金名称	投资类型（二级分类）	样本基金数量	同类基金中排名	期间内规模（亿）
65	鑫元	鑫元鑫新收益 C	灵活配置型基金	781	390	11.539
65	鑫元	鑫元货币 B	货币市场型基金	489	180	76.895
65	鑫元	鑫元安鑫宝货币 B	货币市场型基金	489	220	6.142
65	鑫元	鑫元货币 A	货币市场型基金	489	339	5.301
65	鑫元	鑫元安鑫宝货币 A	货币市场型基金	489	461	19.032
66	泰达宏利	泰达宏利淘利 A	中长期纯债型基金	362	91	4.689
66	泰达宏利	泰达宏利淘利 B	中长期纯债型基金	362	121	3.098
66	泰达宏利	泰达宏利瑞利 A	中长期纯债型基金	362	190	0.461
66	泰达宏利	泰达宏利信用合利 A	中长期纯债型基金	362	351	0.327
66	泰达宏利	泰达宏利信用合利 B	中长期纯债型基金	362	354	0.086
66	泰达宏利	泰达宏利宏达 A	偏债混合型基金	97	5	10.278
66	泰达宏利	泰达宏利宏达 B	偏债混合型基金	97	8	4.590
66	泰达宏利	泰达宏利风险预算	偏债混合型基金	97	82	6.078
66	泰达宏利	泰达宏利稳定	偏股混合型基金	475	99	1.201
66	泰达宏利	泰达宏利效率优选	偏股混合型基金	475	184	9.334
66	泰达宏利	泰达宏利逆向策略	偏股混合型基金	475	186	2.568
66	泰达宏利	泰达宏利周期	偏股混合型基金	475	269	2.171
66	泰达宏利	泰达宏利蓝筹价值	偏股混合型基金	475	275	1.511
66	泰达宏利	泰达宏利行业精选	偏股混合型基金	475	339	5.882
66	泰达宏利	泰达宏利红利先锋	偏股混合型基金	475	355	3.487
66	泰达宏利	泰达宏利成长	偏股混合型基金	475	385	7.528
66	泰达宏利	泰达宏利市值优选	偏股混合型基金	475	419	12.977
66	泰达宏利	泰达宏利领先中小盘	偏股混合型基金	475	432	1.788
66	泰达宏利	泰达宏利沪深 300A	增强指数型基金	45	18	1.379
66	泰达宏利	泰达宏利转型机遇	普通股票型基金	156	108	0.985
66	泰达宏利	泰达宏利首选企业	普通股票型基金	156	110	5.024

整体投资回报能力排名	基金公司（简称）	基金名称	投资类型（二级分类）	样本基金数量	同类基金中排名	期间内规模（亿）
66	泰达宏利	泰达宏利集利 A	混合债券型二级基金	262	154	15.280
66	泰达宏利	泰达宏利收益增强 A	混合债券型二级基金	262	157	2.610
66	泰达宏利	泰达宏利集利 C	混合债券型二级基金	262	167	8.107
66	泰达宏利	泰达宏利收益增强 B	混合债券型二级基金	262	173	0.175
66	泰达宏利	泰达宏利创益 A	灵活配置型基金	781	125	13.830
66	泰达宏利	泰达宏利创盈 A	灵活配置型基金	781	126	1.955
66	泰达宏利	泰达宏利创盈 B	灵活配置型基金	781	162	12.534
66	泰达宏利	泰达宏利新起点 A	灵活配置型基金	781	411	19.062
66	泰达宏利	泰达宏利新思路 A	灵活配置型基金	781	446	9.222
66	泰达宏利	泰达宏利改革动力 A	灵活配置型基金	781	512	5.940
66	泰达宏利	泰达宏利复兴伟业	灵活配置型基金	781	617	12.369
66	泰达宏利	泰达宏利品质生活	灵活配置型基金	781	745	0.361
66	泰达宏利	泰达宏利绝对收益策略	股票多空	17	11	3.399
66	泰达宏利	泰达宏利中证 500	被动指数型基金	383	197	0.888
66	泰达宏利	泰达宏利活期友 B	货币市场型基金	489	100	6.940
66	泰达宏利	泰达宏利货币 B	货币市场型基金	489	139	31.084
66	泰达宏利	泰达宏利活期友 A	货币市场型基金	489	259	1.657
66	泰达宏利	泰达宏利货币 A	货币市场型基金	489	298	3.011
67	中海	中海惠利纯债分级	中长期纯债型基金	362	188	11.896
67	中海	中海纯债 A	中长期纯债型基金	362	285	4.152
67	中海	中海纯债 C	中长期纯债型基金	362	303	0.187
67	中海	中海惠丰纯债分级	中长期纯债型基金	362	346	3.076
67	中海	中海安鑫宝 1 号保本	偏债混合型基金	97	74	2.440
67	中海	中海量化策略	偏股混合型基金	475	255	1.061
67	中海	中海消费主题精选	偏股混合型基金	475	266	3.610
67	中海	中海能源策略	偏股混合型基金	475	291	13.546

整体投资回报能力排名	基金公司（简称）	基金名称	投资类型（二级分类）	样本基金数量	同类基金中排名	期间内规模（亿）
67	中海	中海优质成长	偏股混合型基金	475	330	16.023
67	中海	中海分红增利	偏股混合型基金	475	373	5.293
67	中海	中海上证 50	增强指数型基金	45	5	1.412
67	中海	中海医疗保健	普通股票型基金	156	25	5.351
67	中海	中海稳健收益	混合债券型一级基金	160	131	6.696
67	中海	中海惠祥分级	混合债券型二级基金	262	11	4.594
67	中海	中海增强收益 A	混合债券型二级基金	262	183	1.093
67	中海	中海增强收益 C	混合债券型二级基金	262	191	0.104
67	中海	中海可转换债券 A	混合债券型二级基金	262	261	0.385
67	中海	中海可转换债券 C	混合债券型二级基金	262	262	0.304
67	中海	中海积极收益	灵活配置型基金	781	29	18.657
67	中海	中海医药健康产业 A	灵活配置型基金	781	292	5.130
67	中海	中海医药健康产业 C	灵活配置型基金	781	319	2.254
67	中海	中海中鑫	灵活配置型基金	781	384	7.056
67	中海	中海进取收益	灵活配置型基金	781	482	15.130
67	中海	中海顺鑫	灵活配置型基金	781	546	6.527
67	中海	中海混改红利主题	灵活配置型基金	781	580	1.587
67	中海	中海积极增利	灵活配置型基金	781	633	3.373
67	中海	中海优势精选	灵活配置型基金	781	646	0.489
67	中海	中海环保新能源	灵活配置型基金	781	663	0.867
67	中海	中海合鑫	灵活配置型基金	781	682	0.455
67	中海	中海蓝筹配置	灵活配置型基金	781	697	1.430
67	中海	中海中证高铁产业	被动指数型基金	383	317	0.308
67	中海	中海货币 B	货币市场型基金	489	172	43.693
67	中海	中海货币 A	货币市场型基金	489	333	7.021
68	九泰	九泰天宝 A	灵活配置型基金	781	293	0.048

整体投资回报能力排名	基金公司（简称）	基金名称	投资类型（二级分类）	样本基金数量	同类基金中排名	期间内规模（亿）
68	九泰	九泰天宝 C	灵活配置型基金	781	310	12.975
68	九泰	九泰锐智定增	灵活配置型基金	781	313	3.487
68	九泰	九泰久盛量化先锋 A	灵活配置型基金	781	456	3.270
68	九泰	九泰天富改革新动力	灵活配置型基金	781	743	11.907
68	九泰	九泰日添金 B	货币市场型基金	489	63	22.209
68	九泰	九泰日添金 A	货币市场型基金	489	196	3.201
69	银华	银华信用季季红 A	中长期纯债型基金	362	12	88.803
69	银华	银华纯债信用主题	中长期纯债型基金	362	100	17.776
69	银华	银华信用四季红	中长期纯债型基金	362	120	4.563
69	银华	银华永益分级	中长期纯债型基金	362	314	1.007
69	银华	银华保本增值	偏债混合型基金	97	55	14.663
69	银华	银华富裕主题	偏股混合型基金	475	2	42.066
69	银华	银华中小盘精选	偏股混合型基金	475	83	26.945
69	银华	银华优质增长	偏股混合型基金	475	185	37.611
69	银华	银华领先策略	偏股混合型基金	475	217	13.021
69	银华	银华核心价值优选	偏股混合型基金	475	311	48.156
69	银华	银华内需精选	偏股混合型基金	475	403	5.338
69	银华	银华消费主题分级	偏股混合型基金	475	436	1.320
69	银华	银华道琼斯 88 精选 A	增强指数型基金	45	14	22.635
69	银华	银华中证 800 等权重	增强指数型基金	45	42	0.382
69	银华	银华优势企业	平衡混合型基金	25	25	10.529
69	银华	银华中国梦 30	普通股票型基金	156	64	12.276
69	银华	银华信用债券	混合债券型一级基金	160	113	1.450
69	银华	银华增强收益	混合债券型二级基金	262	90	6.213
69	银华	银华永利 A	混合债券型二级基金	262	112	3.369
69	银华	银华永利 C	混合债券型二级基金	262	123	1.826

整体投资回报能力排名	基金公司（简称）	基金名称	投资类型（二级分类）	样本基金数量	同类基金中排名	期间内规模（亿）
69	银华	银华信用双利 A	混合债券型二级基金	262	130	8.984
69	银华	银华信用双利 C	混合债券型二级基金	262	138	1.423
69	银华	银华永泰积极 A	混合债券型二级基金	262	179	0.086
69	银华	银华永泰积极 C	混合债券型二级基金	262	186	1.832
69	银华	银华汇利 A	灵活配置型基金	781	24	2.413
69	银华	银华恒利 A	灵活配置型基金	781	54	25.608
69	银华	银华泰利 A	灵活配置型基金	781	177	15.036
69	银华	银华逆向投资	灵活配置型基金	781	389	1.236
69	银华	银华和谐主题	灵活配置型基金	781	395	2.841
69	银华	银华聚利 A	灵活配置型基金	781	397	14.529
69	银华	银华战略新兴	灵活配置型基金	781	407	4.899
69	银华	银华稳利 A	灵活配置型基金	781	418	1.201
69	银华	银华量化智慧动力	灵活配置型基金	781	564	0.287
69	银华	银华回报	灵活配置型基金	781	622	8.179
69	银华	银华互联网主题	灵活配置型基金	781	686	2.035
69	银华	银华高端制造业	灵活配置型基金	781	718	3.974
69	银华	银华成长先锋	灵活配置型基金	781	759	2.236
69	银华	银华中证中票 50A	被动指数型债券基金	22	11	2.976
69	银华	银华中证中票 50C	被动指数型债券基金	22	13	0.084
69	银华	银华中证国防安全	被动指数型基金	383	24	0.066
69	银华	银华中证一带一路	被动指数型基金	383	70	0.053
69	银华	银华上证 50 等权重 ETF	被动指数型基金	383	118	0.941
69	银华	银华上证 50 等权 ETF 联接	被动指数型基金	383	128	0.938
69	银华	银华沪深 300 分级	被动指数型基金	383	147	0.893
69	银华	银华中证内地资源主题	被动指数型基金	383	188	0.386

整体投资回报能力排名	基金公司（简称）	基金名称	投资类型（二级分类）	样本基金数量	同类基金中排名	期间内规模（亿）
69	银华	银华中证等权重90	被动指数型基金	383	202	1.761
69	银华	银华深证100	被动指数型基金	383	220	5.083
69	银华	银华多利宝B	货币市场型基金	489	35	102.362
69	银华	银华活钱宝F	货币市场型基金	489	41	195.817
69	银华	银华双月定期理财A	货币市场型基金	489	45	9.076
69	银华	银华惠增利	货币市场型基金	489	70	88.301
69	银华	银华多利宝A	货币市场型基金	489	148	3.785
69	银华	银华货币B	货币市场型基金	489	256	109.937
69	银华	银华交易货币A	货币市场型基金	489	328	50 163.090
69	银华	银华货币A	货币市场型基金	489	390	71.112
69	银华	银华活钱宝B	货币市场型基金	489	481	0.000
69	银华	银华活钱宝D	货币市场型基金	489	482	0.000
69	银华	银华活钱宝A	货币市场型基金	489	483	0.000
69	银华	银华活钱宝E	货币市场型基金	489	485	0.000
69	银华	银华活钱宝C	货币市场型基金	489	486	0.000
70	浦银安盛	浦银安盛幸福回报A	中长期纯债型基金	362	158	18.301
70	浦银安盛	浦银安盛6个月A	中长期纯债型基金	362	175	0.761
70	浦银安盛	浦银安盛幸福回报B	中长期纯债型基金	362	201	2.401
70	浦银安盛	浦银安盛6个月C	中长期纯债型基金	362	206	0.124
70	浦银安盛	浦银安盛月月盈A	中长期纯债型基金	362	250	1.669
70	浦银安盛	浦银安盛季季添利A	中长期纯债型基金	362	261	7.531
70	浦银安盛	浦银安盛月月盈C	中长期纯债型基金	362	281	0.152
70	浦银安盛	浦银安盛季季添利C	中长期纯债型基金	362	286	0.103
70	浦银安盛	浦银安盛红利精选	偏股混合型基金	475	320	0.930
70	浦银安盛	浦银安盛价值成长A	偏股混合型基金	475	458	21.176
70	浦银安盛	浦银安盛沪深300	增强指数型基金	45	17	0.959

续表 2-2

整体投资回报能力排名	基金公司（简称）	基金名称	投资类型（二级分类）	样本基金数量	同类基金中排名	期间内规模（亿）
70	浦银安盛	浦银安盛稳健增利 C	混合债券型一级基金	160	44	0.499
70	浦银安盛	浦银安盛优化收益 A	混合债券型二级基金	262	148	0.386
70	浦银安盛	浦银安盛优化收益 C	混合债券型二级基金	262	162	0.155
70	浦银安盛	浦银安盛盛世精选 C	灵活配置型基金	781	77	1.512
70	浦银安盛	浦银安盛盛世精选 A	灵活配置型基金	781	207	20.300
70	浦银安盛	浦银安盛医疗健康	灵活配置型基金	781	666	16.737
70	浦银安盛	浦银安盛消费升级 A	灵活配置型基金	781	719	0.999
70	浦银安盛	浦银安盛新经济结构	灵活配置型基金	781	746	0.764
70	浦银安盛	浦银安盛精致生活	灵活配置型基金	781	760	4.313
70	浦银安盛	浦银安盛增长动力	灵活配置型基金	781	761	21.504
70	浦银安盛	浦银安盛战略新兴产业	灵活配置型基金	781	768	11.094
70	浦银安盛	浦银安盛基本面 400	被动指数型基金	383	250	0.611
70	浦银安盛	浦银安盛货币 B	货币市场型基金	489	95	212.150
70	浦银安盛	浦银安盛货币 A	货币市场型基金	489	250	2.244
70	浦银安盛	浦银安盛货币 E	货币市场型基金	489	252	0.051
70	浦银安盛	浦银安盛日日盈 B	货币市场型基金	489	313	75.422
70	浦银安盛	浦银安盛日日盈 D	货币市场型基金	489	418	25.173
70	浦银安盛	浦银安盛日日盈 A	货币市场型基金	489	419	0.371
71	东方	东方添益	中长期纯债型基金	362	102	6.142
71	东方	东方赢家保本	偏债混合型基金	97	32	2.874
71	东方	东方安心收益保本	偏债混合型基金	97	70	10.506
71	东方	东方策略成长	偏股混合型基金	475	226	5.090
71	东方	东方核心动力	偏股混合型基金	475	264	0.529
71	东方	东方精选	偏股混合型基金	475	409	27.021
71	东方	东方新能源汽车主题	偏股混合型基金	475	424	0.392
71	东方	东方主题精选	偏股混合型基金	475	451	1.785

整体投资回报能力排名	基金公司(简称)	基金名称	投资类型(二级分类)	样本基金数量	同类基金中排名	期间内规模(亿)
71	东方	东方新价值 A	平衡混合型基金	25	2	0.390
71	东方	东方新价值 C	平衡混合型基金	25	7	0.000
71	东方	东方稳健回报	混合债券型一级基金	160	72	7.511
71	东方	东方永润 A	混合债券型二级基金	262	49	1.662
71	东方	东方永润 C	混合债券型二级基金	262	73	1.360
71	东方	东方强化收益	混合债券型二级基金	262	74	2.593
71	东方	东方稳定增利 A	混合债券型二级基金	262	82	0.752
71	东方	东方稳定增利 C	混合债券型二级基金	262	89	0.329
71	东方	东方双债添利 A	混合债券型二级基金	262	188	3.008
71	东方	东方双债添利 C	混合债券型二级基金	262	193	0.580
71	东方	东方多策略 A	灵活配置型基金	781	234	3.195
71	东方	东方多策略 C	灵活配置型基金	781	253	5.792
71	东方	东方惠新 A	灵活配置型基金	781	291	3.504
71	东方	东方惠新 C	灵活配置型基金	781	340	2.116
71	东方	东方利群 A	灵活配置型基金	781	359	10.498
71	东方	东方新策略 C	灵活配置型基金	781	410	0.008
71	东方	东方鼎新 A	灵活配置型基金	781	412	10.053
71	东方	东方新兴成长	灵活配置型基金	781	415	1.871
71	东方	东方新策略 A	灵活配置型基金	781	434	10.674
71	东方	东方启明量化先锋	灵活配置型基金	781	438	0.098
71	东方	东方新思路 A	灵活配置型基金	781	658	3.903
71	东方	东方新思路 C	灵活配置型基金	781	669	2.758
71	东方	东方龙混合	灵活配置型基金	781	692	7.891
71	东方	东方睿鑫热点挖掘 A	灵活配置型基金	781	699	0.285
71	东方	东方睿鑫热点挖掘 C	灵活配置型基金	781	711	1.981
71	东方	东方创新科技	灵活配置型基金	781	720	0.869

整体投资回报能力排名	基金公司（简称）	基金名称	投资类型（二级分类）	样本基金数量	同类基金中排名	期间内规模（亿）
71	东方	东方金账簿货币 B	货币市场型基金	489	141	55.691
71	东方	东方金元宝	货币市场型基金	489	149	2.041
71	东方	东方金账簿货币 A	货币市场型基金	489	299	2.453
72	华宝	华宝资源优选	偏股混合型基金	475	5	2.563
72	华宝	华宝多策略	偏股混合型基金	475	169	16.036
72	华宝	华宝宝康消费品	偏股混合型基金	475	192	13.011
72	华宝	华宝医药生物	偏股混合型基金	475	210	6.791
72	华宝	华宝生态中国	偏股混合型基金	475	271	8.716
72	华宝	华宝创新优选	偏股混合型基金	475	281	1.829
72	华宝	华宝收益增长	偏股混合型基金	475	317	11.637
72	华宝	华宝动力组合	偏股混合型基金	475	345	16.459
72	华宝	华宝大盘精选	偏股混合型基金	475	356	1.011
72	华宝	华宝先进成长	偏股混合型基金	475	383	16.151
72	华宝	华宝新兴产业	偏股混合型基金	475	386	7.807
72	华宝	华宝行业精选	偏股混合型基金	475	390	28.311
72	华宝	华宝服务优选	偏股混合型基金	475	411	26.603
72	华宝	华宝事件驱动	偏股混合型基金	475	414	31.103
72	华宝	华宝国策导向	偏股混合型基金	475	431	14.951
72	华宝	华宝品质生活	普通股票型基金	156	80	2.446
72	华宝	华宝高端制造	普通股票型基金	156	125	6.855
72	华宝	华宝宝康债券	混合债券型一级基金	160	12	2.167
72	华宝	华宝可转债	混合债券型一级基金	160	160	0.716
72	华宝	华宝收益 A	混合债券型二级基金	262	95	1.272
72	华宝	华宝收益 B	混合债券型二级基金	262	108	1.406
72	华宝	华宝新价值	灵活配置型基金	781	159	13.558
72	华宝	华宝新机遇 A	灵活配置型基金	781	208	2.799

整体投资回报能力排名	基金公司（简称）	基金名称	投资类型（二级分类）	样本基金数量	同类基金中排名	期间内规模（亿）
72	华宝	华宝转型升级	灵活配置型基金	781	548	2.897
72	华宝	华宝宝康灵活	灵活配置型基金	781	599	4.342
72	华宝	华宝稳健回报	灵活配置型基金	781	696	5.652
72	华宝	华宝万物互联	灵活配置型基金	781	712	6.357
72	华宝	华宝量化对冲 A	股票多空	17	3	3.931
72	华宝	华宝量化对冲 C	股票多空	17	5	2.258
72	华宝	华宝上证 180 价值 ETF	被动指数型基金	383	23	1.586
72	华宝	华宝上证 180 价值 ETF 联接	被动指数型基金	383	28	1.368
72	华宝	华宝上证 180 成长 ETF	被动指数型基金	383	34	0.424
72	华宝	华宝中证 100	被动指数型基金	383	42	5.772
72	华宝	华宝上证 180 成长 ETF 联接	被动指数型基金	383	59	0.647
72	华宝	华宝中证医疗	被动指数型基金	383	299	3.901
72	华宝	华宝中证 1000	被动指数型基金	383	376	1.011
72	华宝	华宝现金宝 E	货币市场型基金	489	129	41.773
72	华宝	华宝现金宝 B	货币市场型基金	489	130	9.815
72	华宝	华宝现金添益 B	货币市场型基金	489	217	178.901
72	华宝	华宝现金宝 A	货币市场型基金	489	292	1.962
72	华宝	华宝现金添益 A	货币市场型基金	489	343	1 174.906
73	长信	长信富安纯债一年 A	中长期纯债型基金	362	17	5.362
73	长信	长信纯债一年 A	中长期纯债型基金	362	29	6.496
73	长信	长信富安纯债一年 C	中长期纯债型基金	362	32	2.962
73	长信	长信纯债一年 C	中长期纯债型基金	362	54	2.961
73	长信	长信纯债壹号 A	中长期纯债型基金	362	169	16.561
73	长信	长信富海纯债一年 C	中长期纯债型基金	362	193	7.309
73	长信	长信富民纯债一年 C	中长期纯债型基金	362	246	2.819

整体投资回报能力排名	基金公司（简称）	基金名称	投资类型（二级分类）	样本基金数量	同类基金中排名	期间内规模（亿）
73	长信	长信银利精选	偏股混合型基金	475	66	9.814
73	长信	长信恒利优势	偏股混合型基金	475	221	0.444
73	长信	长信内需成长A	偏股混合型基金	475	228	16.146
73	长信	长信量化先锋A	偏股混合型基金	475	283	24.272
73	长信	长信增利策略	偏股混合型基金	475	284	12.743
73	长信	长信金利趋势	偏股混合型基金	475	299	22.652
73	长信	长信量化多策略A	普通股票型基金	156	77	0.950
73	长信	长信量化中小盘	普通股票型基金	156	130	4.780
73	长信	长信利丰C	混合债券型二级基金	262	202	54.423
73	长信	长信利保	混合债券型二级基金	262	220	11.004
73	长信	长信利富	混合债券型二级基金	262	228	15.128
73	长信	长信可转债A	混合债券型二级基金	262	234	4.088
73	长信	长信可转债C	混合债券型二级基金	262	236	5.002
73	长信	长信利盈A	灵活配置型基金	781	117	9.930
73	长信	长信改革红利	灵活配置型基金	781	210	10.983
73	长信	长信利盈C	灵活配置型基金	781	259	5.648
73	长信	长信利广A	灵活配置型基金	781	455	6.576
73	长信	长信多利	灵活配置型基金	781	460	5.180
73	长信	长信新利	灵活配置型基金	781	475	2.262
73	长信	长信利广C	灵活配置型基金	781	513	2.523
73	长信	长信双利优选A	灵活配置型基金	781	565	15.272
73	长信	长信医疗保健行业	灵活配置型基金	781	673	1.106
73	长信	长信睿进A	灵活配置型基金	781	693	0.123
73	长信	长信睿进C	灵活配置型基金	781	710	1.943
73	长信	长信一带一路	被动指数型基金	383	91	0.290
73	长信	长信利息收益B	货币市场型基金	489	195	68.557

整体投资回报能力排名	基金公司（简称）	基金名称	投资类型（二级分类）	样本基金数量	同类基金中排名	期间内规模（亿）
73	长信	长信利息收益 A	货币市场型基金	489	344	3.232
74	申万菱信	申万菱信消费增长	偏股混合型基金	475	132	1.966
74	申万菱信	申万菱信盛利精选	偏股混合型基金	475	182	7.128
74	申万菱信	申万菱信新经济	偏股混合型基金	475	193	11.340
74	申万菱信	申万菱信竞争优势	偏股混合型基金	475	258	0.379
74	申万菱信	申万菱信新动力	偏股混合型基金	475	273	9.902
74	申万菱信	申万菱信沪深 300	增强指数型基金	45	16	4.640
74	申万菱信	申万菱信量化小盘	普通股票型基金	156	62	11.490
74	申万菱信	申万菱信添益宝 A	混合债券型一级基金	160	110	10.711
74	申万菱信	申万菱信添益宝 B	混合债券型一级基金	160	120	0.285
74	申万菱信	申万菱信稳益宝	混合债券型二级基金	262	57	8.707
74	申万菱信	申万菱信可转债	混合债券型二级基金	262	249	0.807
74	申万菱信	申万菱信安鑫回报 C	灵活配置型基金	781	176	5.570
74	申万菱信	申万菱信多策略 A	灵活配置型基金	781	178	14.325
74	申万菱信	申万菱信安鑫回报 A	灵活配置型基金	781	180	9.694
74	申万菱信	申万菱信多策略 C	灵活配置型基金	781	222	9.646
74	申万菱信	申万菱信新能源汽车	灵活配置型基金	781	566	6.135
74	申万菱信	申万菱信沪深 300 价值	被动指数型基金	383	15	5.648
74	申万菱信	申万菱信医药生物	被动指数型基金	383	207	8.160
74	申万菱信	申万菱信电子行业	被动指数型基金	383	257	1.471
74	申万菱信	申万菱信深证成指分级	被动指数型基金	383	286	1.406
74	申万菱信	申万菱信中证申万证券	被动指数型基金	383	315	37.610
74	申万菱信	申万菱信中证环保产业	被动指数型基金	383	335	6.150
74	申万菱信	申万菱信中证军工	被动指数型基金	383	359	21.562
74	申万菱信	申万菱信传媒行业	被动指数型基金	383	379	0.712
74	申万菱信	申万菱信货币 B	货币市场型基金	489	308	103.717

续表 2-2

整体投资回报能力排名	基金公司（简称）	基金名称	投资类型（二级分类）	样本基金数量	同类基金中排名	期间内规模（亿）
74	申万菱信	申万菱信货币 A	货币市场型基金	489	416	1.104
75	银河	银河领先债券	中长期纯债型基金	362	19	12.489
75	银河	银河岁岁回报 A	中长期纯债型基金	362	47	2.363
75	银河	银河岁岁回报 C	中长期纯债型基金	362	82	0.606
75	银河	银河泰利 A	中长期纯债型基金	362	251	2.876
75	银河	银河泰利 I	中长期纯债型基金	362	269	9.507
75	银河	银河收益	偏债混合型基金	97	36	10.850
75	银河	银河银泰理财分红	偏债混合型基金	97	97	13.517
75	银河	银河蓝筹精选	偏股混合型基金	475	86	1.580
75	银河	银河稳健	偏股混合型基金	475	94	7.153
75	银河	银河美丽优萃 A	偏股混合型基金	475	137	6.707
75	银河	银河美丽优萃 C	偏股混合型基金	475	159	1.440
75	银河	银河创新成长	偏股混合型基金	475	180	6.833
75	银河	银河竞争优势成长	偏股混合型基金	475	238	5.912
75	银河	银河行业优选	偏股混合型基金	475	347	19.098
75	银河	银河主题策略	偏股混合型基金	475	367	11.285
75	银河	银河消费驱动	偏股混合型基金	475	387	0.726
75	银河	银河沪深 300 成长	增强指数型基金	45	28	0.229
75	银河	基金银丰	平衡混合型基金	25	19	42.047
75	银河	银河康乐	普通股票型基金	156	73	6.761
75	银河	银河银信添利 A	混合债券型一级基金	160	24	1.974
75	银河	银河银信添利 B	混合债券型一级基金	160	39	0.992
75	银河	银河通利	混合债券型一级基金	160	51	5.970
75	银河	银河通利 C	混合债券型一级基金	160	56	1.552
75	银河	银河强化收益	混合债券型二级基金	262	9	11.812
75	银河	银河增利 A	混合债券型二级基金	262	17	2.184

整体投资回报能力排名	基金公司（简称）	基金名称	投资类型（二级分类）	样本基金数量	同类基金中排名	期间内规模（亿）
75	银河	银河增利 C	混合债券型二级基金	262	28	0.510
75	银河	银河鸿利 A	灵活配置型基金	781	195	1.121
75	银河	银河鸿利 I	灵活配置型基金	781	197	16.897
75	银河	银河鑫利 A	灵活配置型基金	781	223	11.692
75	银河	银河鸿利 C	灵活配置型基金	781	229	0.130
75	银河	银河鑫利 C	灵活配置型基金	781	251	0.187
75	银河	银河鑫利 I	灵活配置型基金	781	328	7.103
75	银河	银河现代服务主题	灵活配置型基金	781	536	20.488
75	银河	银河智联主题	灵活配置型基金	781	563	4.630
75	银河	银河灵活配置 A	灵活配置型基金	781	610	0.931
75	银河	银河灵活配置 C	灵活配置型基金	781	627	0.877
75	银河	银河转型增长	灵活配置型基金	781	757	17.001
75	银河	银河沪深 300 价值	被动指数型基金	383	18	2.959
75	银河	银河定投宝	被动指数型基金	383	225	5.187
75	银河	银河银富货币 B	货币市场型基金	489	303	172.716
75	银河	银河银富货币 A	货币市场型基金	489	413	9.129
76	国联安	国联安保本	偏债混合型基金	97	84	0.767
76	国联安	国联安鑫富 A	偏债混合型基金	97	88	18.484
76	国联安	国联安鑫富 C	偏债混合型基金	97	89	0.037
76	国联安	国联安安心成长	偏债混合型基金	97	91	14.551
76	国联安	国联安优势	偏股混合型基金	475	113	3.484
76	国联安	国联安小盘精选	偏股混合型基金	475	227	13.731
76	国联安	国联安精选	偏股混合型基金	475	262	21.666
76	国联安	国联安红利	偏股混合型基金	475	408	1.381
76	国联安	国联安主题驱动	偏股混合型基金	475	430	3.520
76	国联安	国联安优选行业	偏股混合型基金	475	460	16.184

整体投资回报能力排名	基金公司（简称）	基金名称	投资类型（二级分类）	样本基金数量	同类基金中排名	期间内规模（亿）
76	国联安	国联安稳健	平衡混合型基金	25	9	1.501
76	国联安	国联安双佳信用	混合债券型一级基金	160	30	17.486
76	国联安	国联安增利债券 A	混合债券型一级基金	160	79	11.487
76	国联安	国联安增利债券 B	混合债券型一级基金	160	98	1.112
76	国联安	国联安信心增益	混合债券型一级基金	160	158	2.430
76	国联安	国联安信心增长 A	混合债券型二级基金	262	142	0.913
76	国联安	国联安信心增长 B	混合债券型二级基金	262	152	0.134
76	国联安	国联安鑫享 C	灵活配置型基金	781	144	2.819
76	国联安	国联安睿祺	灵活配置型基金	781	194	9.948
76	国联安	国联安通盈 A	灵活配置型基金	781	235	19.572
76	国联安	国联安添鑫 A	灵活配置型基金	781	473	0.923
76	国联安	国联安添鑫 C	灵活配置型基金	781	494	18.439
76	国联安	国联安中证股债动态	灵活配置型基金	781	495	0.035
76	国联安	国联安鑫安	灵活配置型基金	781	532	10.945
76	国联安	国联安鑫享 A	灵活配置型基金	781	554	0.562
76	国联安	国联安新精选	灵活配置型基金	781	639	13.792
76	国联安	国联安双禧中证 100	被动指数型基金	383	76	0.345
76	国联安	国联安上证商品 ETF 联接	被动指数型基金	383	184	1.089
76	国联安	国联安上证商品 ETF	被动指数型基金	383	189	1.266
76	国联安	国联安中证医药 100	被动指数型基金	383	244	7.497
76	国联安	国联安双力中小板	被动指数型基金	383	301	0.162
76	国联安	国联安货币 B	货币市场型基金	489	236	80.461
76	国联安	国联安货币 A	货币市场型基金	489	379	0.986
77	华富	华富恒稳纯债 A	中长期纯债型基金	362	94	0.328
77	华富	华富恒稳纯债 C	中长期纯债型基金	362	140	0.230

续表 2-2

整体投资回报能力排名	基金公司（简称）	基金名称	投资类型（二级分类）	样本基金数量	同类基金中排名	期间内规模（亿）
77	华富	华富旺财保本	偏债混合型基金	97	49	3.159
77	华富	华富保本	偏债混合型基金	97	76	2.588
77	华富	华富竞争力优选	偏股混合型基金	475	293	7.015
77	华富	华富量子生命力	偏股混合型基金	475	298	0.546
77	华富	华富成长趋势	偏股混合型基金	475	370	10.114
77	华富	华富中小板	增强指数型基金	45	44	0.079
77	华富	华富恒财分级	混合债券型一级基金	160	17	1.626
77	华富	华富强化回报	混合债券型一级基金	160	48	3.373
77	华富	华富收益增强 A	混合债券型一级基金	160	73	16.909
77	华富	华富收益增强 B	混合债券型一级基金	160	87	1.441
77	华富	华富恒富分级	混合债券型一级基金	160	95	2.317
77	华富	华富恒利 A	混合债券型二级基金	262	144	3.105
77	华富	华富恒利 C	混合债券型二级基金	262	159	0.555
77	华富	华富永鑫 A	灵活配置型基金	781	335	4.616
77	华富	华富永鑫 C	灵活配置型基金	781	345	13.102
77	华富	华富灵活配置	灵活配置型基金	781	519	22.517
77	华富	华富价值增长	灵活配置型基金	781	545	5.184
77	华富	华富国泰民安	灵活配置型基金	781	550	1.518
77	华富	华富健康文娱	灵活配置型基金	781	675	0.828
77	华富	华富策略精选	灵活配置型基金	781	715	0.185
77	华富	华富智慧城市	灵活配置型基金	781	774	4.891
77	华富	华富中证 100	被动指数型基金	383	38	0.624
77	华富	华富货币 A	货币市场型基金	489	380	35.825
78	富国	富国强回报 A	中长期纯债型基金	362	14	2.397
78	富国	富国两年期纯债	中长期纯债型基金	362	22	4.153
78	富国	富国强回报 C	中长期纯债型基金	362	27	0.641

整体投资回报能力排名	基金公司（简称）	基金名称	投资类型（二级分类）	样本基金数量	同类基金中排名	期间内规模（亿）
78	富国	富国信用债 A	中长期纯债型基金	362	62	10.731
78	富国	富国一年期纯债	中长期纯债型基金	362	65	14.157
78	富国	富国目标齐利一年	中长期纯债型基金	362	66	12.307
78	富国	富国纯债 AB	中长期纯债型基金	362	71	0.658
78	富国	富国信用债 C	中长期纯债型基金	362	110	1.587
78	富国	富国国有企业债 AB	中长期纯债型基金	362	136	3.958
78	富国	富国纯债 C	中长期纯债型基金	362	137	0.989
78	富国	富国产业债	中长期纯债型基金	362	157	14.735
78	富国	富国国有企业债 C	中长期纯债型基金	362	176	0.418
78	富国	富国低碳新经济	偏股混合型基金	475	19	8.302
78	富国	富国天益价值	偏股混合型基金	475	73	31.960
78	富国	富国天合稳健优选	偏股混合型基金	475	74	31.879
78	富国	富国天瑞强势精选	偏股混合型基金	475	77	19.798
78	富国	富国天惠精选成长 A	偏股混合型基金	475	177	47.810
78	富国	富国通胀通缩主题	偏股混合型基金	475	179	2.080
78	富国	富国医疗保健行业	偏股混合型基金	475	249	19.031
78	富国	富国高新技术产业	偏股混合型基金	475	301	3.443
78	富国	富国天博创新主题	偏股混合型基金	475	331	20.247
78	富国	富国低碳环保	偏股混合型基金	475	346	68.569
78	富国	富国消费主题	偏股混合型基金	475	348	11.296
78	富国	富国中小盘精选	偏股混合型基金	475	360	11.227
78	富国	富国国家安全主题	偏股混合型基金	475	447	20.677
78	富国	富国改革动力	偏股混合型基金	475	469	61.929
78	富国	富国中证红利	增强指数型基金	45	6	14.523
78	富国	富国沪深 300	增强指数型基金	45	11	26.255
78	富国	富国中证 500	增强指数型基金	45	35	11.174

整体投资回报能力排名	基金公司（简称）	基金名称	投资类型（二级分类）	样本基金数量	同类基金中排名	期间内规模（亿）
78	富国	富国天源沪港深	平衡混合型基金	25	17	8.094
78	富国	富国文体健康	普通股票型基金	156	46	19.488
78	富国	富国高端制造行业	普通股票型基金	156	114	8.375
78	富国	富国新兴产业	普通股票型基金	156	118	30.354
78	富国	富国城镇发展	普通股票型基金	156	152	28.546
78	富国	富国天利增长债券	混合债券型一级基金	160	29	30.363
78	富国	富国天盈	混合债券型一级基金	160	32	3.610
78	富国	富国新天锋	混合债券型一级基金	160	71	3.250
78	富国	富国天丰强化收益	混合债券型一级基金	160	149	10.364
78	富国	富国稳健增强 AB	混合债券型二级基金	262	18	1.680
78	富国	富国稳健增强 C	混合债券型二级基金	262	31	0.522
78	富国	富国收益增强 A	混合债券型二级基金	262	103	7.846
78	富国	富国优化增强 B	混合债券型二级基金	262	115	3.970
78	富国	富国优化增强 A	混合债券型二级基金	262	116	3.970
78	富国	富国收益增强 C	混合债券型二级基金	262	120	2.245
78	富国	富国优化增强 C	混合债券型二级基金	262	132	2.475
78	富国	富国可转债	混合债券型二级基金	262	243	3.699
78	富国	富国沪港深价值精选	灵活配置型基金	781	14	24.162
78	富国	富国新收益 C	灵活配置型基金	781	110	9.146
78	富国	富国新收益 A	灵活配置型基金	781	129	10.184
78	富国	富国新回报 AB	灵活配置型基金	781	300	1.309
78	富国	富国新回报 C	灵活配置型基金	781	329	0.168
78	富国	富国宏观策略	灵活配置型基金	781	353	2.399
78	富国	富国新动力 A	灵活配置型基金	781	398	1.234
78	富国	富国新动力 C	灵活配置型基金	781	414	0.619
78	富国	富国天盛	灵活配置型基金	781	417	3.702

整体投资回报能力排名	基金公司（简称）	基金名称	投资类型（二级分类）	样本基金数量	同类基金中排名	期间内规模（亿）
78	富国	富国天成红利	灵活配置型基金	781	600	18.808
78	富国	富国研究精选	灵活配置型基金	781	628	18.465
78	富国	富国绝对收益多策略	股票多空	17	6	2.715
78	富国	富国中证银行	被动指数型基金	383	50	6.277
78	富国	富国中证煤炭	被动指数型基金	383	165	2.214
78	富国	富国上证综指 ETF 联接	被动指数型基金	383	177	1.234
78	富国	富国上证综指 ETF	被动指数型基金	383	182	1.452
78	富国	富国国企改革	被动指数型基金	383	205	91.172
78	富国	富国证券分级	被动指数型基金	383	300	13.977
78	富国	富国中证新能源汽车	被动指数型基金	383	332	26.596
78	富国	富国中证移动互联网	被动指数型基金	383	355	8.343
78	富国	富国中证工业 4.0	被动指数型基金	383	365	23.515
78	富国	富国中证军工	被动指数型基金	383	370	111.558
78	富国	富国创业板指数分级	被动指数型基金	383	372	21.122
78	富国	富国中证体育产业	被动指数型基金	383	380	2.387
78	富国	富国富钱包	货币市场型基金	489	86	81.274
78	富国	富国天时货币 B	货币市场型基金	489	222	187.182
78	富国	富国安益	货币市场型基金	489	304	51.559
78	富国	富国收益宝 B	货币市场型基金	489	309	111.413
78	富国	富国收益宝 A	货币市场型基金	489	336	0.560
78	富国	富国收益宝 H	货币市场型基金	489	337	39.887
78	富国	富国天时货币 C	货币市场型基金	489	365	124.066
78	富国	富国天时货币 A	货币市场型基金	489	367	128.005
78	富国	富国天时货币 D	货币市场型基金	489	454	124.076
79	融通	融通债券 AB	中长期纯债型基金	362	45	4.311

整体投资回报能力排名	基金公司（简称）	基金名称	投资类型（二级分类）	样本基金数量	同类基金中排名	期间内规模（亿）
79	融通	融通岁岁添利 A	中长期纯债型基金	362	48	6.828
79	融通	融通债券 C	中长期纯债型基金	362	73	8.653
79	融通	融通岁岁添利 B	中长期纯债型基金	362	83	1.103
79	融通	融通月月添利 A	中长期纯债型基金	362	309	8.330
79	融通	融通月月添利 B	中长期纯债型基金	362	318	0.042
79	融通	融通通泰保本 A	偏债混合型基金	97	57	5.924
79	融通	融通通泰保本 C	偏债混合型基金	97	75	13.076
79	融通	融通行业景气	偏股混合型基金	475	199	12.832
79	融通	融通动力先锋	偏股混合型基金	475	243	10.213
79	融通	融通内需驱动	偏股混合型基金	475	340	3.430
79	融通	融通新蓝筹	偏股混合型基金	475	357	28.979
79	融通	融通领先成长	偏股混合型基金	475	358	51.028
79	融通	融通医疗保健行业 A	偏股混合型基金	475	420	19.586
79	融通	融通巨潮 100AB	增强指数型基金	45	22	7.602
79	融通	融通深证 100AB	增强指数型基金	45	37	54.808
79	融通	融通创业板 AB	增强指数型基金	45	45	5.214
79	融通	融通蓝筹成长	平衡混合型基金	25	20	8.507
79	融通	基金通乾	普通股票型基金	156	35	26.306
79	融通	融通四季添利	混合债券型一级基金	160	5	4.778
79	融通	融通通瑞 AB	混合债券型二级基金	262	169	1.504
79	融通	融通通瑞 C	混合债券型二级基金	262	185	0.076
79	融通	融通可转债 A	混合债券型二级基金	262	245	0.047
79	融通	融通可转债 C	混合债券型二级基金	262	246	0.358
79	融通	融通通鑫	灵活配置型基金	781	137	10.014
79	融通	融通新机遇	灵活配置型基金	781	203	18.776
79	融通	融通通泽	灵活配置型基金	781	242	12.007

续表 2-2

整体投资回报能力排名	基金公司（简称）	基金名称	投资类型（二级分类）	样本基金数量	同类基金中排名	期间内规模（亿）
79	融通	融通转型三动力	灵活配置型基金	781	462	1.650
79	融通	融通新能源	灵活配置型基金	781	464	15.065
79	融通	融通成长 30	灵活配置型基金	781	496	4.930
79	融通	融通跨界成长	灵活配置型基金	781	501	1.481
79	融通	融通健康产业	灵活配置型基金	781	702	2.517
79	融通	融通新区域新经济	灵活配置型基金	781	714	11.614
79	融通	融通互联网传媒	灵活配置型基金	781	731	26.833
79	融通	融通通源短融 B	短期纯债型基金	10	5	12.697
79	融通	融通通源短融 A	短期纯债型基金	10	7	1.425
79	融通	融通深证成指 AB	被动指数型基金	383	259	1.517
79	融通	融通中证全指证券	被动指数型基金	383	328	0.485
79	融通	融通中证军工	被动指数型基金	383	362	0.747
79	融通	融通易支付货币 B	货币市场型基金	489	356	213.640
79	融通	融通易支付货币 A	货币市场型基金	489	435	17.265
80	东吴	东吴嘉禾优势	偏股混合型基金	475	274	5.537
80	东吴	东吴新经济	偏股混合型基金	475	407	0.401
80	东吴	东吴新产业精选	偏股混合型基金	475	441	1.508
80	东吴	东吴行业轮动	偏股混合型基金	475	444	5.416
80	东吴	东吴价值成长	偏股混合型基金	475	472	4.535
80	东吴	东吴增利 A	混合债券型一级基金	160	4	1.164
80	东吴	东吴增利 C	混合债券型一级基金	160	8	0.247
80	东吴	东吴优信稳健 A	混合债券型二级基金	262	209	0.193
80	东吴	东吴优信稳健 C	混合债券型二级基金	262	215	0.008
80	东吴	东吴配置优化	灵活配置型基金	781	498	0.204
80	东吴	东吴国企改革	灵活配置型基金	781	521	1.838
80	东吴	东吴进取策略	灵活配置型基金	781	588	1.207

整体投资回报能力排名	基金公司（简称）	基金名称	投资类型（二级分类）	样本基金数量	同类基金中排名	期间内规模（亿）
80	东吴	东吴移动互联 A	灵活配置型基金	781	590	5.222
80	东吴	东吴移动互联 C	灵活配置型基金	781	601	0.000
80	东吴	东吴安享量化	灵活配置型基金	781	603	0.787
80	东吴	东吴多策略	灵活配置型基金	781	618	0.838
80	东吴	东吴阿尔法	灵活配置型基金	781	689	2.063
80	东吴	东吴新趋势价值线	灵活配置型基金	781	776	4.895
80	东吴	东吴中证可转换债券	被动指数型债券基金	22	20	0.519
80	东吴	东吴沪深 300A	被动指数型基金	383	222	0.103
80	东吴	东吴中证新兴产业	被动指数型基金	383	241	1.172
80	东吴	东吴货币 B	货币市场型基金	489	243	56.332
80	东吴	东吴货币 A	货币市场型基金	489	383	0.800
81	长盛	长盛纯债 A	中长期纯债型基金	362	325	0.825
81	长盛	长盛同丰	中长期纯债型基金	362	331	0.721
81	长盛	长盛纯债 C	中长期纯债型基金	362	334	0.238
81	长盛	长盛双月红 1 年期 A	中长期纯债型基金	362	336	0.398
81	长盛	长盛年年收益 A	中长期纯债型基金	362	337	0.478
81	长盛	长盛双月红 1 年期 C	中长期纯债型基金	362	344	0.206
81	长盛	长盛年年收益 C	中长期纯债型基金	362	345	0.123
81	长盛	长盛量化红利策略	偏股混合型基金	475	62	2.859
81	长盛	长盛成长价值	偏股混合型基金	475	107	3.314
81	长盛	长盛同德	偏股混合型基金	475	232	15.179
81	长盛	长盛城镇化主题	偏股混合型基金	475	288	1.721
81	长盛	长盛动态精选	偏股混合型基金	475	306	4.257
81	长盛	长盛同智	偏股混合型基金	475	399	7.773
81	长盛	长盛同鑫行业配置	偏股混合型基金	475	417	0.593
81	长盛	长盛中小盘精选	偏股混合型基金	475	438	0.451

整体投资回报能力排名	基金公司（简称）	基金名称	投资类型（二级分类）	样本基金数量	同类基金中排名	期间内规模（亿）
81	长盛	长盛电子信息产业 A	偏股混合型基金	475	448	19.072
81	长盛	长盛积极配置	混合债券型二级基金	262	96	2.365
81	长盛	长盛同禧 A	混合债券型二级基金	262	197	0.310
81	长盛	长盛同禧 C	混合债券型二级基金	262	210	0.040
81	长盛	长盛战略新兴产业 C	灵活配置型基金	781	331	4.116
81	长盛	长盛新兴成长	灵活配置型基金	781	358	5.545
81	长盛	长盛盛世 A	灵活配置型基金	781	367	0.073
81	长盛	长盛互联网＋	灵活配置型基金	781	385	4.142
81	长盛	长盛战略新兴产业 A	灵活配置型基金	781	431	9.828
81	长盛	长盛盛世 C	灵活配置型基金	781	436	2.286
81	长盛	长盛转型升级主题	灵活配置型基金	781	511	34.458
81	长盛	长盛生态环境主题	灵活配置型基金	781	525	3.449
81	长盛	长盛养老健康产业	灵活配置型基金	781	562	1.046
81	长盛	长盛同益成长回报	灵活配置型基金	781	636	2.117
81	长盛	长盛航天海工装备	灵活配置型基金	781	655	1.536
81	长盛	长盛创新先锋	灵活配置型基金	781	662	1.408
81	长盛	长盛高端装备制造	灵活配置型基金	781	667	5.205
81	长盛	长盛同盛成长优选	灵活配置型基金	781	716	2.677
81	长盛	长盛国企改革主题	灵活配置型基金	781	730	13.009
81	长盛	长盛电子信息主题	灵活配置型基金	781	766	19.447
81	长盛	长盛中证 100	被动指数型基金	383	64	3.620
81	长盛	长盛上证 50	被动指数型基金	383	85	0.168
81	长盛	长盛中证金融地产	被动指数型基金	383	99	2.398
81	长盛	长盛沪深 300	被动指数型基金	383	149	0.693
81	长盛	长盛同庆中证 800	被动指数型基金	383	171	1.816
81	长盛	长盛中证申万一带一路	被动指数型基金	383	214	10.286

整体投资回报能力排名	基金公司(简称)	基金名称	投资类型(二级分类)	样本基金数量	同类基金中排名	期间内规模(亿)
81	长盛	长盛同瑞中证200	被动指数型基金	383	262	0.108
81	长盛	长盛中证全指证券	被动指数型基金	383	318	0.651
81	长盛	长盛货币A	货币市场型基金	489	264	29.449
81	长盛	长盛添利宝B	货币市场型基金	489	273	84.251
81	长盛	长盛添利宝A	货币市场型基金	489	407	4.999
82	上投摩根	上投摩根纯债添利A	中长期纯债型基金	362	204	0.372
82	上投摩根	上投摩根纯债A	中长期纯债型基金	362	241	5.258
82	上投摩根	上投摩根纯债B	中长期纯债型基金	362	270	0.406
82	上投摩根	上投摩根岁岁盈A	中长期纯债型基金	362	271	1.950
82	上投摩根	上投摩根岁岁盈B	中长期纯债型基金	362	275	1.765
82	上投摩根	上投摩根纯债丰利A	中长期纯债型基金	362	282	1.065
82	上投摩根	上投摩根纯债丰利C	中长期纯债型基金	362	292	0.386
82	上投摩根	上投摩根岁岁盈C	中长期纯债型基金	362	293	0.036
82	上投摩根	上投摩根岁岁盈D	中长期纯债型基金	362	296	0.031
82	上投摩根	上投摩根纯债添利C	中长期纯债型基金	362	304	0.200
82	上投摩根	上投摩根天颐年丰A	偏债混合型基金	97	29	10.254
82	上投摩根	上投摩根红利回报A	偏债混合型基金	97	68	5.200
82	上投摩根	上投摩根稳进回报	偏债混合型基金	97	85	0.732
82	上投摩根	上投摩根双核平衡	偏股混合型基金	475	153	2.538
82	上投摩根	上投摩根成长先锋	偏股混合型基金	475	239	19.350
82	上投摩根	上投摩根新兴动力A	偏股混合型基金	475	244	22.568
82	上投摩根	上投摩根智选30	偏股混合型基金	475	302	3.715
82	上投摩根	上投摩根核心优选	偏股混合型基金	475	316	15.749
82	上投摩根	上投摩根行业轮动A	偏股混合型基金	475	326	15.579
82	上投摩根	上投摩根健康品质生活	偏股混合型基金	475	337	1.482
82	上投摩根	上投摩根阿尔法	偏股混合型基金	475	359	18.371

整体投资回报能力排名	基金公司（简称）	基金名称	投资类型（二级分类）	样本基金数量	同类基金中排名	期间内规模（亿）
82	上投摩根	上投摩根中国优势	偏股混合型基金	475	368	13.083
82	上投摩根	上投摩根中小盘	偏股混合型基金	475	394	4.936
82	上投摩根	上投摩根内需动力	偏股混合型基金	475	410	30.010
82	上投摩根	上投摩根双息平衡 A	平衡混合型基金	25	23	21.506
82	上投摩根	上投摩根医疗健康	普通股票型基金	156	53	3.706
82	上投摩根	上投摩根核心成长	普通股票型基金	156	59	21.157
82	上投摩根	上投摩根大盘蓝筹	普通股票型基金	156	66	2.363
82	上投摩根	上投摩根安全战略	普通股票型基金	156	113	9.716
82	上投摩根	上投摩根新兴服务	普通股票型基金	156	122	1.214
82	上投摩根	上投摩根卓越制造	普通股票型基金	156	124	16.341
82	上投摩根	上投摩根民生需求	普通股票型基金	156	129	4.611
82	上投摩根	上投摩根智慧互联	普通股票型基金	156	140	18.945
82	上投摩根	上投摩根分红添利 A	混合债券型一级基金	160	99	1.505
82	上投摩根	上投摩根分红添利 B	混合债券型一级基金	160	116	0.112
82	上投摩根	上投摩根轮动添利 A	混合债券型一级基金	160	124	0.612
82	上投摩根	上投摩根轮动添利 C	混合债券型一级基金	160	128	0.093
82	上投摩根	上投摩根双债增利 A	混合债券型二级基金	262	149	0.241
82	上投摩根	上投摩根强化回报 A	混合债券型二级基金	262	156	0.083
82	上投摩根	上投摩根双债增利 C	混合债券型二级基金	262	168	0.235
82	上投摩根	上投摩根强化回报 B	混合债券型二级基金	262	170	0.061
82	上投摩根	上投摩根优信增利 A	混合债券型二级基金	262	206	1.112
82	上投摩根	上投摩根优信增利 C	混合债券型二级基金	262	212	0.375
82	上投摩根	上投摩根科技前沿	灵活配置型基金	781	606	0.910
82	上投摩根	上投摩根动态多因子	灵活配置型基金	781	644	7.575
82	上投摩根	上投摩根文体休闲	灵活配置型基金	781	670	1.831
82	上投摩根	上投摩根成长动力	灵活配置型基金	781	722	2.230

整体投资回报能力排名	基金公司(简称)	基金名称	投资类型(二级分类)	样本基金数量	同类基金中排名	期间内规模(亿)
82	上投摩根	上投摩根转型动力	灵活配置型基金	781	726	14.969
82	上投摩根	上投摩根整合驱动	灵活配置型基金	781	749	16.369
82	上投摩根	上投摩根中证消费	被动指数型基金	383	140	0.240
82	上投摩根	上投摩根180高贝塔ETF	被动指数型基金	383	187	0.074
82	上投摩根	上投摩根货币B	货币市场型基金	489	393	637.678
82	上投摩根	上投摩根天添盈E	货币市场型基金	489	396	1.549
82	上投摩根	上投摩根现金管理	货币市场型基金	489	404	1.813
82	上投摩根	上投摩根天添宝B	货币市场型基金	489	406	4.301
82	上投摩根	上投摩根天添盈A	货币市场型基金	489	434	0.019
82	上投摩根	上投摩根货币A	货币市场型基金	489	440	1.184
82	上投摩根	上投摩根天添宝A	货币市场型基金	489	442	0.228
82	上投摩根	上投摩根天添盈B	货币市场型基金	489	453	0.100
83	中信建投	中信建投稳信A	中长期纯债型基金	362	237	1.795
83	中信建投	中信建投稳信C	中长期纯债型基金	362	262	0.092
83	中信建投	中信建投稳利保本	偏债混合型基金	97	41	4.919
83	中信建投	中信建投聚利	偏债混合型基金	97	92	9.468
83	中信建投	中信建投睿信A	灵活配置型基金	781	727	0.687
83	中信建投	中信建投凤凰A	货币市场型基金	489	315	3.690
83	中信建投	中信建投添鑫宝	货币市场型基金	489	381	36.578
83	中信建投	中信建投货币A	货币市场型基金	489	444	6.464
84	富安达	富安达信用主题轮动A	中长期纯债型基金	362	357	0.146
84	富安达	富安达信用主题轮动C	中长期纯债型基金	362	358	0.022
84	富安达	富安达优势成长	偏股混合型基金	475	323	17.657
84	富安达	富安达增强收益A	混合债券型二级基金	262	257	0.177
84	富安达	富安达增强收益C	混合债券型二级基金	262	258	0.329

整体投资回报能力排名	基金公司（简称）	基金名称	投资类型（二级分类）	样本基金数量	同类基金中排名	期间内规模（亿）
84	富安达	富安达策略精选	灵活配置型基金	781	132	3.160
84	富安达	富安达健康人生	灵活配置型基金	781	424	1.793
84	富安达	富安达新兴成长	灵活配置型基金	781	729	4.488
84	富安达	富安达现金通货币 B	货币市场型基金	489	169	5.537
84	富安达	富安达现金通货币 A	货币市场型基金	489	327	0.457
85	华融证券	华融新锐	灵活配置型基金	781	523	1.948
85	华融证券	华融新利	灵活配置型基金	781	626	6.105
85	华融证券	华融现金增利 B	货币市场型基金	489	215	2.308
85	华融证券	华融现金增利 A	货币市场型基金	489	345	0.160
85	华融证券	华融现金增利 C	货币市场型基金	489	361	4.941
86	宝盈	宝盈祥瑞	偏债混合型基金	97	60	19.326
86	宝盈	宝盈祥泰	偏债混合型基金	97	66	15.328
86	宝盈	基金鸿阳	偏股混合型基金	475	101	24.428
86	宝盈	宝盈泛沿海增长	偏股混合型基金	475	401	15.291
86	宝盈	宝盈策略增长	偏股混合型基金	475	452	40.675
86	宝盈	宝盈资源优选	偏股混合型基金	475	465	46.744
86	宝盈	宝盈中证 100	增强指数型基金	45	4	1.400
86	宝盈	宝盈医疗健康沪港深	普通股票型基金	156	104	3.530
86	宝盈	宝盈增强收益 AB	混合债券型二级基金	262	147	6.608
86	宝盈	宝盈增强收益 C	混合债券型二级基金	262	165	3.959
86	宝盈	宝盈新锐	灵活配置型基金	781	327	2.055
86	宝盈	宝盈鸿利收益	灵活配置型基金	781	542	9.400
86	宝盈	宝盈优势产业	灵活配置型基金	781	544	1.162
86	宝盈	宝盈先进制造	灵活配置型基金	781	638	8.383
86	宝盈	宝盈核心优势 A	灵活配置型基金	781	691	15.790
86	宝盈	宝盈核心优势 C	灵活配置型基金	781	706	0.737

整体投资回报能力排名	基金公司（简称）	基金名称	投资类型（二级分类）	样本基金数量	同类基金中排名	期间内规模（亿）
86	宝盈	宝盈科技 30	灵活配置型基金	781	708	33.447
86	宝盈	宝盈新价值	灵活配置型基金	781	724	21.491
86	宝盈	宝盈转型动力	灵活配置型基金	781	728	28.618
86	宝盈	宝盈睿丰创新 AB	灵活配置型基金	781	736	1.217
86	宝盈	宝盈新兴产业	灵活配置型基金	781	739	22.003
86	宝盈	宝盈睿丰创新 C	灵活配置型基金	781	742	4.796
86	宝盈	宝盈货币 B	货币市场型基金	489	109	205.754
86	宝盈	宝盈货币 A	货币市场型基金	489	267	23.693
87	国开泰富	国开泰富岁月鎏金 A	混合债券型一级基金	160	144	4.593
87	国开泰富	国开泰富岁月鎏金 C	混合债券型一级基金	160	148	0.125
87	国开泰富	国开泰富货币 B	货币市场型基金	489	55	2.114
87	国开泰富	国开泰富货币 A	货币市场型基金	489	189	1.034
88	财通	财通可持续发展主题	偏股混合型基金	475	277	1.856
88	财通	财通中证 100 增强 A	增强指数型基金	45	26	0.562
88	财通	财通收益增强 A	混合债券型二级基金	262	174	0.878
88	财通	财通稳健增长 A	混合债券型二级基金	262	184	0.508
88	财通	财通多策略精选	灵活配置型基金	781	510	16.399
88	财通	财通价值动量	灵活配置型基金	781	620	8.032
88	财通	财通成长优选	灵活配置型基金	781	680	8.468
89	创金合信	创金合信转债精选 A	中长期纯债型基金	362	311	0.001
89	创金合信	创金合信转债精选 C	中长期纯债型基金	362	355	12.669
89	创金合信	创金合信聚财保本	偏债混合型基金	97	69	2.861
89	创金合信	创金合信沪深 300C	增强指数型基金	45	19	1.050
89	创金合信	创金合信沪深 300A	增强指数型基金	45	20	0.628
89	创金合信	创金合信中证 500C	增强指数型基金	45	33	0.614
89	创金合信	创金合信中证 500A	增强指数型基金	45	34	0.706

整体投资回报能力排名	基金公司（简称）	基金名称	投资类型（二级分类）	样本基金数量	同类基金中排名	期间内规模（亿）
89	创金合信	创金合信聚利 A	混合债券型二级基金	262	194	0.780
89	创金合信	创金合信聚利 C	混合债券型二级基金	262	201	0.228
89	创金合信	创金合信沪港深研究精选	灵活配置型基金	781	442	3.085
89	创金合信	创金合信货币	货币市场型基金	489	274	19.078
90	江信	江信聚福	中长期纯债型基金	362	316	8.896
90	江信	江信同福 A	灵活配置型基金	781	592	0.860
90	江信	江信同福 C	灵活配置型基金	781	607	5.519
91	泰信	泰信鑫益 A	中长期纯债型基金	362	199	0.708
91	泰信	泰信鑫益 C	中长期纯债型基金	362	239	0.176
91	泰信	泰信现代服务业	偏股混合型基金	475	204	0.524
91	泰信	泰信发展主题	偏股混合型基金	475	280	0.621
91	泰信	泰信中小盘精选	偏股混合型基金	475	378	2.013
91	泰信	泰信先行策略	偏股混合型基金	475	433	13.551
91	泰信	泰信蓝筹精选	偏股混合型基金	475	463	4.542
91	泰信	泰信优质生活	偏股混合型基金	475	470	7.639
91	泰信	泰信周期回报	混合债券型一级基金	160	55	1.112
91	泰信	泰信增强收益 A	混合债券型一级基金	160	129	0.380
91	泰信	泰信增强收益 C	混合债券型一级基金	160	134	0.030
91	泰信	泰信双息双利	混合债券型二级基金	262	93	0.578
91	泰信	泰信行业精选 A	灵活配置型基金	781	403	5.968
91	泰信	泰信优势增长	灵活配置型基金	781	744	0.766
91	泰信	泰信国策驱动	灵活配置型基金	781	756	2.626
91	泰信	泰信中证 200	被动指数型基金	383	252	0.574
91	泰信	泰信基本面 400	被动指数型基金	383	274	0.402
91	泰信	泰信天天收益 A	货币市场型基金	489	424	26.427

整体投资回报能力排名	基金公司（简称）	基金名称	投资类型（二级分类）	样本基金数量	同类基金中排名	期间内规模（亿）
92	益民	益民创新优势	偏股混合型基金	475	375	8.952
92	益民	益民红利成长	偏股混合型基金	475	388	4.621
92	益民	益民多利债券	混合债券型二级基金	262	155	0.273
92	益民	益民服务领先	灵活配置型基金	781	393	1.973
92	益民	益民核心增长	灵活配置型基金	781	659	0.291
92	益民	益民品质升级	灵活配置型基金	781	713	2.887
92	益民	益民货币	货币市场型基金	489	459	0.869
93	中邮	中邮定期开放 A	中长期纯债型基金	362	104	24.592
93	中邮	中邮定期开放 C	中长期纯债型基金	362	127	2.482
93	中邮	中邮稳定收益 A	中长期纯债型基金	362	138	52.513
93	中邮	中邮稳定收益 C	中长期纯债型基金	362	181	11.808
93	中邮	中邮双动力	偏债混合型基金	97	93	22.334
93	中邮	中邮核心优选	偏股混合型基金	475	425	30.401
93	中邮	中邮核心主题	偏股混合型基金	475	449	15.238
93	中邮	中邮核心成长	偏股混合型基金	475	454	71.693
93	中邮	中邮战略新兴产业	偏股混合型基金	475	462	66.000
93	中邮	中邮上证 380	增强指数型基金	45	43	0.737
93	中邮	中邮乐享收益	灵活配置型基金	781	60	3.189
93	中邮	中邮稳健添利	灵活配置型基金	781	167	16.224
93	中邮	中邮新思路	灵活配置型基金	781	276	1.684
93	中邮	中邮尊享一年定期	灵活配置型基金	781	467	4.859
93	中邮	中邮核心科技创新	灵活配置型基金	781	674	3.257
93	中邮	中邮中小盘灵活配置	灵活配置型基金	685	685	10.427
93	中邮	中邮多策略	灵活配置型基金	781	704	1.377
93	中邮	中邮核心优势	灵活配置型基金	781	737	8.842
93	中邮	中邮创新优势	灵活配置型基金	781	754	7.136

整体投资回报能力排名	基金公司（简称）	基金名称	投资类型（二级分类）	样本基金数量	同类基金中排名	期间内规模（亿）
93	中邮	中邮信息产业	灵活配置型基金	781	762	54.110
93	中邮	中邮趋势精选	灵活配置型基金	781	764	32.845
93	中邮	中邮核心竞争力	灵活配置型基金	781	772	22.248
93	中邮	中邮绝对收益策略	股票多空	17	16	7.018
93	中邮	中邮现金驿站 C	货币市场型基金	489	126	25.479
93	中邮	中邮现金驿站 B	货币市场型基金	489	161	0.358
93	中邮	中邮现金驿站 A	货币市场型基金	489	194	0.098
93	中邮	中邮货币 B	货币市场型基金	489	249	57.328
93	中邮	中邮货币 A	货币市场型基金	489	387	1.767
94	天治	天治可转债增强 A	中长期纯债型基金	362	361	0.835
94	天治	天治可转债增强 C	中长期纯债型基金	362	362	1.488
94	天治	天治财富增长	偏债混合基金	97	94	0.948
94	天治	天治核心成长	偏股混合型基金	475	427	7.257
94	天治	天治稳健双盈	混合债券型二级基金	262	92	3.202
94	天治	天治研究驱动 A	灵活配置型基金	781	437	0.200
94	天治	天治中国制造 2025	灵活配置型基金	781	465	0.395
94	天治	天治研究驱动 C	灵活配置型基金	781	518	4.885
94	天治	天治趋势精选	灵活配置型基金	781	598	8.838
94	天治	天治新消费	灵活配置型基金	781	709	0.245
94	天治	天治低碳经济	灵活配置型基金	781	741	0.345
94	天治	天治天得利货币	货币市场型基金	489	420	4.826
95	华商	华商稳固添利 A	中长期纯债型基金	362	359	3.762
95	华商	华商稳固添利 C	中长期纯债型基金	362	360	5.250
95	华商	华商双翼	偏债混合基金	97	73	1.919
95	华商	华商产业升级	偏股混合型基金	475	270	1.800
95	华商	华商领先企业	偏股混合型基金	475	333	23.331

整体投资回报能力排名	基金公司（简称）	基金名称	投资类型（二级分类）	样本基金数量	同类基金中排名	期间内规模（亿）
95	华商	华商盛世成长	偏股混合型基金	475	406	48.151
95	华商	华商价值精选	偏股混合型基金	475	453	32.814
95	华商	华商主题精选	偏股混合型基金	475	466	17.717
95	华商	华商未来主题	偏股混合型基金	475	475	21.547
95	华商	华商收益增强 A	混合债券型一级基金	160	153	4.529
95	华商	华商收益增强 B	混合债券型一级基金	160	156	3.261
95	华商	华商稳定增利 A	混合债券型二级基金	262	124	3.275
95	华商	华商稳定增利 C	混合债券型二级基金	262	139	1.024
95	华商	华商稳健双利 A	混合债券型二级基金	262	216	2.798
95	华商	华商稳健双利 B	混合债券型二级基金	262	226	4.584
95	华商	华商信用增强 A	混合债券型二级基金	262	240	1.213
95	华商	华商信用增强 C	混合债券型二级基金	262	242	0.526
95	华商	华商双债丰利 A	混合债券型二级基金	262	250	12.487
95	华商	华商双债丰利 C	混合债券型二级基金	262	252	10.367
95	华商	华商优势行业	灵活配置型基金	781	426	8.502
95	华商	华商红利优选	灵活配置型基金	781	444	6.233
95	华商	华商新趋势优选	灵活配置型基金	781	454	0.947
95	华商	华商双驱优选	灵活配置型基金	781	537	4.201
95	华商	华商策略精选	灵活配置型基金	781	558	10.789
95	华商	华商量化进取	灵活配置型基金	781	583	25.393
95	华商	华商智能生活	灵活配置型基金	781	589	4.572
95	华商	华商新量化	灵活配置型基金	781	634	6.055
95	华商	华商大盘量化精选	灵活配置型基金	781	665	11.757
95	华商	华商健康生活	灵活配置型基金	781	677	12.568
95	华商	华商价值共享灵活配置	灵活配置型基金	781	679	11.427
95	华商	华商新常态	灵活配置型基金	781	725	8.668

整体投资回报能力排名	基金公司（简称）	基金名称	投资类型（二级分类）	样本基金数量	同类基金中排名	期间内规模（亿）
95	华商	华商新锐产业	灵活配置型基金	781	735	39.228
95	华商	华商动态阿尔法	灵活配置型基金	781	751	15.923
95	华商	华商乐享互联网	灵活配置型基金	781	753	2.180
95	华商	华商新动力	灵活配置型基金	781	767	1.085
95	华商	华商创新成长	灵活配置型基金	781	770	16.031
95	华商	华商现金增利 B	货币市场型基金	489	373	7.768
95	华商	华商现金增利 A	货币市场型基金	489	437	2.114
96	山西证券	山西证券日日添利 B	货币市场型基金	489	261	1.437
96	山西证券	山西证券日日添利 A	货币市场型基金	489	402	0.082
96	山西证券	山西证券日日添利 C	货币市场型基金	489	464	23.682

3 五年期公募基金管理公司整体投资回报能力评价

3.1 数据来源与样本说明

五年期的数据区间为 2013 年 12 月 31 日至 2018 年 12 月 31 日。所有公募基金数据来源于 Wind 金融资讯终端。从 Wind 上我们获得的数据变量有：基金名称、基金管理公司、投资类型（二级分类）、投资风格、复权单位净值增长率（20131231—20181231）、单位净值（20131231）、单位净值（20181231）、基金份额（20131231）、基金份额（20181231）。

我们删除国际（QDII）类基金、同期样本数少于 10 的类别，再删除同期旗下样本基金数少于 3 只的基金管理公司，最后的样本基金数为 1 623 只，样本基金管理公司总共 70 家。

投资类型包括：偏股混合型基金（423 只）、混合债券型二级基金（189 只）、灵活配置型基金（136 只）、被动指数型基金（183 只）、偏债混合型基金（31 只）、增强指数型基金（32 只）、普通股票型基金（24 只）、混合债券型一级基金（125 只）、货币市场型基金（236 只）、中长期纯债型基金（204 只）、平衡混合型基金（21 只）、被动指数型债券基金（19 只）。

我们按第 1 部分介绍的计算方法，计算出样本中每家基金公司的整体投资回报能力分数，依高分到低分进行排序。

3.2 五年期整体投资回报能力评价结果

满足五年期的整体投资回报能力评价数据要求的共有 70 家基金管理公司，排名靠前的基金公司仍然是样本基金数量中等偏少的公司，如第 1 名的诺德有 8 只样本基金，第 2 名的兴全有 13 只样本基金，第 3 名的中欧有 13 只样本基金。见表 3-1。

表 3-1 五年期整体投资回报能力评价

整体投资回报能力排名	基金公司(简称)	整体投资回报能力得分	样本基金数量
1	诺德	1.531	8
2	兴全	1.279	13
3	中欧	0.700	13
4	民生加银	0.625	29
5	汇添富	0.609	51
6	大成	0.566	43
7	长安	0.532	4
8	华富	0.525	12
9	易方达	0.480	65
10	金鹰	0.457	11
11	国海富兰克林	0.446	18
12	长信	0.438	16
13	广发	0.407	48
14	安信	0.398	9
15	浦银安盛	0.372	17
16	富安达	0.351	8
17	新华	0.349	17
18	华润元大	0.337	3
19	建信	0.334	44
20	华泰柏瑞	0.330	21
21	富国	0.316	40
22	工银瑞信	0.308	46
23	摩根士丹利华鑫	0.308	16
24	银河	0.305	22
25	德邦	0.292	3
26	交银施罗德	0.287	35

续表 3-1

整体投资回报能力排名	基金公司(简称)	整体投资回报能力得分	样本基金数量
27	宝盈	0.270	12
28	南方	0.267	46
29	财通	0.261	4
30	万家	0.252	17
31	国泰	0.248	37
32	光大保德信	0.244	19
33	平安	0.231	7
34	华安	0.182	51
35	长城	0.182	21
36	华夏	0.168	50
37	中银	0.164	39
38	招商	0.145	34
39	嘉实	0.120	58
40	天弘	0.106	14
41	国投瑞银	0.085	25
42	农银汇理	0.079	26
43	诺安	0.059	27
44	中信保诚	0.058	31
45	长盛	0.035	25
46	博时	−0.009	46
47	申万菱信	−0.014	15
48	景顺长城	−0.040	35
49	汇丰晋信	−0.138	14
50	鹏华	−0.150	41
51	海富通	−0.185	23
52	浙商	−0.215	4

整体投资回报能力排名	基金公司(简称)	整体投资回报能力得分	样本基金数量
53	国联安	−0.258	21
54	银华	−0.267	33
55	华商	−0.331	19
56	金元顺安	−0.367	8
57	华宝	−0.394	24
58	东方	−0.408	10
59	方正富邦	−0.420	5
60	中邮	−0.469	11
61	中海	−0.488	18
62	融通	−0.631	23
63	信达澳银	−0.635	10
64	益民	−0.699	6
65	天治	−0.718	11
66	东吴	−0.737	16
67	上投摩根	−0.777	33
68	泰达宏利	−0.942	20
69	西部利得	−1.087	6
70	泰信	−1.222	16

3.3　五年期整体投资回报能力评价详细说明

从表 3-2 可以看出五年期的整体投资回报能力评价中,为什么有的基金公司会排在前面,有的则排在后面。如第一名的诺德基金公司旗下的 2 只规模较大的样本基金诺德成长优势、诺德价值优势在同期 423 只偏股混合型基金中分别排到第 4、第 62,这是诺德基金公司在五年期整体投资回报能力评价中排名第 1 的重要原因。

表3-2　五年期排名中所有样本基金详细情况

整体投资回报能力排名	基金公司（简称）	基金名称	投资类型（二级分类）	样本基金数量	同类基金中排名	期间内规模（亿）
1	诺德	诺德成长优势	偏股混合型基金	423	4	10.800
1	诺德	诺德周期策略	偏股混合型基金	423	28	0.732
1	诺德	诺德价值优势	偏股混合型基金	423	62	14.628
1	诺德	诺德优选30	偏股混合型基金	423	106	2.247
1	诺德	诺德中小盘	偏股混合型基金	423	234	1.022
1	诺德	诺德增强收益	混合债券型二级基金	189	175	0.624
1	诺德	诺德主题灵活配置	灵活配置型基金	136	53	0.368
1	诺德	诺德深证300分级	被动指数型基金	183	161	0.317
2	兴全	兴全可转债	偏债混合型基金	31	5	27.615
2	兴全	兴全轻资产	偏股混合型基金	423	1	27.038
2	兴全	兴全合润分级	偏股混合型基金	423	10	26.090
2	兴全	兴全商业模式优选	偏股混合型基金	423	12	5.817
2	兴全	兴全社会责任	偏股混合型基金	423	64	52.342
2	兴全	兴全精选	偏股混合型基金	423	161	6.615
2	兴全	兴全绿色投资	偏股混合型基金	423	186	10.788
2	兴全	兴全沪深300	增强指数型基金	32	3	12.597
2	兴全	兴全全球视野	普通股票型基金	24	16	37.121
2	兴全	兴全磐稳增利债券	混合债券型一级基金	125	4	15.965
2	兴全	兴全有机增长	灵活配置型基金	136	11	22.509
2	兴全	兴全趋势投资	灵活配置型基金	136	14	111.498
2	兴全	兴全货币A	货币市场型基金	236	45	46.931
3	中欧	中欧纯债添利分级	中长期纯债型基金	204	133	15.139
3	中欧	中欧稳健收益A	中长期纯债型基金	204	193	0.356
3	中欧	中欧稳健收益C	中长期纯债型基金	204	197	2.522
3	中欧	中欧价值发现A	偏股混合型基金	423	25	28.372
3	中欧	中欧新动力A	偏股混合型基金	423	31	10.129

整体投资回报能力排名	基金公司（简称）	基金名称	投资类型（二级分类）	样本基金数量	同类基金中排名	期间内规模（亿）
3	中欧	中欧新趋势 A	偏股混合型基金	423	35	17.522
3	中欧	中欧行业成长 A	偏股混合型基金	423	97	27.309
3	中欧	中欧增强回报 A	混合债券型一级基金	125	25	7.282
3	中欧	中欧新蓝筹 A	灵活配置型基金	136	19	26.390
3	中欧	中欧价值智选回报 A	灵活配置型基金	136	27	2.321
3	中欧	中欧成长优选回报 A	灵活配置型基金	136	99	3.128
3	中欧	中欧货币 B	货币市场型基金	236	90	80.446
3	中欧	中欧货币 A	货币市场型基金	236	162	1.581
4	民生加银	民生加银平稳添利 A	中长期纯债型基金	204	12	23.242
4	民生加银	民生加银平稳添利 C	中长期纯债型基金	204	20	0.559
4	民生加银	民生加银平稳增利 A	中长期纯债型基金	204	26	14.757
4	民生加银	民生加银平稳增利 C	中长期纯债型基金	204	40	1.352
4	民生加银	民生加银岁岁增利 A	中长期纯债型基金	204	44	7.839
4	民生加银	民生加银岁岁增利 C	中长期纯债型基金	204	56	10.019
4	民生加银	民生加银景气行业	偏股混合型基金	423	50	8.272
4	民生加银	民生加银稳健成长	偏股混合型基金	423	55	0.927
4	民生加银	民生加银内需增长	偏股混合型基金	423	103	2.615
4	民生加银	民生加银精选	偏股混合型基金	423	201	3.257
4	民生加银	民生加银增强收益 A	混合债券型二级基金	189	37	11.119
4	民生加银	民生加银增强收益 C	混合债券型二级基金	189	42	0.963
4	民生加银	民生加银信用双利 A	混合债券型二级基金	189	65	13.906
4	民生加银	民生加银信用双利 C	混合债券型二级基金	189	76	1.269
4	民生加银	民生加银转债优选 A	混合债券型二级基金	189	185	9.777
4	民生加银	民生加银转债优选 C	混合债券型二级基金	189	187	3.134
4	民生加银	民生加银策略精选	灵活配置型基金	136	5	3.937
4	民生加银	民生加银城镇化	灵活配置型基金	136	15	2.269

整体投资回报能力排名	基金公司(简称)	基金名称	投资类型(二级分类)	样本基金数量	同类基金中排名	期间内规模(亿)
4	民生加银	民生加银红利回报	灵活配置型基金	136	17	2.484
4	民生加银	民生加银品牌蓝筹	灵活配置型基金	136	20	2.008
4	民生加银	民生加银积极成长	灵活配置型基金	136	92	2.279
4	民生加银	民生加银中证内地资源	被动指数型基金	183	153	1.141
4	民生加银	民生加银家盈月度 B	货币市场型基金	236	6	80.111
4	民生加银	民生加银家盈月度 A	货币市场型基金	236	19	46.183
4	民生加银	民生加银现金宝 A	货币市场型基金	236	62	218.789
4	民生加银	民生加银现金增利 B	货币市场型基金	236	73	30.181
4	民生加银	民生加银家盈 7 天 A	货币市场型基金	236	126	23.780
4	民生加银	民生加银现金增利 A	货币市场型基金	236	144	11.675
4	民生加银	民生加银家盈 7 天 B	货币市场型基金	236	166	38.914
5	汇添富	汇添富高息债 A	中长期纯债型基金	204	38	0.793
5	汇添富	汇添富实业债 A	中长期纯债型基金	204	63	3.133
5	汇添富	汇添富高息债 C	中长期纯债型基金	204	86	0.625
5	汇添富	汇添富实业债 C	中长期纯债型基金	204	97	0.852
5	汇添富	汇添富年年利 A	中长期纯债型基金	204	186	5.671
5	汇添富	汇添富安心中国 C	中长期纯债型基金	204	188	0.445
5	汇添富	汇添富安心中国 A	中长期纯债型基金	204	191	1.606
5	汇添富	汇添富年年利 C	中长期纯债型基金	204	192	1.369
5	汇添富	汇添富价值精选 A	偏股混合型基金	423	5	69.356
5	汇添富	汇添富消费行业	偏股混合型基金	423	6	20.659
5	汇添富	汇添富成长焦点	偏股混合型基金	423	17	58.418
5	汇添富	汇添富民营活力 A	偏股混合型基金	423	41	32.410
5	汇添富	汇添富美丽 30	偏股混合型基金	423	48	18.353
5	汇添富	汇添富逆向投资	偏股混合型基金	423	57	3.333
5	汇添富	汇添富优势精选	偏股混合型基金	423	93	23.023

整体投资回报能力排名	基金公司（简称）	基金名称	投资类型（二级分类）	样本基金数量	同类基金中排名	期间内规模（亿）
5	汇添富	汇添富策略回报	偏股混合型基金	423	213	7.303
5	汇添富	汇添富均衡增长	偏股混合型基金	423	292	84.164
5	汇添富	汇添富社会责任	偏股混合型基金	423	307	19.636
5	汇添富	汇添富医药保健A	偏股混合型基金	423	333	25.308
5	汇添富	汇添富季季红	混合债券型一级基金	125	39	4.697
5	汇添富	汇添富增强收益A	混合债券型一级基金	125	82	3.585
5	汇添富	汇添富增强收益C	混合债券型一级基金	125	91	0.163
5	汇添富	汇添富多元收益A	混合债券型二级基金	189	35	5.151
5	汇添富	汇添富多元收益C	混合债券型二级基金	189	43	0.432
5	汇添富	汇添富可转债A	混合债券型二级基金	189	86	2.550
5	汇添富	汇添富可转债C	混合债券型二级基金	189	96	1.148
5	汇添富	汇添富双利增强C	混合债券型二级基金	189	110	0.073
5	汇添富	汇添富双利增强A	混合债券型二级基金	189	112	3.809
5	汇添富	汇添富蓝筹稳健	灵活配置型基金	136	8	20.348
5	汇添富	汇添富中证主要消费ETF	被动指数型基金	183	10	8.648
5	汇添富	汇添富中证金融地产ETF	被动指数型基金	183	42	1.741
5	汇添富	汇添富上证综指	被动指数型基金	183	86	24.805
5	汇添富	汇添富沪深300安中动态策略	被动指数型基金	183	102	1.920
5	汇添富	汇添富中证医药卫生ETF	被动指数型基金	183	125	2.550
5	汇添富	汇添富深证300ETF	被动指数型基金	183	143	0.996
5	汇添富	汇添富深证300ETF联接	被动指数型基金	183	146	0.636
5	汇添富	汇添富中证能源ETF	被动指数型基金	183	182	0.728
5	汇添富	汇添富理财60天B	货币市场型基金	236	8	15.751

续表 3-2

整体投资回报能力排名	基金公司（简称）	基金名称	投资类型（二级分类）	样本基金数量	同类基金中排名	期间内规模（亿）
5	汇添富	汇添富理财 30 天 B	货币市场型基金	236	14	156.619
5	汇添富	汇添富理财 7 天 B	货币市场型基金	236	15	79.509
5	汇添富	汇添富理财 60 天 A	货币市场型基金	236	28	5.355
5	汇添富	汇添富全额宝	货币市场型基金	236	46	459.815
5	汇添富	汇添富理财 30 天 A	货币市场型基金	236	48	8.792
5	汇添富	汇添富现金宝	货币市场型基金	236	65	402.765
5	汇添富	汇添富理财 7 天 A	货币市场型基金	236	78	7.783
5	汇添富	汇添富货币 B	货币市场型基金	236	122	107.166
5	汇添富	汇添富收益快线货币 B	货币市场型基金	236	147	79.840
5	汇添富	汇添富理财 14 天 B	货币市场型基金	236	149	82.338
5	汇添富	汇添富货币 A	货币市场型基金	236	182	4.167
5	汇添富	汇添富理财 14 天 A	货币市场型基金	236	197	2.931
5	汇添富	汇添富收益快线货币 A	货币市场型基金	236	221	55.634
6	大成	大成景旭纯债 A	中长期纯债型基金	204	75	0.881
6	大成	大成景旭纯债 C	中长期纯债型基金	204	99	1.220
6	大成	大成财富管理 2020	偏债混合型基金	31	31	42.722
6	大成	大成优选	偏股混合型基金	423	21	15.069
6	大成	大成内需增长 A	偏股混合型基金	423	39	3.816
6	大成	大成策略回报	偏股混合型基金	423	45	15.111
6	大成	大成精选增值	偏股混合型基金	423	84	15.618
6	大成	大成积极成长	偏股混合型基金	423	92	11.954
6	大成	大成景阳领先	偏股混合型基金	423	129	14.982
6	大成	大成行业轮动	偏股混合型基金	423	134	1.981
6	大成	大成核心双动力	偏股混合型基金	423	143	1.110
6	大成	大成新锐产业	偏股混合型基金	423	166	1.165
6	大成	大成创新成长	偏股混合型基金	423	178	46.533

续表 3-2

整体投资回报能力排名	基金公司（简称）	基金名称	投资类型（二级分类）	样本基金数量	同类基金中排名	期间内规模（亿）
6	大成	大成景恒 A	偏股混合型基金	423	216	3.005
6	大成	大成蓝筹稳健	偏股混合型基金	423	287	55.942
6	大成	大成消费主题	偏股混合型基金	423	403	0.462
6	大成	大成价值增长	平衡混合型基金	21	4	43.413
6	大成	大成债券 AB	混合债券型一级基金	125	6	2.929
6	大成	大成债券 C	混合债券型一级基金	125	7	1.782
6	大成	大成景兴信用债 A	混合债券型一级基金	125	10	1.702
6	大成	大成景兴信用债 C	混合债券型一级基金	125	13	0.360
6	大成	大成景祥分级	混合债券型一级基金	125	45	20.293
6	大成	大成景丰	混合债券型二级基金	189	40	2.903
6	大成	大成强化收益 B	混合债券型二级基金	189	150	0.335
6	大成	大成强化收益 A	混合债券型二级基金	189	151	0.335
6	大成	大成可转债	混合债券型二级基金	189	180	0.484
6	大成	大成中证红利	被动指数型基金	183	3	1.895
6	大成	大成中证 100ETF	被动指数型基金	183	44	0.653
6	大成	大成沪深 300	被动指数型基金	183	90	29.049
6	大成	大成中证 500 沪市 ETF	被动指数型基金	183	142	0.443
6	大成	大成中证 500 深市 ETF	被动指数型基金	183	150	0.375
6	大成	大成深证成长 40ETF 联接	被动指数型基金	183	177	6.072
6	大成	大成深证成长 40ETF	被动指数型基金	183	179	5.905
6	大成	大成月月盈 B	货币市场型基金	236	1	144.861
6	大成	大成月添利理财 B	货币市场型基金	236	9	77.038
6	大成	大成月月盈 A	货币市场型基金	236	10	0.936
6	大成	大成月添利理财 A	货币市场型基金	236	31	13.340
6	大成	大成现金增利 B	货币市场型基金	236	64	23.114

整体投资回报能力排名	基金公司（简称）	基金名称	投资类型（二级分类）	样本基金数量	同类基金中排名	期间内规模（亿）
6	大成	大成现金宝 B	货币市场型基金	236	96	8.745
6	大成	大成货币 B	货币市场型基金	236	132	69.626
6	大成	大成现金增利 A	货币市场型基金	236	133	27.376
6	大成	大成货币 A	货币市场型基金	236	187	12.003
6	大成	大成现金宝 A	货币市场型基金	236	212	6.846
7	长安	长安宏观策略	偏股混合型基金	423	235	0.602
7	长安	长安 300 非周期	被动指数型基金	183	108	0.391
7	长安	长安货币 B	货币市场型基金	236	56	27.743
7	长安	长安货币 A	货币市场型基金	236	117	0.565
8	华富	华富保本	偏债混合型基金	31	17	3.627
8	华富	华富竞争力优选	偏股混合型基金	423	259	7.380
8	华富	华富成长趋势	偏股混合型基金	423	276	7.429
8	华富	华富量子生命力	偏股混合型基金	423	342	0.511
8	华富	华富中小板	增强指数型基金	32	32	0.324
8	华富	华富强化回报	混合债券型一级基金	125	8	7.362
8	华富	华富收益增强 A	混合债券型一级基金	125	9	12.934
8	华富	华富收益增强 B	混合债券型一级基金	125	14	1.615
8	华富	华富价值增长	灵活配置型基金	136	33	1.525
8	华富	华富策略精选	灵活配置型基金	136	90	0.323
8	华富	华富中证 100	被动指数型基金	183	30	1.032
8	华富	华富货币 A	货币市场型基金	236	156	7.255
9	易方达	易方达永旭添利	中长期纯债型基金	204	27	14.985
9	易方达	易方达信用债 A	中长期纯债型基金	204	65	9.023
9	易方达	易方达聚盈分级	中长期纯债型基金	204	66	5.678
9	易方达	易方达投资级信用债 A	中长期纯债型基金	204	69	6.618
9	易方达	易方达投资级信用债 C	中长期纯债型基金	204	83	0.926

整体投资回报能力排名	基金公司（简称）	基金名称	投资类型（二级分类）	样本基金数量	同类基金中排名	期间内规模（亿）
9	易方达	易方达信用债 C	中长期纯债型基金	204	95	4.423
9	易方达	易方达纯债 1 年 A	中长期纯债型基金	204	106	10.711
9	易方达	易方达高等级信用债 A	中长期纯债型基金	204	122	15.779
9	易方达	易方达高等级信用债 C	中长期纯债型基金	204	124	5.005
9	易方达	易方达纯债 1 年 C	中长期纯债型基金	204	125	1.729
9	易方达	易方达纯债 A	中长期纯债型基金	204	132	6.320
9	易方达	易方达纯债 C	中长期纯债型基金	204	153	2.898
9	易方达	易方达裕惠回报	偏债混合型基金	31	4	22.205
9	易方达	易方达中小盘	偏股混合型基金	423	11	50.772
9	易方达	易方达科翔	偏股混合型基金	423	42	13.558
9	易方达	易方达行业领先	偏股混合型基金	423	147	9.790
9	易方达	易方达价值精选	偏股混合型基金	423	190	32.290
9	易方达	易方达资源行业	偏股混合型基金	423	273	5.628
9	易方达	易方达医疗保健	偏股混合型基金	423	328	27.620
9	易方达	易方达积极成长	偏股混合型基金	423	353	35.717
9	易方达	易方达科讯	偏股混合型基金	423	370	53.022
9	易方达	易方达策略 2 号	偏股混合型基金	423	410	28.230
9	易方达	易方达策略成长	偏股混合型基金	423	413	31.931
9	易方达	易方达上证 50 指数 A	增强指数型基金	32	2	118.615
9	易方达	易方达沪深 300 量化	增强指数型基金	32	8	4.924
9	易方达	易方达平稳增长	平衡混合型基金	21	3	19.590
9	易方达	易方达消费行业	普通股票型基金	24	5	79.877
9	易方达	基金科瑞	普通股票型基金	24	14	29.269
9	易方达	易方达岁丰添利	混合债券型一级基金	125	2	4.200
9	易方达	易方达增强回报 A	混合债券型一级基金	125	12	22.516
9	易方达	易方达增强回报 B	混合债券型一级基金	125	18	15.287

整体投资回报能力排名	基金公司（简称）	基金名称	投资类型（二级分类）	样本基金数量	同类基金中排名	期间内规模（亿）
9	易方达	易方达双债增强 A	混合债券型一级基金	125	86	0.510
9	易方达	易方达双债增强 C	混合债券型一级基金	125	98	0.310
9	易方达	易方达安心回报 A	混合债券型二级基金	189	1	18.250
9	易方达	易方达安心回报 B	混合债券型二级基金	189	4	14.879
9	易方达	易方达稳健收益 B	混合债券型二级基金	189	13	31.081
9	易方达	易方达裕丰回报	混合债券型二级基金	189	14	17.465
9	易方达	易方达稳健收益 A	混合债券型二级基金	189	15	9.117
9	易方达	易方达新兴成长	灵活配置型基金	136	56	11.796
9	易方达	易方达价值成长	灵活配置型基金	136	98	101.473
9	易方达	易方达科汇	灵活配置型基金	136	107	15.428
9	易方达	易方达中债新综合 A	被动指数型债券基金	19	1	0.777
9	易方达	易方达中债新综合 C	被动指数型债券基金	19	2	0.213
9	易方达	易方达沪深 300ETF	被动指数型基金	183	66	52.430
9	易方达	易方达沪深 300ETF 联接	被动指数型基金	183	67	45.022
9	易方达	易方达沪深 300 医药卫生 ETF	被动指数型基金	183	81	3.724
9	易方达	易方达上证中盘 ETF	被动指数型基金	183	88	4.732
9	易方达	易方达上证中盘 ETF 联接 A	被动指数型基金	183	93	3.655
9	易方达	易方达深证 100ETF 联接 A	被动指数型基金	183	112	34.708
9	易方达	易方达深证 100ETF	被动指数型基金	183	115	76.141
9	易方达	易方达创业板 ETF	被动指数型基金	183	164	97.681
9	易方达	易方达中小板指数	被动指数型基金	183	175	0.853
9	易方达	易方达创业板 ETF 联接 A	被动指数型基金	183	178	14.738
9	易方达	易方达月月利 B	货币市场型基金	236	2	159.947

整体投资回报能力排名	基金公司（简称）	基金名称	投资类型（二级分类）	样本基金数量	同类基金中排名	期间内规模（亿）
9	易方达	易方达双月利 B	货币市场型基金	236	3	6.761
9	易方达	易方达月利 A	货币市场型基金	236	12	4.023
9	易方达	易方达双月利 A	货币市场型基金	236	20	1.047
9	易方达	易方达天天 R	货币市场型基金	236	26	25.424
9	易方达	易方达天天 B	货币市场型基金	236	27	217.390
9	易方达	易方达易理财	货币市场型基金	236	37	890.881
9	易方达	易方达天天 A	货币市场型基金	236	71	251.360
9	易方达	易方达货币 B	货币市场型基金	236	142	323.132
9	易方达	易方达保证金 B	货币市场型基金	236	151	5.153
9	易方达	易方达货币 A	货币市场型基金	236	191	58.064
9	易方达	易方达保证金 A	货币市场型基金	236	208	4.344
10	金鹰	金鹰元安 A	偏债混合型基金	31	21	1.047
10	金鹰	金鹰稳健成长	偏股混合型基金	423	119	6.185
10	金鹰	金鹰行业优势	偏股混合型基金	423	122	4.158
10	金鹰	金鹰中小盘精选	偏股混合型基金	423	174	9.512
10	金鹰	金鹰主题优势	偏股混合型基金	423	222	3.913
10	金鹰	金鹰策略配置	偏股混合型基金	423	236	0.862
10	金鹰	金鹰核心资源	偏股混合型基金	423	418	4.716
10	金鹰	金鹰红利价值	灵活配置型基金	136	26	1.331
10	金鹰	金鹰成分股优选	灵活配置型基金	136	91	7.676
10	金鹰	金鹰货币 B	货币市场型基金	236	43	109.079
10	金鹰	金鹰货币 A	货币市场型基金	236	92	4.536
11	国海富兰克林	国富恒久信用 A	中长期纯债型基金	204	91	3.609
11	国海富兰克林	国富恒久信用 C	中长期纯债型基金	204	107	0.936
11	国海富兰克林	国富弹性市值	偏股混合型基金	423	52	32.073
11	国海富兰克林	国富潜力组合 A 人民币	偏股混合型基金	423	193	23.726

整体投资回报能力排名	基金公司（简称）	基金名称	投资类型（二级分类）	样本基金数量	同类基金中排名	期间内规模（亿）
11	国海富兰克林	国富成长动力	偏股混合型基金	423	277	0.974
11	国海富兰克林	国富研究精选	偏股混合型基金	423	334	0.527
11	国海富兰克林	国富深化价值	偏股混合型基金	423	404	6.113
11	国海富兰克林	国富沪深 300	增强指数型基金	32	22	3.436
11	国海富兰克林	国富中国收益	平衡混合型基金	21	6	4.037
11	国海富兰克林	国富中小盘	普通股票型基金	24	2	13.479
11	国海富兰克林	国富岁岁恒丰 A	混合债券型一级基金	125	64	3.187
11	国海富兰克林	国富岁岁恒丰 C	混合债券型一级基金	125	75	0.955
11	国海富兰克林	国富强化收益 A	混合债券型二级基金	189	59	5.590
11	国海富兰克林	国富强化收益 C	混合债券型二级基金	189	69	0.050
11	国海富兰克林	国富焦点驱动灵活配置	灵活配置型基金	136	34	8.248
11	国海富兰克林	国富策略回报	灵活配置型基金	136	101	1.782
11	国海富兰克林	国富日日收益 B	货币市场型基金	236	108	15.229
11	国海富兰克林	国富日日收益 A	货币市场型基金	236	172	2.393
12	长信	长信纯债一年 A	中长期纯债型基金	204	37	3.338
12	长信	长信纯债一年 C	中长期纯债型基金	204	49	0.579
12	长信	长信纯债壹号 A	中长期纯债型基金	204	128	3.420
12	长信	长信量化先锋 A	偏股混合型基金	423	26	11.721
12	长信	长信银利精选	偏股混合型基金	423	110	13.926
12	长信	长信增利策略	偏股混合型基金	423	117	13.108
12	长信	长信内需成长 A	偏股混合型基金	423	118	10.606
12	长信	长信金利趋势	偏股混合型基金	423	169	31.207
12	长信	长信恒利优势	偏股混合型基金	423	208	1.172
12	长信	长信可转债 A	混合债券型二级基金	189	6	1.841
12	长信	长信可转债 C	混合债券型二级基金	189	9	4.202
12	长信	长信利丰 C	混合债券型二级基金	189	33	9.008

整体投资回报能力排名	基金公司（简称）	基金名称	投资类型（二级分类）	样本基金数量	同类基金中排名	期间内规模（亿）
12	长信	长信医疗保健行业	灵活配置型基金	136	45	0.617
12	长信	长信双利优选 A	灵活配置型基金	136	61	7.970
12	长信	长信利息收益 B	货币市场型基金	236	114	48.180
12	长信	长信利息收益 A	货币市场型基金	236	176	5.151
13	广发	广发集利一年 A	中长期纯债型基金	204	11	18.781
13	广发	广发纯债 A	中长期纯债型基金	204	17	5.678
13	广发	广发集利一年 C	中长期纯债型基金	204	19	3.263
13	广发	广发纯债 C	中长期纯债型基金	204	22	3.577
13	广发	广发双债添利 A	中长期纯债型基金	204	68	6.108
13	广发	广发双债添利 C	中长期纯债型基金	204	82	0.548
13	广发	广发聚源 A	中长期纯债型基金	204	162	18.254
13	广发	广发聚源 C	中长期纯债型基金	204	177	2.359
13	广发	广发消费品精选	偏股混合型基金	423	49	3.725
13	广发	广发稳健增长	偏股混合型基金	423	73	53.643
13	广发	广发行业领先 A	偏股混合型基金	423	164	20.538
13	广发	广发制造业精选	偏股混合型基金	423	195	2.710
13	广发	广发新经济	偏股混合型基金	423	202	7.597
13	广发	广发大盘成长	偏股混合型基金	423	241	47.491
13	广发	广发轮动配置	偏股混合型基金	423	266	15.606
13	广发	广发小盘成长	偏股混合型基金	423	294	41.050
13	广发	广发核心精选	偏股混合型基金	423	296	24.747
13	广发	广发聚瑞	偏股混合型基金	423	349	19.757
13	广发	广发聚丰	偏股混合型基金	423	367	113.114
13	广发	广发策略优选	偏股混合型基金	423	368	49.063
13	广发	广发聚富	平衡混合型基金	21	15	30.207
13	广发	广发聚利	混合债券型一级基金	125	11	6.227

整体投资回报能力排名	基金公司（简称）	基金名称	投资类型（二级分类）	样本基金数量	同类基金中排名	期间内规模（亿）
13	广发	广发聚财信用 A	混合债券型一级基金	125	15	7.073
13	广发	广发聚财信用 B	混合债券型一级基金	125	19	2.204
13	广发	广发增强债券	混合债券型一级基金	125	38	7.611
13	广发	广发聚鑫 A	混合债券型二级基金	189	17	3.029
13	广发	广发聚鑫 C	混合债券型二级基金	189	22	1.629
13	广发	广发趋势优选	灵活配置型基金	136	31	1.610
13	广发	广发成长优选	灵活配置型基金	136	66	1.965
13	广发	广发聚优 A	灵活配置型基金	136	87	15.071
13	广发	广发内需增长	灵活配置型基金	136	121	7.975
13	广发	广发中债金融债 A	被动指数型债券基金	19	15	1.045
13	广发	广发中债金融债 C	被动指数型债券基金	19	17	1.946
13	广发	广发沪深 300ETF 联接 A	被动指数型基金	183	83	15.891
13	广发	广发深证 100 分级	被动指数型基金	183	129	0.471
13	广发	广发中证 500ETF	被动指数型基金	183	135	32.398
13	广发	广发中证 500ETF 联接 A	被动指数型基金	183	139	21.124
13	广发	广发中小板 300ETF	被动指数型基金	183	147	3.566
13	广发	广发中小板 300ETF 联接	被动指数型基金	183	163	3.037
13	广发	广发理财 30 天 B	货币市场型基金	236	4	322.805
13	广发	广发理财 7 天 B	货币市场型基金	236	13	130.327
13	广发	广发理财 30 天 A	货币市场型基金	236	23	19.423
13	广发	广发理财 7 天 A	货币市场型基金	236	32	3.002
13	广发	广发现金宝 B	货币市场型基金	236	47	19.903
13	广发	广发货币 B	货币市场型基金	236	60	218.243
13	广发	广发天天红 A	货币市场型基金	236	76	44.558

整体投资回报能力排名	基金公司（简称）	基金名称	投资类型（二级分类）	样本基金数量	同类基金中排名	期间内规模（亿）
13	广发	广发货币 A	货币市场型基金	236	128	85.187
13	广发	广发现金宝 A	货币市场型基金	236	195	12.843
14	安信	安信永利信用 A	中长期纯债型基金	204	34	1.231
14	安信	安信永利信用 C	中长期纯债型基金	204	48	0.356
14	安信	安信目标收益 A	中长期纯债型基金	204	72	0.733
14	安信	安信目标收益 C	中长期纯债型基金	204	105	0.416
14	安信	安信平稳增长 A	灵活配置型基金	136	35	0.733
14	安信	安信灵活配置	灵活配置型基金	136	79	0.630
14	安信	安信鑫发优选	灵活配置型基金	136	117	2.962
14	安信	安信现金管理货币 B	货币市场型基金	236	59	43.280
14	安信	安信现金管理货币 A	货币市场型基金	236	129	2.650
15	浦银安盛	浦银安盛幸福回报 A	中长期纯债型基金	204	78	4.180
15	浦银安盛	浦银安盛幸福回报 B	中长期纯债型基金	204	100	0.658
15	浦银安盛	浦银安盛季季添利 A	中长期纯债型基金	204	120	10.915
15	浦银安盛	浦银安盛 6 个月 A	中长期纯债型基金	204	137	2.765
15	浦银安盛	浦银安盛季季添利 C	中长期纯债型基金	204	144	0.839
15	浦银安盛	浦银安盛 6 个月 C	中长期纯债型基金	204	151	0.471
15	浦银安盛	浦银安盛红利精选	偏股混合型基金	423	194	0.871
15	浦银安盛	浦银安盛价值成长 A	偏股混合型基金	423	306	7.783
15	浦银安盛	浦银安盛沪深 300	增强指数型基金	32	12	1.278
15	浦银安盛	浦银安盛优化收益 A	混合债券型二级基金	189	141	0.862
15	浦银安盛	浦银安盛优化收益 C	混合债券型二级基金	189	149	0.501
15	浦银安盛	浦银安盛战略新兴产业	灵活配置型基金	136	82	2.081
15	浦银安盛	浦银安盛精致生活	灵活配置型基金	136	85	1.724
15	浦银安盛	浦银安盛消费升级 A	灵活配置型基金	136	102	3.036
15	浦银安盛	浦银安盛基本面 400	被动指数型基金	183	122	0.676

整体投资回报能力排名	基金公司（简称）	基金名称	投资类型（二级分类）	样本基金数量	同类基金中排名	期间内规模（亿）
15	浦银安盛	浦银安盛货币 B	货币市场型基金	236	61	199.340
15	浦银安盛	浦银安盛货币 A	货币市场型基金	236	130	3.303
16	富安达	富安达信用主题轮动 A	中长期纯债型基金	204	200	0.266
16	富安达	富安达信用主题轮动 C	中长期纯债型基金	204	202	0.308
16	富安达	富安达优势成长	偏股混合型基金	423	133	6.468
16	富安达	富安达增强收益 A	混合债券型二级基金	189	181	0.226
16	富安达	富安达增强收益 C	混合债券型二级基金	189	182	0.252
16	富安达	富安达策略精选	灵活配置型基金	136	9	2.460
16	富安达	富安达现金通货币 B	货币市场型基金	236	101	3.851
16	富安达	富安达现金通货币 A	货币市场型基金	236	169	0.445
17	新华	新华安享惠金 A	中长期纯债型基金	204	3	1.169
17	新华	新华安享惠金 C	中长期纯债型基金	204	4	0.451
17	新华	新华纯债添利 A	中长期纯债型基金	204	51	18.552
17	新华	新华纯债添利 C	中长期纯债型基金	204	70	3.767
17	新华	新华趋势领航	偏股混合型基金	423	37	6.054
17	新华	新华优选消费	偏股混合型基金	423	67	1.478
17	新华	新华中小市值优选	偏股混合型基金	423	108	1.223
17	新华	新华钻石品质企业	偏股混合型基金	423	141	4.282
17	新华	新华行业周期轮换	偏股混合型基金	423	207	3.041
17	新华	新华灵活主题	偏股混合型基金	423	252	0.365
17	新华	新华优选分红	偏股混合型基金	423	261	14.241
17	新华	新华优选成长	偏股混合型基金	423	321	19.429
17	新华	新华增怡 C	混合债券型二级基金	189	91	6.068
17	新华	新华增怡 A	混合债券型二级基金	189	105	9.397
17	新华	新华行业轮换配置 A	灵活配置型基金	136	2	7.739
17	新华	新华泛资源优势	灵活配置型基金	136	6	5.741

整体投资回报能力排名	基金公司（简称）	基金名称	投资类型（二级分类）	样本基金数量	同类基金中排名	期间内规模（亿）
17	新华	新华壹诺宝 A	货币市场型基金	236	178	2.690
18	华润元大	华润元大安鑫	灵活配置型基金	136	41	3.150
18	华润元大	华润元大现金收益 B	货币市场型基金	236	80	11.289
18	华润元大	华润元大现金收益 A	货币市场型基金	236	153	0.670
19	建信	建信纯债 A	中长期纯债型基金	204	90	2.143
19	建信	建信纯债 C	中长期纯债型基金	204	112	4.133
19	建信	建信安心回报 A	中长期纯债型基金	204	175	12.763
19	建信	建信安心回报 C	中长期纯债型基金	204	185	12.296
19	建信	建信安心保本	偏债混合型基金	31	8	14.500
19	建信	建信创新中国	偏股混合型基金	423	30	4.765
19	建信	建信优选成长 A	偏股混合型基金	423	61	17.958
19	建信	建信内生动力	偏股混合型基金	423	125	12.347
19	建信	建信消费升级	偏股混合型基金	423	142	3.499
19	建信	建信社会责任	偏股混合型基金	423	191	0.349
19	建信	建信核心精选	偏股混合型基金	423	221	8.322
19	建信	建信优化配置	偏股混合型基金	423	264	40.613
19	建信	建信优势动力	偏股混合型基金	423	272	11.809
19	建信	建信恒久价值	偏股混合型基金	423	356	14.158
19	建信	建信深证 100	增强指数型基金	32	19	2.108
19	建信	建信双利策略主题	普通股票型基金	24	12	3.814
19	建信	建信稳定增利 C	混合债券型一级基金	125	24	10.983
19	建信	建信安心回报两年 A	混合债券型一级基金	125	84	1.760
19	建信	建信安心回报两年 C	混合债券型一级基金	125	94	1.316
19	建信	建信信用增强 A	混合债券型一级基金	125	110	4.012
19	建信	建信双债增强 A	混合债券型一级基金	125	120	3.732
19	建信	建信双债增强 C	混合债券型一级基金	125	122	2.347

整体投资回报能力排名	基金公司（简称）	基金名称	投资类型（二级分类）	样本基金数量	同类基金中排名	期间内规模（亿）
19	建信	建信转债增强 A	混合债券型二级基金	189	7	0.622
19	建信	建信转债增强 C	混合债券型二级基金	189	8	1.151
19	建信	建信双息红利 A	混合债券型二级基金	189	36	4.987
19	建信	建信收益增强 A	混合债券型二级基金	189	48	2.131
19	建信	建信收益增强 C	混合债券型二级基金	189	56	1.599
19	建信	建信稳定添利 A	混合债券型二级基金	189	82	3.023
19	建信	建信恒稳价值	灵活配置型基金	136	46	0.526
19	建信	建信深证基本面 60ETF	被动指数型基金	183	4	2.650
19	建信	建信深证基本面 60ETF 联接 A	被动指数型基金	183	8	2.476
19	建信	建信上证社会责任 ETF	被动指数型基金	183	21	2.125
19	建信	建信央视财经 50	被动指数型基金	183	28	6.776
19	建信	建信上证社会责任 ETF 联接	被动指数型基金	183	29	2.196
19	建信	建信沪深 300	被动指数型基金	183	72	12.534
19	建信	建信月盈安心理财 B	货币市场型基金	236	16	98.634
19	建信	建信双周安心理财 B	货币市场型基金	236	22	86.408
19	建信	建信双月安心 B	货币市场型基金	236	33	40.988
19	建信	建信月盈安心理财 A	货币市场型基金	236	49	7.070
19	建信	建信周盈安心理财 B	货币市场型基金	236	63	4.596
19	建信	建信双周安心理财 A	货币市场型基金	236	72	14.664
19	建信	建信双月安心 A	货币市场型基金	236	94	3.729
19	建信	建信周盈安心理财 A	货币市场型基金	236	143	13.803
19	建信	建信货币 A	货币市场型基金	236	161	163.817
20	华泰柏瑞	华泰柏瑞稳健收益 A	中长期纯债型基金	204	67	19.905
20	华泰柏瑞	华泰柏瑞稳健收益 C	中长期纯债型基金	204	92	1.252
20	华泰柏瑞	华泰柏瑞丰盛纯债 A	中长期纯债型基金	204	104	1.132

整体投资回报能力排名	基金公司（简称）	基金名称	投资类型（二级分类）	样本基金数量	同类基金中排名	期间内规模（亿）
20	华泰柏瑞	华泰柏瑞丰盛纯债 C	中长期纯债型基金	204	126	0.291
20	华泰柏瑞	华泰柏瑞量化 A	偏股混合型基金	423	27	25.063
20	华泰柏瑞	华泰柏瑞价值增长	偏股混合型基金	423	40	3.365
20	华泰柏瑞	华泰柏瑞量化先行	偏股混合型基金	423	101	20.407
20	华泰柏瑞	华泰柏瑞行业领先	偏股混合型基金	423	176	5.431
20	华泰柏瑞	华泰柏瑞积极成长 A	偏股混合型基金	423	198	16.957
20	华泰柏瑞	华泰柏瑞盛世中国	偏股混合型基金	423	275	31.730
20	华泰柏瑞	华泰柏瑞季季红	混合债券型一级基金	125	66	3.105
20	华泰柏瑞	华泰柏瑞信用增利	混合债券型一级基金	125	103	1.372
20	华泰柏瑞	华泰柏瑞增利 A	混合债券型二级基金	189	154	0.355
20	华泰柏瑞	华泰柏瑞增利 B	混合债券型二级基金	189	157	0.418
20	华泰柏瑞	华泰柏瑞红利 ETF	被动指数型基金	183	19	17.697
20	华泰柏瑞	华泰柏瑞沪深 300ETF	被动指数型基金	183	76	238.430
20	华泰柏瑞	华泰柏瑞沪深 300ETF 联接 A	被动指数型基金	183	82	2.888
20	华泰柏瑞	华泰柏瑞上证中小盘 ETF	被动指数型基金	183	103	0.693
20	华泰柏瑞	华泰柏瑞上证中小盘 ETF 联接	被动指数型基金	183	110	0.454
20	华泰柏瑞	华泰柏瑞货币 B	货币市场型基金	236	84	89.373
20	华泰柏瑞	华泰柏瑞货币 A	货币市场型基金	236	157	6.726
21	富国	富国强回报 A	中长期纯债型基金	204	14	4.194
21	富国	富国强回报 C	中长期纯债型基金	204	25	3.558
21	富国	富国两年期纯债	中长期纯债型基金	204	59	5.538
21	富国	富国产业债	中长期纯债型基金	204	77	25.443
21	富国	富国信用债 A	中长期纯债型基金	204	98	11.139
21	富国	富国信用债 C	中长期纯债型基金	204	119	1.006

整体投资回报能力排名	基金公司（简称）	基金名称	投资类型（二级分类）	样本基金数量	同类基金中排名	期间内规模（亿）
21	富国	富国一年期纯债	中长期纯债型基金	204	138	25.211
21	富国	富国纯债 AB	中长期纯债型基金	204	139	2.017
21	富国	富国国有企业债 AB	中长期纯债型基金	204	143	2.312
21	富国	富国国有企业债 C	中长期纯债型基金	204	160	0.288
21	富国	富国纯债 C	中长期纯债型基金	204	165	1.442
21	富国	富国天合稳健优选	偏股混合型基金	423	33	29.089
21	富国	富国低碳环保	偏股混合型基金	423	66	26.804
21	富国	富国天惠精选成长 A	偏股混合型基金	423	71	44.061
21	富国	富国医疗保健行业	偏股混合型基金	423	91	8.842
21	富国	富国通胀通缩主题	偏股混合型基金	423	94	1.555
21	富国	富国天益价值	偏股混合型基金	423	107	47.914
21	富国	富国天瑞强势精选	偏股混合型基金	423	130	35.712
21	富国	富国天博创新主题	偏股混合型基金	423	155	33.799
21	富国	富国高新技术产业	偏股混合型基金	423	231	1.612
21	富国	富国中证红利	增强指数型基金	32	1	15.299
21	富国	富国沪深 300	增强指数型基金	32	4	33.682
21	富国	富国中证 500	增强指数型基金	32	16	10.197
21	富国	富国天源沪港深	平衡混合型基金	21	5	7.959
21	富国	富国天利增长债券	混合债券型一级基金	125	40	27.734
21	富国	富国新天锋	混合债券型一级基金	125	83	5.734
21	富国	富国天丰强化收益	混合债券型一级基金	125	99	15.938
21	富国	富国可转债	混合债券型二级基金	189	20	8.524
21	富国	富国优化增强 B	混合债券型二级基金	189	67	4.633
21	富国	富国优化增强 A	混合债券型二级基金	189	68	4.633
21	富国	富国稳健增强 AB	混合债券型二级基金	189	71	4.726
21	富国	富国优化增强 C	混合债券型二级基金	189	79	1.669

整体投资回报能力排名	基金公司（简称）	基金名称	投资类型（二级分类）	样本基金数量	同类基金中排名	期间内规模（亿）
21	富国	富国稳健增强 C	混合债券型二级基金	189	84	1.997
21	富国	富国宏观策略	灵活配置型基金	136	42	4.404
21	富国	富国天成红利	灵活配置型基金	136	74	24.730
21	富国	富国上证综指 ETF	被动指数型基金	183	97	1.993
21	富国	富国上证综指 ETF 联接	被动指数型基金	183	101	1.751
21	富国	富国创业板指数分级	被动指数型基金	183	176	8.974
21	富国	富国天时货币 B	货币市场型基金	236	95	136.461
21	富国	富国天时货币 A	货币市场型基金	236	167	128.811
22	工银瑞信	工银信用纯债一年 A	中长期纯债型基金	204	60	19.767
22	工银瑞信	工银信用纯债一年 C	中长期纯债型基金	204	94	14.295
22	工银瑞信	工银瑞信信用纯债 A	中长期纯债型基金	204	168	4.953
22	工银瑞信	工银瑞信纯债	中长期纯债型基金	204	170	25.759
22	工银瑞信	工银瑞信信用纯债两年 A	中长期纯债型基金	204	173	5.479
22	工银瑞信	工银瑞信信用纯债 B	中长期纯债型基金	204	179	2.410
22	工银瑞信	工银信用纯债两年 C	中长期纯债型基金	204	181	1.799
22	工银瑞信	工银瑞信保本 3 号 A	偏债混合型基金	31	14	13.209
22	工银瑞信	工银瑞信保本 3 号 B	偏债混合型基金	31	18	2.013
22	工银瑞信	工银瑞信金融地产	偏股混合型基金	423	3	9.882
22	工银瑞信	工银瑞信大盘蓝筹	偏股混合型基金	423	83	5.229
22	工银瑞信	工银瑞信量化策略	偏股混合型基金	423	86	1.873
22	工银瑞信	工银瑞信消费服务	偏股混合型基金	423	109	8.645
22	工银瑞信	工银瑞信信息产业	偏股混合型基金	423	167	2.859
22	工银瑞信	工银瑞信核心价值 A	偏股混合型基金	423	251	58.509
22	工银瑞信	工银瑞信中小盘成长	偏股混合型基金	423	312	3.579
22	工银瑞信	工银瑞信主题策略	偏股混合型基金	423	344	4.150

整体投资回报能力排名	基金公司（简称）	基金名称	投资类型（二级分类）	样本基金数量	同类基金中排名	期间内规模（亿）
22	工银瑞信	工银瑞信精选平衡	偏股混合型基金	423	355	23.885
22	工银瑞信	工银瑞信红利	偏股混合型基金	423	373	10.401
22	工银瑞信	工银瑞信稳健成长 A	偏股混合型基金	423	419	24.335
22	工银瑞信	工银瑞信四季收益	混合债券型一级基金	125	31	16.154
22	工银瑞信	工银瑞信信用添利 A	混合债券型一级基金	125	34	11.753
22	工银瑞信	工银瑞信信用添利 B	混合债券型一级基金	125	44	3.003
22	工银瑞信	工银瑞信增强收益 A	混合债券型一级基金	125	68	11.468
22	工银瑞信	工银瑞信增强收益 B	混合债券型一级基金	125	77	5.674
22	工银瑞信	工银瑞信添福 A	混合债券型二级基金	189	26	6.225
22	工银瑞信	工银瑞信添福 B	混合债券型二级基金	189	27	2.038
22	工银瑞信	工银瑞信添颐 A	混合债券型二级基金	189	28	2.602
22	工银瑞信	工银瑞信双利 A	混合债券型二级基金	189	31	33.629
22	工银瑞信	工银瑞信双利 B	混合债券型二级基金	189	38	3.861
22	工银瑞信	工银瑞信添颐 B	混合债券型二级基金	189	41	4.299
22	工银瑞信	工银瑞信产业债 A	混合债券型二级基金	189	45	5.010
22	工银瑞信	工银瑞信产业债 B	混合债券型二级基金	189	51	6.127
22	工银瑞信	工银瑞信月月薪 A	混合债券型二级基金	189	60	17.444
22	工银瑞信	工银瑞信深证红利 ETF	被动指数型基金	183	9	7.206
22	工银瑞信	工银瑞信深证红利 ETF 联接	被动指数型基金	183	14	6.451
22	工银瑞信	工银上证央企 50ETF	被动指数型基金	183	32	3.370
22	工银瑞信	工银瑞信沪深 300	被动指数型基金	183	77	26.586
22	工银瑞信	工银瑞信中证 500	被动指数型基金	183	155	1.076
22	工银瑞信	工银瑞信 60 天理财 B	货币市场型基金	236	5	14.106
22	工银瑞信	工银瑞信 14 天理财 B	货币市场型基金	236	21	50.581
22	工银瑞信	工银瑞信 60 天理财 A	货币市场型基金	236	24	12.923

整体投资回报能力排名	基金公司（简称）	基金名称	投资类型（二级分类）	样本基金数量	同类基金中排名	期间内规模（亿）
22	工银瑞信	工银瑞信 7 天理财 B	货币市场型基金	236	35	65.889
22	工银瑞信	工银瑞信 14 天理财 A	货币市场型基金	236	67	15.017
22	工银瑞信	工银瑞信货币	货币市场型基金	236	79	1 505.739
22	工银瑞信	工银瑞信 7 天理财 A	货币市场型基金	236	98	116.582
23	摩根士丹利华鑫	大摩纯债稳定增利	中长期纯债型基金	204	9	10.159
23	摩根士丹利华鑫	大摩双利增强 A	中长期纯债型基金	204	39	10.673
23	摩根士丹利华鑫	大摩双利增强 C	中长期纯债型基金	204	42	5.297
23	摩根士丹利华鑫	大摩主题优选	偏股混合型基金	423	32	1.619
23	摩根士丹利华鑫	大摩基础行业混合	偏股混合型基金	423	38	0.764
23	摩根士丹利华鑫	大摩卓越成长	偏股混合型基金	423	95	6.664
23	摩根士丹利华鑫	大摩领先优势	偏股混合型基金	423	113	7.312
23	摩根士丹利华鑫	大摩量化配置	偏股混合型基金	423	114	3.004
23	摩根士丹利华鑫	大摩多因子策略	偏股混合型基金	423	139	9.575
23	摩根士丹利华鑫	大摩资源优选混合	偏股混合型基金	423	274	15.911
23	摩根士丹利华鑫	大摩深证 300	增强指数型基金	32	26	0.690
23	摩根士丹利华鑫	大摩品质生活精选	普通股票型基金	24	9	15.188
23	摩根士丹利华鑫	大摩强收益债券	混合债券型一级基金	125	27	15.544
23	摩根士丹利华鑫	大摩多元收益 A	混合债券型二级基金	189	18	1.732

整体投资回报能力排名	基金公司（简称）	基金名称	投资类型（二级分类）	样本基金数量	同类基金中排名	期间内规模（亿）
23	摩根士丹利华鑫	大摩多元收益 C	混合债券型二级基金	189	25	1.508
23	摩根士丹利华鑫	大摩消费领航	灵活配置型基金	136	136	9.515
24	银河	银河岁岁回报 A	中长期纯债型基金	204	1	2.680
24	银河	银河岁岁回报 C	中长期纯债型基金	204	2	1.094
24	银河	银河领先债券	中长期纯债型基金	204	23	14.116
24	银河	银河收益	偏债混合型基金	31	3	8.343
24	银河	银河银泰理财分红	偏债混合型基金	31	30	17.582
24	银河	银河蓝筹精选	偏股混合型基金	423	78	1.542
24	银河	银河稳健	偏股混合型基金	423	111	9.742
24	银河	银河创新成长	偏股混合型基金	423	124	6.348
24	银河	银河主题策略	偏股混合型基金	423	144	9.464
24	银河	银河竞争优势成长	偏股混合型基金	423	153	8.311
24	银河	银河行业优选	偏股混合型基金	423	181	15.573
24	银河	银河消费驱动	偏股混合型基金	423	336	0.524
24	银河	银河沪深 300 成长	增强指数型基金	32	24	0.307
24	银河	基金银丰	平衡混合型基金	21	10	28.771
24	银河	银河银信添利 A	混合债券型一级基金	125	57	4.204
24	银河	银河银信添利 B	混合债券型一级基金	125	70	0.896
24	银河	银河增利 A	混合债券型二级基金	189	19	3.630
24	银河	银河增利 C	混合债券型二级基金	189	23	0.499
24	银河	银河强化收益	混合债券型二级基金	189	54	13.296
24	银河	银河沪深 300 价值	被动指数型基金	183	6	3.661
24	银河	银河银富货币 B	货币市场型基金	236	102	84.299
24	银河	银河银富货币 A	货币市场型基金	236	171	2.130
25	德邦	德邦优化	灵活配置型基金	136	96	0.331

整体投资回报能力排名	基金公司（简称）	基金名称	投资类型（二级分类）	样本基金数量	同类基金中排名	期间内规模（亿）
25	德邦	德邦德利货币 B	货币市场型基金	236	77	11.362
25	德邦	德邦德利货币 A	货币市场型基金	236	150	1.223
26	交银施罗德	交银双轮动 AB	中长期纯债型基金	204	116	8.860
26	交银施罗德	交银双轮动 C	中长期纯债型基金	204	148	0.719
26	交银施罗德	交银纯债 AB	中长期纯债型基金	204	159	3.228
26	交银施罗德	交银纯债 C	中长期纯债型基金	204	176	0.162
26	交银施罗德	交银荣祥保本	偏债混合型基金	31	15	5.130
26	交银施罗德	交银阿尔法	偏股混合型基金	423	2	13.425
26	交银施罗德	交银先进制造	偏股混合型基金	423	15	13.242
26	交银施罗德	交银趋势优先	偏股混合型基金	423	22	6.211
26	交银施罗德	交银精选	偏股混合型基金	423	76	41.156
26	交银施罗德	交银蓝筹	偏股混合型基金	423	182	48.801
26	交银施罗德	交银成长 30	偏股混合型基金	423	309	6.992
26	交银施罗德	交银成长 A	偏股混合型基金	423	313	63.003
26	交银施罗德	交银先锋	偏股混合型基金	423	326	11.151
26	交银施罗德	交银定期支付双息平衡	平衡混合型基金	21	1	10.648
26	交银施罗德	交银信用添利	混合债券型一级基金	125	28	11.822
26	交银施罗德	交银增利债券 A	混合债券型一级基金	125	58	7.748
26	交银施罗德	交银增利债券 B	混合债券型一级基金	125	59	7.748
26	交银施罗德	交银增利债券 C	混合债券型一级基金	125	73	1.692
26	交银施罗德	交银定期支付月月丰 A	混合债券型二级基金	189	107	1.082
26	交银施罗德	交银双利 AB	混合债券型二级基金	189	111	2.380
26	交银施罗德	交银定期支付月月丰 C	混合债券型二级基金	189	125	0.157
26	交银施罗德	交银双利 C	混合债券型二级基金	189	130	0.576
26	交银施罗德	交银优势行业	灵活配置型基金	136	1	14.481
26	交银施罗德	交银主题优选	灵活配置型基金	136	3	5.168

整体投资回报能力排名	基金公司（简称）	基金名称	投资类型（二级分类）	样本基金数量	同类基金中排名	期间内规模（亿）
26	交银施罗德	交银稳健配置混合 A	灵活配置型基金	136	30	36.754
26	交银施罗德	交银 180 治理 ETF	被动指数型基金	183	47	12.250
26	交银施罗德	交银 180 治理 ETF 联接	被动指数型基金	183	50	12.552
26	交银施罗德	交银深证 300 价值 ETF	被动指数型基金	183	60	0.557
26	交银施罗德	交银深证 300 价值 ETF 联接	被动指数型基金	183	74	0.546
26	交银施罗德	交银理财 21 天 A	货币市场型基金	236	88	0.566
26	交银施罗德	交银理财 21 天 B	货币市场型基金	236	124	119.815
26	交银施罗德	交银货币 B	货币市场型基金	236	159	17.511
26	交银施罗德	交银理财 60 天 A	货币市场型基金	236	179	0.241
26	交银施罗德	交银货币 A	货币市场型基金	236	204	11.615
26	交银施罗德	交银理财 60 天 B	货币市场型基金	236	209	67.989
27	宝盈	基金鸿阳	偏股混合型基金	423	136	18.208
27	宝盈	宝盈策略增长	偏股混合型基金	423	254	22.221
27	宝盈	宝盈泛沿海增长	偏股混合型基金	423	347	16.388
27	宝盈	宝盈资源优选	偏股混合型基金	423	359	9.849
27	宝盈	宝盈中证 100	增强指数型基金	32	9	1.258
27	宝盈	宝盈增强收益 AB	混合债券型二级基金	189	102	2.673
27	宝盈	宝盈增强收益 C	混合债券型二级基金	189	121	0.428
27	宝盈	宝盈鸿利收益	灵活配置型基金	136	36	4.173
27	宝盈	宝盈核心优势 A	灵活配置型基金	136	68	12.575
27	宝盈	宝盈核心优势 C	灵活配置型基金	136	77	0.098
27	宝盈	宝盈货币 B	货币市场型基金	236	44	110.760
27	宝盈	宝盈货币 A	货币市场型基金	236	93	10.092
28	南方	南方金利 A	中长期纯债型基金	204	32	5.985
28	南方	南方金利 C	中长期纯债型基金	204	41	3.555

整体投资回报能力排名	基金公司（简称）	基金名称	投资类型（二级分类）	样本基金数量	同类基金中排名	期间内规模（亿）
28	南方	南方丰元信用增强 A	中长期纯债型基金	204	79	2.060
28	南方	南方聚利 1 年 A	中长期纯债型基金	204	89	1.879
28	南方	南方丰元信用增强 C	中长期纯债型基金	204	103	2.225
28	南方	南方稳利 1 年 A	中长期纯债型基金	204	157	14.325
28	南方	南方润元纯债 AB	中长期纯债型基金	204	167	2.688
28	南方	南方润元纯债 C	中长期纯债型基金	204	178	1.290
28	南方	南方宝元债券	偏债混合型基金	31	7	14.130
28	南方	南方避险增值	偏债混合型基金	31	16	56.293
28	南方	南方成分精选	偏股混合型基金	423	43	54.550
28	南方	南方优选价值 A	偏股混合型基金	423	51	14.789
28	南方	南方策略优化	偏股混合型基金	423	99	5.008
28	南方	南方绩优成长 A	偏股混合型基金	423	126	59.474
28	南方	南方稳健成长	偏股混合型基金	423	168	25.992
28	南方	南方隆元产业主题	偏股混合型基金	423	171	29.682
28	南方	南方积极配置	偏股混合型基金	423	185	10.256
28	南方	南方盛元红利	偏股混合型基金	423	249	11.220
28	南方	南方高增长	偏股混合型基金	423	341	21.249
28	南方	南方稳健成长 2 号	平衡混合型基金	21	11	24.169
28	南方	南方新兴消费增长	普通股票型基金	24	8	3.548
28	南方	南方永利 1 年 A	混合债券型一级基金	125	37	33.297
28	南方	南方多利增强 A	混合债券型一级基金	125	60	8.912
28	南方	南方多利增强 C	混合债券型一级基金	125	71	4.150
28	南方	南方广利回报 AB	混合债券型二级基金	189	148	3.586
28	南方	南方广利回报 C	混合债券型二级基金	189	152	1.992
28	南方	南方优选成长 A	灵活配置型基金	136	10	11.023
28	南方	南方高端装备 A	灵活配置型基金	136	52	1.704

整体投资回报能力排名	基金公司（简称）	基金名称	投资类型（二级分类）	样本基金数量	同类基金中排名	期间内规模（亿）
28	南方	南方中债中期票据 A	被动指数型债券基金	19	11	2.263
28	南方	南方中债中期票据 C	被动指数型债券基金	19	12	0.219
28	南方	南方小康产业 ETF	被动指数型基金	183	41	3.861
28	南方	南方小康产业 ETF 联接 A	被动指数型基金	183	48	3.683
28	南方	南方开元沪深 300ETF	被动指数型基金	183	65	15.573
28	南方	南方开元沪深 300ETF 联接 A	被动指数型基金	183	80	10.538
28	南方	南方上证 380ETF	被动指数型基金	183	105	1.639
28	南方	南方上证 380ETF 联接	被动指数型基金	183	113	1.407
28	南方	南方中证 500ETF	被动指数型基金	183	120	189.547
28	南方	南方中证 500ETF 联接 A	被动指数型基金	183	124	44.849
28	南方	南方深成 ETF 联接 A	被动指数型基金	183	154	7.424
28	南方	南方深成 ETF	被动指数型基金	183	159	11.751
28	南方	南方理财 60 天 B	货币市场型基金	236	7	9.082
28	南方	南方理财 14 天 B	货币市场型基金	236	11	94.231
28	南方	南方理财 60 天 A	货币市场型基金	236	25	7.166
28	南方	南方理财 14 天 A	货币市场型基金	236	34	14.523
28	南方	南方现金增利 B	货币市场型基金	236	51	352.009
28	南方	南方现金增利 A	货币市场型基金	236	112	288.714
29	财通	财通可持续发展主题	偏股混合型基金	423	75	1.182
29	财通	财通中证 100 增强 A	增强指数型基金	32	14	0.735
29	财通	财通稳健增长 A	混合债券型二级基金	189	164	1.824
29	财通	财通价值动量	灵活配置型基金	136	32	3.283
30	万家	万家强化收益	中长期纯债型基金	204	35	2.871
30	万家	万家信用恒利 A	中长期纯债型基金	204	118	4.136

整体投资回报能力排名	基金公司（简称）	基金名称	投资类型（二级分类）	样本基金数量	同类基金中排名	期间内规模（亿）
30	万家	万家信用恒利 C	中长期纯债型基金	204	149	0.145
30	万家	万家精选	偏股混合型基金	423	46	16.200
30	万家	万家行业优选	偏股混合型基金	423	90	4.851
30	万家	万家和谐增长	偏股混合型基金	423	163	15.953
30	万家	万家稳健增利 A	混合债券型一级基金	125	55	7.433
30	万家	万家稳健增利 C	混合债券型一级基金	125	63	0.597
30	万家	万家增强收益	混合债券型二级基金	189	136	3.780
30	万家	万家双引擎	灵活配置型基金	136	50	0.419
30	万家	万家上证 50ETF	被动指数型基金	183	2	0.738
30	万家	万家中证红利	被动指数型基金	183	16	2.976
30	万家	万家上证 180	被动指数型基金	183	68	21.642
30	万家	万家货币 R	货币市场型基金	236	106	0.364
30	万家	万家货币 B	货币市场型基金	236	109	82.106
30	万家	万家货币 A	货币市场型基金	236	173	19.892
30	万家	万家日日薪 A	货币市场型基金	236	210	0.787
31	国泰	国泰淘金互联网	中长期纯债型基金	204	190	2.185
31	国泰	国泰成长优选	偏股混合型基金	423	56	14.248
31	国泰	国泰估值优势	偏股混合型基金	423	63	10.326
31	国泰	国泰中小盘成长	偏股混合型基金	423	80	9.067
31	国泰	国泰金龙行业精选	偏股混合型基金	423	116	11.090
31	国泰	国泰区位优势	偏股混合型基金	423	148	4.040
31	国泰	国泰金鹏蓝筹价值	偏股混合型基金	423	159	8.579
31	国泰	国泰金牛创新成长	偏股混合型基金	423	204	41.267
31	国泰	国泰金马稳健回报	偏股混合型基金	423	237	24.496
31	国泰	国泰事件驱动	偏股混合型基金	423	258	2.046
31	国泰	国泰金鼎价值精选	偏股混合型基金	423	298	18.231

整体投资回报能力排名	基金公司（简称）	基金名称	投资类型（二级分类）	样本基金数量	同类基金中排名	期间内规模（亿）
31	国泰	国泰信用互利分级	混合债券型一级基金	125	61	3.663
31	国泰	国泰金龙债券 A	混合债券型一级基金	125	90	5.345
31	国泰	国泰金龙债券 C	混合债券型一级基金	125	97	0.321
31	国泰	国泰民安增利 A	混合债券型二级基金	189	50	0.473
31	国泰	国泰民安增利 C	混合债券型二级基金	189	57	1.193
31	国泰	国泰双利债券 A	混合债券型二级基金	189	89	2.851
31	国泰	国泰双利债券 C	混合债券型二级基金	189	98	0.697
31	国泰	国泰信用 A	混合债券型二级基金	189	163	0.373
31	国泰	国泰信用 C	混合债券型二级基金	189	171	0.519
31	国泰	国泰价值经典	灵活配置型基金	136	13	16.218
31	国泰	国泰聚信价值优势 C	灵活配置型基金	136	22	1.715
31	国泰	国泰金鹰增长	灵活配置型基金	136	23	29.113
31	国泰	国泰聚信价值优势 A	灵活配置型基金	136	24	3.152
31	国泰	国泰民益 A	灵活配置型基金	136	106	7.820
31	国泰	国泰金泰 A	灵活配置型基金	136	116	2.697
31	国泰	国泰上证 5 年期国债 ETF	被动指数型债券基金	19	8	7.300
31	国泰	国泰上证 5 年期国债 ETF 联接 C	被动指数型债券基金	19	18	0.598
31	国泰	国泰上证 5 年期国债 ETF 联接 A	被动指数型债券基金	19	19	0.641
31	国泰	国泰上证 180 金融 ETF	被动指数型基金	183	27	32.190
31	国泰	国泰上证 180 金融 ETF 联接	被动指数型基金	183	33	5.790
31	国泰	国泰国证房地产	被动指数型基金	183	54	3.117
31	国泰	国泰沪深 300A	被动指数型基金	183	84	26.502
31	国泰	国泰国证医药卫生	被动指数型基金	183	132	8.572
31	国泰	国泰货币	货币市场型基金	236	165	39.535

整体投资回报能力排名	基金公司（简称）	基金名称	投资类型（二级分类）	样本基金数量	同类基金中排名	期间内规模（亿）
31	国泰	国泰现金管理 B	货币市场型基金	236	200	11.544
31	国泰	国泰现金管理 A	货币市场型基金	236	215	2.472
32	光大保德信	光大优势	偏股混合型基金	423	112	61.967
32	光大保德信	光大精选	偏股混合型基金	423	120	1.268
32	光大保德信	光大中小盘	偏股混合型基金	423	140	6.802
32	光大保德信	光大行业轮动	偏股混合型基金	423	145	0.769
32	光大保德信	光大新增长	偏股混合型基金	423	162	4.799
32	光大保德信	光大红利	偏股混合型基金	423	256	17.616
32	光大保德信	光大核心	普通股票型基金	24	19	54.621
32	光大保德信	光大收益 A	混合债券型一级基金	125	95	0.840
32	光大保德信	光大收益 C	混合债券型一级基金	125	101	0.521
32	光大保德信	光大添益 A	混合债券型二级基金	189	106	1.871
32	光大保德信	光大添益 C	混合债券型二级基金	189	119	0.505
32	光大保德信	光大动态优选	灵活配置型基金	136	54	3.154
32	光大保德信	光大添天盈 B	货币市场型基金	236	39	191.240
32	光大保德信	光大添天盈 A	货币市场型基金	236	87	1.761
32	光大保德信	光大现金宝 B	货币市场型基金	236	115	87.201
32	光大保德信	光大货币	货币市场型基金	236	174	54.722
32	光大保德信	光大现金宝 A	货币市场型基金	236	180	0.847
32	光大保德信	光大添盛理财 B	货币市场型基金	236	233	0.166
32	光大保德信	光大添盛理财 A	货币市场型基金	236	234	0.508
33	平安	平安大华添利 A	中长期纯债型基金	204	18	7.267
33	平安	平安大华添利 C	中长期纯债型基金	204	30	1.407
33	平安	平安大华行业先锋	偏股混合型基金	423	376	4.974
33	平安	平安大华深证 300	增强指数型基金	32	25	0.581
33	平安	平安大华策略先锋	灵活配置型基金	136	86	0.443

整体投资回报能力排名	基金公司（简称）	基金名称	投资类型（二级分类）	样本基金数量	同类基金中排名	期间内规模（亿）
33	平安	平安大华保本	灵活配置型基金	136	93	3.959
33	平安	平安大华日增利	货币市场型基金	236	100	847.744
34	华安	华安双债添利 A	中长期纯债型基金	204	6	2.586
34	华安	华安双债添利 C	中长期纯债型基金	204	7	0.505
34	华安	华安年年红 A	中长期纯债型基金	204	55	2.386
34	华安	华安信用四季红 A	中长期纯债型基金	204	102	18.281
34	华安	华安纯债 A	中长期纯债型基金	204	154	2.254
34	华安	华安纯债 C	中长期纯债型基金	204	161	0.554
34	华安	华安保本	偏债混合型基金	31	2	13.085
34	华安	华安科技动力	偏股混合型基金	423	13	13.423
34	华安	华安逆向策略	偏股混合型基金	423	16	7.817
34	华安	华安策略优选	偏股混合型基金	423	20	77.671
34	华安	华安核心优选	偏股混合型基金	423	29	7.370
34	华安	华安行业轮动	偏股混合型基金	423	34	3.144
34	华安	华安生态优先	偏股混合型基金	423	54	5.338
34	华安	华安安信消费服务	偏股混合型基金	423	165	6.841
34	华安	华安升级主题	偏股混合型基金	423	184	4.398
34	华安	华安中小盘成长	偏股混合型基金	423	229	31.806
34	华安	华安宏利	偏股混合型基金	423	232	40.484
34	华安	华安沪深 300 量化 A	增强指数型基金	32	13	2.449
34	华安	华安沪深 300 量化 C	增强指数型基金	32	15	1.904
34	华安	华安 MSCI 中国 A 股	增强指数型基金	32	20	34.394
34	华安	华安宝利配置	平衡混合型基金	21	7	23.156
34	华安	华安创新	平衡混合型基金	21	19	32.363
34	华安	华安稳定收益 A	混合债券型一级基金	125	23	4.939
34	华安	华安稳定收益 B	混合债券型一级基金	125	30	0.441

整体投资回报能力排名	基金公司（简称）	基金名称	投资类型（二级分类）	样本基金数量	同类基金中排名	期间内规模（亿）
34	华安	华安稳固收益 C	混合债券型一级基金	125	50	2.081
34	华安	华安强化收益 A	混合债券型二级基金	189	16	1.119
34	华安	华安强化收益 B	混合债券型二级基金	189	21	0.656
34	华安	华安安心收益 B	混合债券型二级基金	189	77	1.000
34	华安	华安安心收益 A	混合债券型二级基金	189	78	1.534
34	华安	华安信用增强	混合债券型二级基金	189	147	4.562
34	华安	华安可转债 A	混合债券型二级基金	189	176	1.502
34	华安	华安可转债 B	混合债券型二级基金	189	178	2.393
34	华安	华安动态灵活配置	灵活配置型基金	136	29	3.052
34	华安	华安中证细分地产 ETF	被动指数型基金	183	46	1.460
34	华安	华安上证 180ETF 联接	被动指数型基金	183	55	4.464
34	华安	华安上证 180ETF	被动指数型基金	183	56	141.809
34	华安	华安上证龙头 ETF	被动指数型基金	183	92	2.917
34	华安	华安上证龙头 ETF 联接	被动指数型基金	183	98	2.600
34	华安	华安沪深 300	被动指数型基金	183	100	1.180
34	华安	华安中证细分医药 ETF	被动指数型基金	183	117	1.781
34	华安	华安深证 300	被动指数型基金	183	157	1.037
34	华安	华安日日鑫 B	货币市场型基金	236	57	18.814
34	华安	华安日日鑫 A	货币市场型基金	236	118	645.851
34	华安	华安现金富利 B	货币市场型基金	236	121	72.564
34	华安	华安现金富利 A	货币市场型基金	236	181	13.439
34	华安	华安月月鑫 B	货币市场型基金	236	211	14.734
34	华安	华安月月鑫 A	货币市场型基金	236	222	22.922
34	华安	华安季季鑫 A	货币市场型基金	236	224	0.526
34	华安	华安季季鑫 B	货币市场型基金	236	225	22.652

整体投资回报能力排名	基金公司（简称）	基金名称	投资类型（二级分类）	样本基金数量	同类基金中排名	期间内规模（亿）
34	华安	华安月安鑫 A	货币市场型基金	236	227	10.153
34	华安	华安月安鑫 B	货币市场型基金	236	232	8.872
35	长城	长城增强收益 A	中长期纯债型基金	204	50	13.145
35	长城	长城增强收益 C	中长期纯债型基金	204	71	1.912
35	长城	长城久利保本	偏债混合型基金	31	1	13.140
35	长城	长城优化升级	偏股混合型基金	423	138	0.661
35	长城	长城品牌优选	偏股混合型基金	423	158	59.977
35	长城	长城中小盘成长	偏股混合型基金	423	203	2.285
35	长城	长城双动力	偏股混合型基金	423	214	2.769
35	长城	长城久富	偏股混合型基金	423	293	14.555
35	长城	长城消费增值	偏股混合型基金	423	362	22.909
35	长城	长城久泰沪深300	增强指数型基金	32	17	10.996
35	长城	基金久嘉	普通股票型基金	24	10	18.829
35	长城	长城积极增利 A	混合债券型一级基金	125	32	2.563
35	长城	长城积极增利 C	混合债券型一级基金	125	42	3.051
35	长城	长城稳健增利	混合债券型二级基金	189	127	0.375
35	长城	长城稳健成长灵活配置	灵活配置型基金	136	40	6.529
35	长城	长城安心回报	灵活配置型基金	136	94	45.870
35	长城	长城久恒	灵活配置型基金	136	129	1.410
35	长城	长城景气行业龙头	灵活配置型基金	136	133	1.108
35	长城	长城久兆中小板300	被动指数型基金	183	127	0.246
35	长城	长城货币 B	货币市场型基金	236	52	117.078
35	长城	长城货币 A	货币市场型基金	236	113	33.075
36	华夏	华夏纯债 A	中长期纯债型基金	204	141	11.932
36	华夏	华夏纯债 C	中长期纯债型基金	204	163	4.245
36	华夏	华夏永福 A	偏债混合型基金	31	10	4.130

整体投资回报能力排名	基金公司（简称）	基金名称	投资类型（二级分类）	样本基金数量	同类基金中排名	期间内规模（亿）
36	华夏	华夏收入	偏股混合型基金	423	149	26.892
36	华夏	华夏蓝筹核心	偏股混合型基金	423	152	58.212
36	华夏	华夏大盘精选	偏股混合型基金	423	224	31.127
36	华夏	华夏行业精选	偏股混合型基金	423	260	41.258
36	华夏	华夏红利	偏股混合型基金	423	295	117.150
36	华夏	华夏成长	偏股混合型基金	423	335	64.466
36	华夏	华夏优势增长	偏股混合型基金	423	343	90.976
36	华夏	华夏复兴	偏股混合型基金	423	385	27.847
36	华夏	华夏经典配置	偏股混合型基金	423	397	12.652
36	华夏	华夏盛世精选	偏股混合型基金	423	417	33.336
36	华夏	华夏回报 2 号	平衡混合型基金	21	8	64.012
36	华夏	华夏回报 A	平衡混合型基金	21	9	118.563
36	华夏	华夏双债增强 A	混合债券型一级基金	125	41	4.828
36	华夏	华夏双债增强 C	混合债券型一级基金	125	52	0.917
36	华夏	华夏稳定双利债券 C	混合债券型一级基金	125	78	6.275
36	华夏	华夏债券 AB	混合债券型一级基金	125	107	9.239
36	华夏	华夏债券 C	混合债券型一级基金	125	113	8.038
36	华夏	华夏聚利	混合债券型一级基金	125	119	20.557
36	华夏	华夏安康信用优选 A	混合债券型二级基金	189	52	2.334
36	华夏	华夏安康信用优选 C	混合债券型二级基金	189	63	1.923
36	华夏	华夏希望债券 A	混合债券型二级基金	189	138	7.861
36	华夏	华夏希望债券 C	混合债券型二级基金	189	146	7.005
36	华夏	华夏策略精选	灵活配置型基金	136	47	10.497
36	华夏	华夏兴华 A	灵活配置型基金	136	95	13.404
36	华夏	华夏平稳增长	灵活配置型基金	136	132	26.511
36	华夏	华夏亚债中国 A	被动指数型债券基金	19	3	37.837

整体投资回报能力排名	基金公司（简称）	基金名称	投资类型（二级分类）	样本基金数量	同类基金中排名	期间内规模（亿）
36	华夏	华夏亚债中国 C	被动指数型债券基金	19	4	0.704
36	华夏	华夏上证主要消费 ETF	被动指数型基金	183	12	2.467
36	华夏	华夏上证金融地产 ETF	被动指数型基金	183	22	1.818
36	华夏	华夏上证 50ETF	被动指数型基金	183	35	335.000
36	华夏	华夏沪深 300ETF	被动指数型基金	183	62	208.469
36	华夏	华夏沪深 300ETF 联接 A	被动指数型基金	183	63	144.514
36	华夏	华夏上证医药卫生 ETF	被动指数型基金	183	87	3.138
36	华夏	华夏上证原材料 ETF	被动指数型基金	183	116	0.756
36	华夏	华夏中小板 ETF	被动指数型基金	183	149	21.600
36	华夏	华夏上证能源 ETF	被动指数型基金	183	152	0.873
36	华夏	华夏理财 30 天 A	货币市场型基金	236	42	19.875
36	华夏	华夏财富宝 A	货币市场型基金	236	55	351.788
36	华夏	华夏货币 B	货币市场型基金	236	58	63.691
36	华夏	华夏现金增利 E	货币市场型基金	236	104	404.039
36	华夏	华夏现金增利 A	货币市场型基金	236	105	404.039
36	华夏	华夏货币 A	货币市场型基金	236	119	23.659
36	华夏	华夏保证金 B	货币市场型基金	236	137	1.513
36	华夏	华夏理财 30 天 B	货币市场型基金	236	139	126.090
36	华夏	华夏现金宝 A	货币市场型基金	236	188	3.583
36	华夏	华夏保证金 A	货币市场型基金	236	218	2.630
36	华夏	华夏现金宝 B	货币市场型基金	236	226	2.013
37	中银	中银盛利纯债一年	中长期纯债型基金	204	45	27.555
37	中银	中银惠利纯债	中长期纯债型基金	204	84	44.991
37	中银	中银中高等级 A	中长期纯债型基金	204	96	38.089
37	中银	中银纯债 A	中长期纯债型基金	204	117	39.671

整体投资回报能力排名	基金公司（简称）	基金名称	投资类型（二级分类）	样本基金数量	同类基金中排名	期间内规模（亿）
37	中银	中银纯债 C	中长期纯债型基金	204	142	5.511
37	中银	中银动态策略	偏股混合型基金	423	96	7.820
37	中银	中银收益 A	偏股混合型基金	423	127	31.026
37	中银	中银中国精选	偏股混合型基金	423	267	19.774
37	中银	中银持续增长 A	偏股混合型基金	423	269	40.416
37	中银	中银主题策略	偏股混合型基金	423	308	0.992
37	中银	中银消费主题	偏股混合型基金	423	314	0.989
37	中银	中银美丽中国	偏股混合型基金	423	320	2.524
37	中银	中银中小盘成长	偏股混合型基金	423	365	0.824
37	中银	中银中证 100	增强指数型基金	32	10	5.823
37	中银	中银稳健增利	混合债券型一级基金	125	43	11.114
37	中银	中银信用增利	混合债券型一级基金	125	48	19.239
37	中银	中银稳健添利 A	混合债券型二级基金	189	39	14.663
37	中银	中银转债增强 A	混合债券型二级基金	189	46	1.240
37	中银	中银转债增强 B	混合债券型二级基金	189	53	1.826
37	中银	中银稳健双利 A	混合债券型二级基金	189	137	27.235
37	中银	中银稳健双利 B	混合债券型二级基金	189	145	3.393
37	中银	中银保本	灵活配置型基金	136	39	27.636
37	中银	中银行业优选	灵活配置型基金	136	49	2.549
37	中银	中银价值精选	灵活配置型基金	136	73	6.172
37	中银	中银蓝筹精选	灵活配置型基金	136	114	7.480
37	中银	中银上证国企 ETF	被动指数型基金	183	69	0.362
37	中银	中银沪深 300 等权重	被动指数型基金	183	133	0.723
37	中银	中银理财 7 天 B	货币市场型基金	236	18	136.275
37	中银	中银理财 30 天 B	货币市场型基金	236	29	229.045
37	中银	中银理财 14 天 B	货币市场型基金	236	30	108.666

整体投资回报能力排名	基金公司（简称）	基金名称	投资类型（二级分类）	样本基金数量	同类基金中排名	期间内规模（亿）
37	中银	中银理财 7 天 A	货币市场型基金	236	53	3.947
37	中银	中银理财 30 天 A	货币市场型基金	236	81	4.259
37	中银	中银理财 14 天 A	货币市场型基金	236	83	4.040
37	中银	中银货币 B	货币市场型基金	236	123	105.396
37	中银	中银货币 A	货币市场型基金	236	183	15.008
37	中银	中银理财 21 天 B	货币市场型基金	236	228	63.001
37	中银	中银理财 60 天 B	货币市场型基金	236	229	38.862
37	中银	中银理财 21 天 A	货币市场型基金	236	230	10.043
37	中银	中银理财 60 天 A	货币市场型基金	236	231	1.061
38	招商	招商安泰债券 A	中长期纯债型基金	204	85	5.557
38	招商	招商安泰债券 B	中长期纯债型基金	204	109	5.323
38	招商	招商安润保本	偏债混合型基金	31	13	28.453
38	招商	招商安泰	偏股混合型基金	423	60	4.222
38	招商	招商行业领先 A	偏股混合型基金	423	172	4.810
38	招商	招商大盘蓝筹	偏股混合型基金	423	200	3.282
38	招商	招商先锋	偏股混合型基金	423	206	26.216
38	招商	招商优质成长	偏股混合型基金	423	283	19.703
38	招商	招商中小盘精选	偏股混合型基金	423	291	2.466
38	招商	招商核心价值	偏股混合型基金	423	338	20.344
38	招商	招商安泰平衡	平衡混合型基金	21	13	0.708
38	招商	招商产业 A	混合债券型一级基金	125	17	19.067
38	招商	招商信用添利	混合债券型一级基金	125	20	12.773
38	招商	招商安心收益	混合债券型一级基金	125	21	10.841
38	招商	招商安瑞进取	混合债券型二级基金	189	24	1.322
38	招商	招商安盈	混合债券型二级基金	189	85	15.710
38	招商	招商安本增利	混合债券型二级基金	189	120	3.983

整体投资回报能力排名	基金公司（简称）	基金名称	投资类型（二级分类）	样本基金数量	同类基金中排名	期间内规模（亿）
38	招商	招商信用增强	混合债券型二级基金	189	128	8.905
38	招商	招商优势企业	灵活配置型基金	136	43	0.557
38	招商	招商瑞丰 A	灵活配置型基金	136	58	4.169
38	招商	招商安达	灵活配置型基金	136	112	2.393
38	招商	招商央视财经 50A	被动指数型基金	183	36	2.825
38	招商	招商上证消费 80ETF	被动指数型基金	183	64	5.768
38	招商	招商上证消费 80ETF 联接 A	被动指数型基金	183	78	5.712
38	招商	招商深证 100A	被动指数型基金	183	106	0.773
38	招商	招商深证 TMT50ETF	被动指数型基金	183	172	0.919
38	招商	招商深证 TMT50ETF 联接 A	被动指数型基金	183	174	0.858
38	招商	招商沪深 300 高贝塔	被动指数型基金	183	180	0.266
38	招商	招商理财 7 天 B	货币市场型基金	236	69	12.823
38	招商	招商现金增值 B	货币市场型基金	236	75	154.839
38	招商	招商保证金快线 B	货币市场型基金	236	127	4.810
38	招商	招商现金增值 A	货币市场型基金	236	145	129.114
38	招商	招商理财 7 天 A	货币市场型基金	236	146	7.007
38	招商	招商保证金快线 A	货币市场型基金	236	193	2.610
39	嘉实	嘉实如意宝 AB	中长期纯债型基金	204	110	10.992
39	嘉实	嘉实丰益信用 A	中长期纯债型基金	204	111	3.904
39	嘉实	嘉实增强信用	中长期纯债型基金	204	113	9.948
39	嘉实	嘉实如意宝 C	中长期纯债型基金	204	134	2.755
39	嘉实	嘉实增强收益定期 A	中长期纯债型基金	204	135	3.410
39	嘉实	嘉实丰益纯债	中长期纯债型基金	204	136	20.868
39	嘉实	嘉实丰益策略	中长期纯债型基金	204	155	3.886
39	嘉实	嘉实纯债 A	中长期纯债型基金	204	166	10.061

整体投资回报能力排名	基金公司（简称）	基金名称	投资类型（二级分类）	样本基金数量	同类基金中排名	期间内规模（亿）
39	嘉实	嘉实纯债 C	中长期纯债型基金	204	169	0.853
39	嘉实	嘉实优化红利	偏股混合型基金	423	8	14.772
39	嘉实	嘉实增长	偏股混合型基金	423	87	26.143
39	嘉实	嘉实成长收益 A	偏股混合型基金	423	104	44.773
39	嘉实	嘉实领先成长	偏股混合型基金	423	123	11.772
39	嘉实	嘉实价值优势	偏股混合型基金	423	157	19.926
39	嘉实	嘉实优质企业	偏股混合型基金	423	183	34.905
39	嘉实	嘉实研究精选 A	偏股混合型基金	423	212	63.563
39	嘉实	嘉实量化阿尔法	偏股混合型基金	423	215	3.814
39	嘉实	嘉实主题新动力	偏股混合型基金	423	239	15.797
39	嘉实	嘉实周期优选	偏股混合型基金	423	246	7.323
39	嘉实	嘉实稳健	偏股混合型基金	423	250	58.876
39	嘉实	嘉实主题精选	偏股混合型基金	423	332	51.169
39	嘉实	嘉实策略增长	偏股混合型基金	423	346	45.930
39	嘉实	嘉实服务增值行业	偏股混合型基金	423	371	40.101
39	嘉实	嘉实研究阿尔法	普通股票型基金	24	6	2.881
39	嘉实	基金丰和	普通股票型基金	24	15	31.160
39	嘉实	嘉实信用 A	混合债券型一级基金	125	56	6.155
39	嘉实	嘉实信用 C	混合债券型一级基金	125	67	0.873
39	嘉实	嘉实债券	混合债券型一级基金	125	79	14.028
39	嘉实	嘉实稳固收益	混合债券型二级基金	189	90	9.706
39	嘉实	嘉实多元收益 A	混合债券型二级基金	189	115	3.242
39	嘉实	嘉实多利分级	混合债券型二级基金	189	124	1.235
39	嘉实	嘉实多元收益 B	混合债券型二级基金	189	129	1.386
39	嘉实	嘉实回报灵活配置	灵活配置型基金	136	62	8.729
39	嘉实	嘉实中证中期企业债 C	被动指数型债券基金	19	5	0.428

整体投资回报能力排名	基金公司（简称）	基金名称	投资类型（二级分类）	样本基金数量	同类基金中排名	期间内规模（亿）
39	嘉实	嘉实中证中期企业债 A	被动指数型债券基金	19	6	2.656
39	嘉实	嘉实中证中期国债 ETF	被动指数型债券基金	19	10	2.864
39	嘉实	嘉实中期国债 ETF 联接 A	被动指数型债券基金	19	14	2.032
39	嘉实	嘉实中期国债 ETF 联接 C	被动指数型债券基金	19	16	0.266
39	嘉实	嘉实基本面 50 指数（LOF）A	被动指数型基金	183	1	13.773
39	嘉实	嘉实深证基本面 120ETF	被动指数型基金	183	17	4.158
39	嘉实	嘉实深证基本面 120ETF 联接 A	被动指数型基金	183	23	3.115
39	嘉实	嘉实沪深 300ETF	被动指数型基金	183	71	233.024
39	嘉实	嘉实沪深 300ETF 联接（LOF）A	被动指数型基金	183	75	199.374
39	嘉实	嘉实中证 500ETF	被动指数型基金	183	131	7.608
39	嘉实	嘉实中证 500ETF 联接 A	被动指数型基金	183	137	5.452
39	嘉实	嘉实中创 400ETF	被动指数型基金	183	171	1.008
39	嘉实	嘉实中创 400ETF 联接 A	被动指数型基金	183	173	0.935
39	嘉实	嘉实理财宝 7 天 B	货币市场型基金	236	17	96.090
39	嘉实	嘉实货币 B	货币市场型基金	236	38	170.351
39	嘉实	嘉实活期宝	货币市场型基金	236	41	45.422
39	嘉实	嘉实理财宝 7 天 A	货币市场型基金	236	50	0.975
39	嘉实	嘉实货币 A	货币市场型基金	236	85	178.401
39	嘉实	嘉实保证金理财 B	货币市场型基金	236	97	16.668
39	嘉实	嘉实安心货币 B	货币市场型基金	236	206	21.715
39	嘉实	嘉实保证金理财 A	货币市场型基金	236	213	17.191
39	嘉实	嘉实安心货币 A	货币市场型基金	236	219	1.341

整体投资回报能力排名	基金公司（简称）	基金名称	投资类型（二级分类）	样本基金数量	同类基金中排名	期间内规模（亿）
39	嘉实	嘉实1个月理财 E	货币市场型基金	236	235	15.059
39	嘉实	嘉实1个月理财 A	货币市场型基金	236	236	15.700
40	天弘	天弘稳利 A	中长期纯债型基金	204	54	5.472
40	天弘	天弘稳利 B	中长期纯债型基金	204	80	3.049
40	天弘	天弘安康颐养	偏债混合型基金	31	11	4.784
40	天弘	天弘永定成长	偏股混合型基金	423	58	4.302
40	天弘	天弘周期策略	偏股混合型基金	423	217	0.870
40	天弘	天弘永利债券 B	混合债券型二级基金	189	122	1.170
40	天弘	天弘永利债券 A	混合债券型二级基金	189	135	1.440
40	天弘	天弘弘利	混合债券型二级基金	189	139	3.002
40	天弘	天弘债券型发起式 A	混合债券型二级基金	189	156	2.938
40	天弘	天弘债券型发起式 B	混合债券型二级基金	189	162	1.745
40	天弘	天弘精选	灵活配置型基金	136	88	15.447
40	天弘	天弘余额宝	货币市场型基金	236	120	7 542.772
40	天弘	天弘现金 B	货币市场型基金	236	148	22.489
40	天弘	天弘现金 A	货币市场型基金	236	198	2.938
41	国投瑞银	国投瑞银中高等级 A	中长期纯债型基金	204	52	2.026
41	国投瑞银	国投瑞银中高等级 C	中长期纯债型基金	204	74	0.222
41	国投瑞银	国投瑞银岁添利 A	中长期纯债型基金	204	108	1.742
41	国投瑞银	国投瑞银岁添利 C	中长期纯债型基金	204	121	0.792
41	国投瑞银	国投瑞银纯债 B	中长期纯债型基金	204	147	3.271
41	国投瑞银	国投瑞银纯债 A	中长期纯债型基金	204	156	0.446
41	国投瑞银	国投瑞银融华债券	偏债混合型基金	31	22	4.303
41	国投瑞银	国投瑞银创新动力	偏股混合型基金	423	243	16.521
41	国投瑞银	国投瑞银成长优选	偏股混合型基金	423	315	7.543
41	国投瑞银	国投瑞银核心企业	偏股混合型基金	423	383	26.484

整体投资回报能力排名	基金公司（简称）	基金名称	投资类型（二级分类）	样本基金数量	同类基金中排名	期间内规模（亿）
41	国投瑞银	国投瑞银景气行业	平衡混合型基金	21	14	16.234
41	国投瑞银	国投瑞银双债增利 A	混合债券型一级基金	125	16	6.447
41	国投瑞银	国投瑞银稳定增利	混合债券型一级基金	125	29	8.571
41	国投瑞银	国投瑞银优化增强 AB	混合债券型二级基金	189	11	9.174
41	国投瑞银	国投瑞银优化增强 C	混合债券型二级基金	189	12	2.973
41	国投瑞银	国投瑞银策略精选	灵活配置型基金	136	7	4.433
41	国投瑞银	国投瑞银新兴产业	灵活配置型基金	136	21	0.891
41	国投瑞银	国投瑞银稳健增长	灵活配置型基金	136	51	11.217
41	国投瑞银	国投瑞银沪深 300 金融地产 ETF	被动指数型基金	183	18	9.443
41	国投瑞银	国投瑞银沪深 300 金融地产 ETF 联接	被动指数型基金	183	24	8.370
41	国投瑞银	国投瑞银瑞和 300	被动指数型基金	183	49	1.410
41	国投瑞银	国投瑞银中证下游	被动指数型基金	183	94	1.406
41	国投瑞银	国投瑞银中证上游	被动指数型基金	183	145	1.455
41	国投瑞银	国投瑞银货币 B	货币市场型基金	236	111	66.984
41	国投瑞银	国投瑞银货币 A	货币市场型基金	236	177	9.183
42	农银汇理	农银汇理行业领先	偏股混合型基金	423	24	10.979
42	农银汇理	农银汇理行业轮动	偏股混合型基金	423	44	2.822
42	农银汇理	农银汇理平衡双利	偏股混合型基金	423	131	5.114
42	农银汇理	农银汇理低估值高增长	偏股混合型基金	423	189	4.224
42	农银汇理	农银汇理策略价值	偏股混合型基金	423	230	5.624
42	农银汇理	农银汇理中小盘	偏股混合型基金	423	262	14.106
42	农银汇理	农银汇理消费主题 A	偏股混合型基金	423	279	8.657
42	农银汇理	农银汇理行业成长 A	偏股混合型基金	423	325	29.597
42	农银汇理	农银汇理策略精选	偏股混合型基金	423	360	8.055
42	农银汇理	农银汇理大盘蓝筹	偏股混合型基金	423	374	8.157

整体投资回报能力排名	基金公司（简称）	基金名称	投资类型（二级分类）	样本基金数量	同类基金中排名	期间内规模（亿）
42	农银汇理	农银汇理深证 100	增强指数型基金	32	21	0.341
42	农银汇理	农银汇理恒久增利 A	混合债券型一级基金	125	22	1.699
42	农银汇理	农银汇理恒久增利 C	混合债券型一级基金	125	26	0.074
42	农银汇理	农银汇理信用添利	混合债券型一级基金	125	51	0.796
42	农银汇理	农银汇理增强收益 A	混合债券型二级基金	189	64	0.460
42	农银汇理	农银汇理增强收益 C	混合债券型二级基金	189	75	0.244
42	农银汇理	农银汇理区间收益	灵活配置型基金	136	28	5.560
42	农银汇理	农银汇理研究精选	灵活配置型基金	136	123	4.754
42	农银汇理	农银汇理沪深 300A	被动指数型基金	183	73	10.719
42	农银汇理	农银汇理中证 500	被动指数型基金	183	144	1.041
42	农银汇理	农银汇理 7 天理财 B	货币市场型基金	236	40	3.908
42	农银汇理	农银汇理 14 天理财 B	货币市场型基金	236	54	6.773
42	农银汇理	农银汇理货币 B	货币市场型基金	236	68	53.821
42	农银汇理	农银汇理 7 天理财 A	货币市场型基金	236	89	14.792
42	农银汇理	农银汇理 14 天理财 A	货币市场型基金	236	107	21.133
42	农银汇理	农银汇理货币 A	货币市场型基金	236	136	56.465
43	诺安	诺安纯债 A	中长期纯债型基金	204	8	5.418
43	诺安	诺安纯债 C	中长期纯债型基金	204	13	1.317
43	诺安	诺安信用债	中长期纯债型基金	204	115	11.051
43	诺安	诺安泰鑫一年 A	中长期纯债型基金	204	131	3.190
43	诺安	诺安稳固收益	中长期纯债型基金	204	171	14.148
43	诺安	诺安鸿鑫保本	偏债混合型基金	31	9	8.515
43	诺安	诺安中小盘精选	偏股混合型基金	423	7	11.095
43	诺安	诺安主题精选	偏股混合型基金	423	53	5.744
43	诺安	诺安多策略	偏股混合型基金	423	179	1.865
43	诺安	诺安先锋	偏股混合型基金	423	220	71.233

整体投资回报能力排名	基金公司（简称）	基金名称	投资类型（二级分类）	样本基金数量	同类基金中排名	期间内规模（亿）
43	诺安	诺安平衡	偏股混合型基金	423	257	29.843
43	诺安	诺安价值增长	偏股混合型基金	423	265	33.199
43	诺安	诺安成长	偏股混合型基金	423	411	3.396
43	诺安	诺安沪深300	增强指数型基金	32	28	2.286
43	诺安	诺安策略精选	普通股票型基金	24	11	11.169
43	诺安	诺安优化收益	混合债券型一级基金	125	72	1.879
43	诺安	诺安双利	混合债券型二级基金	189	10	2.868
43	诺安	诺安增利 A	混合债券型二级基金	189	131	0.590
43	诺安	诺安增利 B	混合债券型二级基金	189	144	0.047
43	诺安	诺安灵活配置	灵活配置型基金	136	25	19.887
43	诺安	诺安新动力	灵活配置型基金	136	55	1.005
43	诺安	诺安中证100	被动指数型基金	183	25	3.847
43	诺安	诺安中小板等权 ETF	被动指数型基金	183	79	0.205
43	诺安	诺安上证新兴产业 ETF	被动指数型基金	183	119	2.593
43	诺安	诺安中证创业成长	被动指数型基金	183	183	0.175
43	诺安	诺安货币 B	货币市场型基金	236	131	25.081
43	诺安	诺安货币 A	货币市场型基金	236	185	19.209
44	中信保诚	信诚优质纯债 A	中长期纯债型基金	204	15	2.171
44	中信保诚	信诚优质纯债 B	中长期纯债型基金	204	28	2.154
44	中信保诚	信诚新双盈	中长期纯债型基金	204	87	8.053
44	中信保诚	信诚月月定期支付	中长期纯债型基金	204	183	1.144
44	中信保诚	信诚优胜精选	偏股混合型基金	423	81	11.771
44	中信保诚	信诚新机遇	偏股混合型基金	423	85	4.848
44	中信保诚	信诚盛世蓝筹	偏股混合型基金	423	98	7.098
44	中信保诚	信诚周期轮动	偏股混合型基金	423	121	1.824
44	中信保诚	信诚精萃成长	偏股混合型基金	423	175	22.788

整体投资回报能力排名	基金公司(简称)	基金名称	投资类型(二级分类)	样本基金数量	同类基金中排名	期间内规模(亿)
44	中信保诚	信诚四季红	偏股混合型基金	423	271	14.407
44	中信保诚	信诚中小盘	偏股混合型基金	423	297	0.756
44	中信保诚	信诚深度价值	偏股混合型基金	423	310	0.674
44	中信保诚	信诚新兴产业	偏股混合型基金	423	357	0.714
44	中信保诚	信诚年年有余 A	混合债券型一级基金	125	93	1.254
44	中信保诚	信诚年年有余 B	混合债券型一级基金	125	100	0.567
44	中信保诚	信诚经典优债 A	混合债券型一级基金	125	106	2.718
44	中信保诚	信诚经典优债 B	混合债券型一级基金	125	108	0.230
44	中信保诚	信诚添金分级	混合债券型一级基金	125	111	4.820
44	中信保诚	信诚季季定期支付	混合债券型二级基金	189	30	1.260
44	中信保诚	信诚增强收益	混合债券型二级基金	189	32	2.033
44	中信保诚	信诚三得益债券 A	混合债券型二级基金	189	49	4.640
44	中信保诚	信诚三得益债券 B	混合债券型二级基金	189	61	10.342
44	中信保诚	信诚中证 800 金融	被动指数型基金	183	59	1.477
44	中信保诚	信诚中证 500 分级	被动指数型基金	183	89	1.673
44	中信保诚	信诚沪深 300 分级	被动指数型基金	183	95	0.692
44	中信保诚	信诚中证 800 医药	被动指数型基金	183	109	0.835
44	中信保诚	信诚中证 800 有色	被动指数型基金	183	167	0.704
44	中信保诚	信诚货币 B	货币市场型基金	236	103	41.090
44	中信保诚	信诚理财 7 日盈 A	货币市场型基金	236	110	0.864
44	中信保诚	信诚货币 A	货币市场型基金	236	170	3.603
44	中信保诚	信诚理财 7 日盈 B	货币市场型基金	236	203	22.225
45	长盛	长盛纯债 A	中长期纯债型基金	204	174	2.962
45	长盛	长盛纯债 C	中长期纯债型基金	204	180	0.348
45	长盛	长盛年年收益 A	中长期纯债型基金	204	182	1.531
45	长盛	长盛年年收益 C	中长期纯债型基金	204	187	1.703

整体投资回报能力排名	基金公司（简称）	基金名称	投资类型（二级分类）	样本基金数量	同类基金中排名	期间内规模（亿）
45	长盛	长盛双月红1年期A	中长期纯债型基金	204	194	1.186
45	长盛	长盛双月红1年期C	中长期纯债型基金	204	196	0.834
45	长盛	长盛量化红利策略	偏股混合型基金	423	14	2.208
45	长盛	长盛成长价值	偏股混合型基金	423	65	4.886
45	长盛	长盛城镇化主题	偏股混合型基金	423	173	10.410
45	长盛	长盛同德	偏股混合型基金	423	188	31.269
45	长盛	长盛电子信息产业A	偏股混合型基金	423	242	11.075
45	长盛	长盛动态精选	偏股混合型基金	423	302	6.132
45	长盛	长盛同智	偏股混合型基金	423	372	10.636
45	长盛	长盛积极配置	混合债券型二级基金	189	81	3.458
45	长盛	长盛同禧A	混合债券型二级基金	189	99	0.248
45	长盛	长盛同禧C	混合债券型二级基金	189	126	0.172
45	长盛	长盛战略新兴产业A	灵活配置型基金	136	37	0.441
45	长盛	长盛创新先锋	灵活配置型基金	136	67	1.239
45	长盛	长盛电子信息主题	灵活配置型基金	136	78	3.406
45	长盛	长盛中证100	被动指数型基金	183	34	5.235
45	长盛	长盛沪深300	被动指数型基金	183	99	0.925
45	长盛	长盛同瑞中证200	被动指数型基金	183	181	0.274
45	长盛	长盛货币A	货币市场型基金	236	74	38.553
45	长盛	长盛添利宝B	货币市场型基金	236	91	24.960
45	长盛	长盛添利宝A	货币市场型基金	236	164	7.301
46	博时	博时双月薪	中长期纯债型基金	204	5	8.811
46	博时	博时安丰18个月A	中长期纯债型基金	204	24	8.801
46	博时	博时月月薪	中长期纯债型基金	204	36	5.402
46	博时	博时信用债纯债A	中长期纯债型基金	204	43	11.799
46	博时	博时岁岁增利	中长期纯债型基金	204	101	6.392

整体投资回报能力排名	基金公司（简称）	基金名称	投资类型（二级分类）	样本基金数量	同类基金中排名	期间内规模（亿）
46	博时	博时安心收益 A	中长期纯债型基金	204	130	1.215
46	博时	博时安心收益 C	中长期纯债型基金	204	150	0.890
46	博时	博时双债增强 A	中长期纯债型基金	204	198	0.329
46	博时	博时双债增强 C	中长期纯债型基金	204	199	0.264
46	博时	博时主题行业	偏股混合型基金	423	23	96.704
46	博时	博时创业成长 A	偏股混合型基金	423	115	3.675
46	博时	博时精选 A	偏股混合型基金	423	146	48.748
46	博时	博时特许价值 A	偏股混合型基金	423	238	3.611
46	博时	博时卓越品牌	偏股混合型基金	423	244	2.186
46	博时	博时行业轮动	偏股混合型基金	423	245	3.141
46	博时	博时医疗保健行业 A	偏股混合型基金	423	340	4.847
46	博时	博时新兴成长	偏股混合型基金	423	398	59.677
46	博时	博时第三产业成长	偏股混合型基金	423	399	33.370
46	博时	博时平衡配置	平衡混合型基金	21	17	10.741
46	博时	博时价值增长	平衡混合型基金	21	18	77.044
46	博时	博时价值增长 2 号	平衡混合型基金	21	21	25.698
46	博时	博时稳定价值 A	混合债券型一级基金	125	3	1.654
46	博时	博时稳定价值 B	混合债券型一级基金	125	5	3.632
46	博时	博时信用债券 B	混合债券型二级基金	189	2	6.035
46	博时	博时信用债券 A	混合债券型二级基金	189	3	6.035
46	博时	博时信用债券 C	混合债券型二级基金	189	5	2.866
46	博时	博时天颐 A	混合债券型二级基金	189	47	3.751
46	博时	博时天颐 C	混合债券型二级基金	189	62	0.539
46	博时	博时宏观回报 AB	混合债券型二级基金	189	70	0.730
46	博时	博时宏观回报 C	混合债券型二级基金	189	74	0.268
46	博时	博时转债 A	混合债券型二级基金	189	109	3.079

整体投资回报能力排名	基金公司（简称）	基金名称	投资类型（二级分类）	样本基金数量	同类基金中排名	期间内规模（亿）
46	博时	博时转债 C	混合债券型二级基金	189	117	2.791
46	博时	博时灵活配置 A	灵活配置型基金	136	38	1.255
46	博时	博时裕益灵活配置	灵活配置型基金	136	71	6.049
46	博时	博时策略灵活配置	灵活配置型基金	136	76	8.990
46	博时	博时回报灵活配置	灵活配置型基金	136	103	4.197
46	博时	博时内需增长灵活配置	灵活配置型基金	136	130	5.827
46	博时	博时上证企债 30ETF	被动指数型债券基金	19	13	8.543
46	博时	博时裕富沪深 300A	被动指数型基金	183	13	67.872
46	博时	博时深证基本面 200ETF	被动指数型基金	183	38	0.827
46	博时	博时超大盘 ETF	被动指数型基金	183	40	4.509
46	博时	博时超大盘 ETF 联接	被动指数型基金	183	51	3.763
46	博时	博时深证基本面 200ETF 联接	被动指数型基金	183	52	0.644
46	博时	博时自然资源 ETF	被动指数型基金	183	160	1.332
46	博时	博时自然资源 ETF 联接	被动指数型基金	183	165	0.497
46	博时	博时现金收益 A	货币市场型基金	236	160	839.274
47	申万菱信	申万菱信消费增长	偏股混合型基金	423	156	2.035
47	申万菱信	申万菱信盛利精选	偏股混合型基金	423	218	8.252
47	申万菱信	申万菱信新动力	偏股混合型基金	423	268	16.982
47	申万菱信	申万菱信竞争优势	偏股混合型基金	423	285	0.409
47	申万菱信	申万菱信新经济	偏股混合型基金	423	300	21.671
47	申万菱信	申万菱信沪深 300	增强指数型基金	32	7	2.076
47	申万菱信	申万菱信量化小盘	普通股票型基金	24	4	9.385
47	申万菱信	申万菱信添益宝 A	混合债券型一级基金	125	89	0.471
47	申万菱信	申万菱信添益宝 B	混合债券型一级基金	125	96	0.210

整体投资回报能力排名	基金公司（简称）	基金名称	投资类型（二级分类）	样本基金数量	同类基金中排名	期间内规模（亿）
47	申万菱信	申万菱信稳益宝	混合债券型二级基金	189	83	3.190
47	申万菱信	申万菱信可转债	混合债券型二级基金	189	155	0.761
47	申万菱信	申万菱信沪深 300 价值	被动指数基金	183	7	7.225
47	申万菱信	申万菱信深证成指分级	被动指数型基金	183	168	2.079
47	申万菱信	申万菱信货币 B	货币市场型基金	236	152	53.933
47	申万菱信	申万菱信货币 A	货币市场型基金	236	201	1.098
48	景顺长城	景顺长城景兴信用纯债 A	中长期纯债型基金	204	145	1.183
48	景顺长城	景顺长城景兴信用纯债 C	中长期纯债型基金	204	164	0.233
48	景顺长城	景顺长城能源基建	偏股混合型基金	423	18	11.617
48	景顺长城	景顺长城鼎益	偏股混合型基金	423	36	38.220
48	景顺长城	景顺长城品质投资	偏股混合型基金	423	68	4.131
48	景顺长城	景顺长城核心竞争力 A	偏股混合型基金	423	69	22.233
48	景顺长城	景顺长城优选	偏股混合型基金	423	79	36.759
48	景顺长城	景顺长城新兴成长	偏股混合型基金	423	82	28.114
48	景顺长城	景顺长城精选蓝筹	偏股混合型基金	423	128	59.414
48	景顺长城	景顺长城资源垄断	偏股混合型基金	423	199	38.187
48	景顺长城	景顺长城中小盘	偏股混合型基金	423	209	6.403
48	景顺长城	景顺长城公司治理	偏股混合型基金	423	211	1.051
48	景顺长城	景顺长城支柱产业	偏股混合型基金	423	281	1.459
48	景顺长城	景顺长城内需增长	偏股混合型基金	423	377	53.174
48	景顺长城	景顺长城内需增长贰号	偏股混合型基金	423	386	57.339
48	景顺长城	景顺长城沪深 300	增强指数型基金	32	6	39.001
48	景顺长城	景顺长城成长之星	普通股票型基金	24	13	3.238
48	景顺长城	景顺长城稳定收益 A	混合债券型一级基金	125	105	1.150
48	景顺长城	景顺长城稳定收益 C	混合债券型一级基金	125	112	0.140

整体投资回报能力排名	基金公司（简称）	基金名称	投资类型（二级分类）	样本基金数量	同类基金中排名	期间内规模（亿）
48	景顺长城	景顺长城景颐双利 A	混合债券型二级基金	189	55	9.091
48	景顺长城	景顺长城景颐双利 C	混合债券型二级基金	189	66	0.066
48	景顺长城	景顺长城优信增利 A	混合债券型二级基金	189	114	0.125
48	景顺长城	景顺长城优信增利 C	混合债券型二级基金	189	118	0.076
48	景顺长城	景顺长城四季金利 A	混合债券型二级基金	189	132	1.244
48	景顺长城	景顺长城四季金利 C	混合债券型二级基金	189	142	0.254
48	景顺长城	景顺长城动力平衡	灵活配置型基金	136	65	26.242
48	景顺长城	景顺长城策略精选	灵活配置型基金	136	84	6.422
48	景顺长城	景顺长城 300 等权 ETF	被动指数型基金	183	45	1.277
48	景顺长城	景顺长城 180 等权 ETF 联接	被动指数型基金	183	70	0.263
48	景顺长城	景顺长城 180 等权 ETF	被动指数型基金	183	114	0.653
48	景顺长城	景顺长城中证 500ETF	被动指数型基金	183	126	3.685
48	景顺长城	景顺长城景益货币 B	货币市场型基金	236	138	2.346
48	景顺长城	景顺长城货币 B	货币市场型基金	236	163	7.975
48	景顺长城	景顺长城景益货币 A	货币市场型基金	236	189	279.606
48	景顺长城	景顺长城货币 A	货币市场型基金	236	205	3.877
49	汇丰晋信	汇丰晋信 2026	偏债混合型基金	31	28	1.288
49	汇丰晋信	汇丰晋信龙腾	偏股混合型基金	423	77	15.118
49	汇丰晋信	汇丰晋信大盘 A	普通股票型基金	24	1	15.517
49	汇丰晋信	汇丰晋信消费红利	普通股票型基金	24	18	8.429
49	汇丰晋信	汇丰晋信中小盘	普通股票型基金	24	20	2.069
49	汇丰晋信	汇丰晋信科技先锋	普通股票型基金	24	22	8.106
49	汇丰晋信	汇丰晋信低碳先锋	普通股票型基金	24	24	7.721
49	汇丰晋信	汇丰晋信平稳增利 A	混合债券型一级基金	125	109	0.507
49	汇丰晋信	汇丰晋信平稳增利 C	混合债券型一级基金	125	115	0.097

整体投资回报能力排名	基金公司（简称）	基金名称	投资类型（二级分类）	样本基金数量	同类基金中排名	期间内规模（亿）
49	汇丰晋信	汇丰晋信 2016	混合债券型二级基金	189	92	2.337
49	汇丰晋信	汇丰晋信动态策略 A	灵活配置型基金	136	18	10.188
49	汇丰晋信	汇丰晋信恒生 A 股 A	被动指数型基金	183	15	1.553
49	汇丰晋信	汇丰晋信货币 B	货币市场型基金	236	216	49.958
49	汇丰晋信	汇丰晋信货币 A	货币市场型基金	236	223	0.443
50	鹏华	鹏华丰融	中长期纯债型基金	204	10	1.701
50	鹏华	鹏华实业债纯债	中长期纯债型基金	204	16	3.189
50	鹏华	鹏华产业债	中长期纯债型基金	204	29	6.337
50	鹏华	鹏华丰泰 A	中长期纯债型基金	204	46	4.617
50	鹏华	鹏华丰实 A	中长期纯债型基金	204	47	7.558
50	鹏华	鹏华丰实 B	中长期纯债型基金	204	57	0.990
50	鹏华	鹏华纯债	中长期纯债型基金	204	73	4.567
50	鹏华	鹏华盛世创新	偏股混合型基金	423	59	2.054
50	鹏华	鹏华新兴产业	偏股混合型基金	423	74	11.795
50	鹏华	鹏华消费优选	偏股混合型基金	423	89	5.648
50	鹏华	鹏华价值优势	偏股混合型基金	423	137	49.794
50	鹏华	鹏华普天收益	偏股混合型基金	423	187	9.884
50	鹏华	鹏华动力增长	偏股混合型基金	423	290	34.331
50	鹏华	鹏华精选成长	偏股混合型基金	423	299	5.494
50	鹏华	鹏华中国 50	偏股混合型基金	423	392	22.797
50	鹏华	鹏华优质治理	偏股混合型基金	423	400	24.607
50	鹏华	鹏华价值精选	普通股票型基金	24	21	0.480
50	鹏华	鹏华普天债券 A	混合债券型一级基金	125	35	7.471
50	鹏华	鹏华丰润	混合债券型一级基金	125	36	2.305
50	鹏华	鹏华普天债券 B	混合债券型一级基金	125	46	1.835
50	鹏华	鹏华丰和 A	混合债券型二级基金	189	73	5.284

整体投资回报能力排名	基金公司（简称）	基金名称	投资类型（二级分类）	样本基金数量	同类基金中排名	期间内规模（亿）
50	鹏华	鹏华双债加利	混合债券型二级基金	189	88	5.335
50	鹏华	鹏华双债增利	混合债券型二级基金	189	97	6.405
50	鹏华	鹏华信用增利 A	混合债券型二级基金	189	103	9.711
50	鹏华	鹏华信用增利 B	混合债券型二级基金	189	113	0.679
50	鹏华	鹏华丰收	混合债券型二级基金	189	116	25.979
50	鹏华	鹏华丰盛稳固收益	混合债券型二级基金	189	134	29.302
50	鹏华	鹏华双债保利	混合债券型二级基金	189	140	2.164
50	鹏华	鹏华国有企业债	混合债券型二级基金	189	168	2.640
50	鹏华	鹏华宏观	灵活配置型基金	136	59	4.891
50	鹏华	鹏华消费领先	灵活配置型基金	136	63	10.303
50	鹏华	鹏华沪深 300ETF	被动指数型基金	183	20	0.855
50	鹏华	鹏华沪深 300	被动指数型基金	183	58	5.119
50	鹏华	鹏华上证民企 50ETF	被动指数型基金	183	118	1.624
50	鹏华	鹏华上证民企 50ETF 联接	被动指数型基金	183	123	1.358
50	鹏华	鹏华中证 500	被动指数型基金	183	128	4.232
50	鹏华	鹏华中证 A 股资源产业	被动指数型基金	183	158	7.883
50	鹏华	鹏华深证民营 ETF	被动指数型基金	183	169	1.096
50	鹏华	鹏华深证民营 ETF 联接	被动指数型基金	183	170	0.677
50	鹏华	鹏华货币 B	货币市场型基金	236	125	71.552
50	鹏华	鹏华货币 A	货币市场型基金	236	184	13.489
51	海富通	海富通安颐收益 A	偏债混合型基金	31	12	3.755
51	海富通	海富通精选 2 号	偏股混合型基金	423	303	7.864
51	海富通	海富通内需热点	偏股混合型基金	423	304	2.193
51	海富通	海富通精选	偏股混合型基金	423	305	31.166
51	海富通	海富通领先成长	偏股混合型基金	423	364	2.494

整体投资回报能力排名	基金公司（简称）	基金名称	投资类型（二级分类）	样本基金数量	同类基金中排名	期间内规模（亿）
51	海富通	海富通国策导向	偏股混合型基金	423	382	5.122
51	海富通	海富通股票	偏股混合型基金	423	391	25.789
51	海富通	海富通中小盘	偏股混合型基金	423	422	4.339
51	海富通	海富通风格优势	偏股混合型基金	423	423	12.701
51	海富通	海富通一年定期开放 A	混合债券型一级基金	125	1	3.620
51	海富通	海富通稳健添利 A	混合债券型一级基金	125	102	1.228
51	海富通	海富通稳健添利 C	混合债券型一级基金	125	104	0.425
51	海富通	海富通稳固收益	混合债券型二级基金	189	93	1.900
51	海富通	海富通收益增长	灵活配置型基金	136	89	18.141
51	海富通	海富通强化回报	灵活配置型基金	136	115	9.819
51	海富通	海富通中证 100	被动指数型基金	183	37	2.987
51	海富通	海富通上证周期 ETF	被动指数型基金	183	53	1.133
51	海富通	海富通上证周期 ETF 联接	被动指数型基金	183	61	0.740
51	海富通	海富通上证非周期 ETF	被动指数型基金	183	96	0.965
51	海富通	海富通上证非周期 ETF 联接	被动指数型基金	183	107	0.620
51	海富通	海富通中证低碳	被动指数型基金	183	156	0.576
51	海富通	海富通货币 B	货币市场型基金	236	66	124.373
51	海富通	海富通货币 A	货币市场型基金	236	135	3.751
52	浙商	浙商聚盈纯债 A	中长期纯债型基金	204	140	10.344
52	浙商	浙商聚盈纯债 C	中长期纯债型基金	204	158	0.090
52	浙商	浙商聚潮新思维	偏股混合型基金	423	47	1.535
52	浙商	浙商聚潮产业成长	偏股混合型基金	423	223	3.435
53	国联安	国联安保本	偏债混合型基金	31	26	1.324
53	国联安	国联安安心成长	偏债混合型基金	31	27	4.203
53	国联安	国联安小盘精选	偏股混合型基金	423	102	13.085

整体投资回报能力排名	基金公司（简称）	基金名称	投资类型（二级分类）	样本基金数量	同类基金中排名	期间内规模（亿）
53	国联安	国联安优势	偏股混合型基金	423	135	6.015
53	国联安	国联安精选	偏股混合型基金	423	192	30.853
53	国联安	国联安红利	偏股混合型基金	423	255	0.514
53	国联安	国联安主题驱动	偏股混合型基金	423	352	0.927
53	国联安	国联安优选行业	偏股混合型基金	423	366	10.764
53	国联安	国联安稳健	平衡混合型基金	21	2	1.385
53	国联安	国联安增利债券 A	混合债券型一级基金	125	76	4.018
53	国联安	国联安增利债券 B	混合债券型一级基金	125	85	0.514
53	国联安	国联安信心增益	混合债券型一级基金	125	121	2.982
53	国联安	国联安信心增长 A	混合债券型二级基金	189	167	8.059
53	国联安	国联安信心增长 B	混合债券型二级基金	189	172	2.348
53	国联安	国联安中证股债动态	灵活配置型基金	136	124	0.665
53	国联安	国联安双禧中证 100	被动指数型基金	183	57	0.776
53	国联安	国联安中证医药 100	被动指数型基金	183	134	6.943
53	国联安	国联安上证商品 ETF 联接	被动指数型基金	183	148	1.598
53	国联安	国联安上证商品 ETF	被动指数型基金	183	151	2.196
53	国联安	国联安货币 B	货币市场型基金	236	154	49.317
53	国联安	国联安货币 A	货币市场型基金	236	202	2.043
54	银华	银华信用四季红	中长期纯债型基金	204	33	3.739
54	银华	银华信用季季红 A	中长期纯债型基金	204	58	12.162
54	银华	银华纯债信用主题	中长期纯债型基金	204	62	16.576
54	银华	银华保本增值	偏债混合型基金	31	23	20.849
54	银华	银华中小盘精选	偏股混合型基金	423	9	11.290
54	银华	银华富裕主题	偏股混合型基金	423	19	58.178
54	银华	银华领先策略	偏股混合型基金	423	100	9.139

续表 3-2

整体投资回报能力排名	基金公司（简称）	基金名称	投资类型（二级分类）	样本基金数量	同类基金中排名	期间内规模（亿）
54	银华	银华内需精选	偏股混合型基金	423	196	7.347
54	银华	银华优质增长	偏股混合型基金	423	284	41.918
54	银华	银华核心价值优选	偏股混合型基金	423	289	69.366
54	银华	银华消费主题分级	偏股混合型基金	423	412	0.824
54	银华	银华道琼斯 88 精选 A	增强指数型基金	32	23	40.909
54	银华	银华中证 800 等权重	增强指数型基金	32	30	0.897
54	银华	银华优势企业	平衡混合型基金	21	20	15.591
54	银华	银华信用债券	混合债券型一级基金	125	81	2.802
54	银华	银华信用双利 A	混合债券型二级基金	189	94	1.489
54	银华	银华信用双利 C	混合债券型二级基金	189	101	0.562
54	银华	银华增强收益	混合债券型二级基金	189	104	4.399
54	银华	银华永泰积极 A	混合债券型二级基金	189	161	0.042
54	银华	银华永泰积极 C	混合债券型二级基金	189	166	0.221
54	银华	银华和谐主题	灵活配置型基金	136	57	5.129
54	银华	银华量化智慧动力	灵活配置型基金	136	108	0.995
54	银华	银华成长先锋	灵活配置型基金	136	127	6.956
54	银华	银华中证中票 50A	被动指数型债券基金	19	7	1.301
54	银华	银华中证中票 50C	被动指数型债券基金	19	9	0.074
54	银华	银华上证 50 等权重 ETF	被动指数型基金	183	91	0.691
54	银华	银华上证 50 等权 ETF 联接	被动指数型基金	183	111	0.499
54	银华	银华中证等权重 90	被动指数型基金	183	121	4.115
54	银华	银华深证 100	被动指数型基金	183	130	3.912
54	银华	银华中证内地资源主题	被动指数型基金	183	166	2.012
54	银华	银华货币 B	货币市场型基金	236	99	20.296
54	银华	银华货币 A	货币市场型基金	236	168	66.300

整体投资回报能力排名	基金公司（简称）	基金名称	投资类型（二级分类）	样本基金数量	同类基金中排名	期间内规模（亿）
54	银华	银华交易货币 A	货币市场型基金	236	175	25 463.486
55	华商	华商产业升级	偏股混合型基金	423	180	2.302
55	华商	华商价值精选	偏股混合型基金	423	205	5.497
55	华商	华商盛世成长	偏股混合型基金	423	228	42.807
55	华商	华商领先企业	偏股混合型基金	423	318	42.331
55	华商	华商主题精选	偏股混合型基金	423	394	8.423
55	华商	华商收益增强 A	混合债券型一级基金	125	69	1.437
55	华商	华商收益增强 B	混合债券型一级基金	125	80	0.946
55	华商	华商稳定增利 A	混合债券型二级基金	189	58	2.425
55	华商	华商稳定增利 C	混合债券型二级基金	189	72	0.992
55	华商	华商稳健双利 A	混合债券型二级基金	189	133	1.322
55	华商	华商稳健双利 B	混合债券型二级基金	189	143	1.046
55	华商	华商红利优选	灵活配置型基金	136	12	3.853
55	华商	华商优势行业	灵活配置型基金	136	16	4.433
55	华商	华商策略精选	灵活配置型基金	136	64	33.295
55	华商	华商大盘量化精选	灵活配置型基金	136	75	4.398
55	华商	华商价值共享灵活配置	灵活配置型基金	136	80	10.308
55	华商	华商动态阿尔法	灵活配置型基金	136	111	19.350
55	华商	华商现金增利 B	货币市场型基金	236	196	3.408
55	华商	华商现金增利 A	货币市场型基金	236	214	0.686
56	金元顺安	金元顺安核心动力	偏股混合型基金	423	150	0.433
56	金元顺安	金元顺安宝石动力	偏股混合型基金	423	280	2.099
56	金元顺安	金元顺安消费主题	偏股混合型基金	423	380	0.318
56	金元顺安	金元顺安新经济主题	偏股混合型基金	423	389	0.628
56	金元顺安	金元顺安价值增长	偏股混合型基金	423	421	0.436
56	金元顺安	金元顺安丰利	混合债券型二级基金	189	100	11.403

整体投资回报能力排名	基金公司（简称）	基金名称	投资类型（二级分类）	样本基金数量	同类基金中排名	期间内规模（亿）
56	金元顺安	金元顺安优质精选 A	灵活配置型基金	136	119	0.340
56	金元顺安	金元顺安成长动力	灵活配置型基金	136	128	0.371
57	华宝	华宝资源优选	偏股混合型基金	423	72	2.564
57	华宝	华宝服务优选	偏股混合型基金	423	151	10.169
57	华宝	华宝宝康消费品	偏股混合型基金	423	197	15.362
57	华宝	华宝动力组合	偏股混合型基金	423	226	10.657
57	华宝	华宝先进成长	偏股混合型基金	423	227	13.746
57	华宝	华宝医药生物	偏股混合型基金	423	282	6.025
57	华宝	华宝多策略	偏股混合型基金	423	288	25.895
57	华宝	华宝新兴产业	偏股混合型基金	423	337	13.983
57	华宝	华宝收益增长	偏股混合型基金	423	354	25.383
57	华宝	华宝大盘精选	偏股混合型基金	423	361	2.663
57	华宝	华宝行业精选	偏股混合型基金	423	378	58.266
57	华宝	华宝宝康债券	混合债券型一级基金	125	74	2.073
57	华宝	华宝可转债	混合债券型一级基金	125	125	1.821
57	华宝	华宝收益 A	混合债券型二级基金	189	108	0.776
57	华宝	华宝收益 B	混合债券型二级基金	189	123	0.136
57	华宝	华宝宝康灵活	灵活配置型基金	136	81	5.028
57	华宝	华宝上证 180 价值 ETF	被动指数型基金	183	5	5.132
57	华宝	华宝上证 180 价值 ETF 联接	被动指数型基金	183	11	1.777
57	华宝	华宝上证 180 成长 ETF	被动指数型基金	183	26	1.551
57	华宝	华宝中证 100	被动指数型基金	183	31	5.636
57	华宝	华宝上证 180 成长 ETF 联接	被动指数型基金	183	39	1.031
57	华宝	华宝现金宝 B	货币市场型基金	236	86	20.298
57	华宝	华宝现金宝 A	货币市场型基金	236	158	4.907

整体投资回报能力排名	基金公司（简称）	基金名称	投资类型（二级分类）	样本基金数量	同类基金中排名	期间内规模（亿）
57	华宝	华宝现金添益 A	货币市场型基金	236	186	565.386
58	东方	东方安心收益保本	偏债混合型基金	31	20	4.321
58	东方	东方策略成长	偏股混合型基金	423	70	2.048
58	东方	东方核心动力	偏股混合型基金	423	170	0.788
58	东方	东方精选	偏股混合型基金	423	317	31.239
58	东方	东方新能源汽车主题	偏股混合型基金	423	369	0.509
58	东方	东方稳健回报	混合债券型一级基金	125	92	0.996
58	东方	东方强化收益	混合债券型二级基金	189	95	2.010
58	东方	东方龙混合	灵活配置型基金	136	60	8.154
58	东方	东方利群 A	灵活配置型基金	136	100	0.418
58	东方	东方金账簿货币 A	货币市场型基金	236	134	8.729
59	方正富邦	方正富邦互利定期开放	中长期纯债型基金	204	203	1.369
59	方正富邦	方正富邦红利精选	偏股混合型基金	423	154	0.133
59	方正富邦	方正富邦创新动力	偏股混合型基金	423	233	0.647
59	方正富邦	方正富邦货币 B	货币市场型基金	236	36	1.010
59	方正富邦	方正富邦货币 A	货币市场型基金	236	82	1.527
60	中邮	中邮定期开放 A	中长期纯债型基金	204	61	20.724
60	中邮	中邮稳定收益 A	中长期纯债型基金	204	64	33.841
60	中邮	中邮定期开放 C	中长期纯债型基金	204	81	6.344
60	中邮	中邮稳定收益 C	中长期纯债型基金	204	88	5.615
60	中邮	中邮战略新兴产业	偏股混合型基金	423	132	13.186
60	中邮	中邮核心主题	偏股混合型基金	423	247	8.004
60	中邮	中邮核心成长	偏股混合型基金	423	345	83.336
60	中邮	中邮核心优选	偏股混合型基金	423	384	45.098
60	中邮	中邮上证 380	增强指数型基金	32	29	0.473
60	中邮	中邮中小盘灵活配置	灵活配置型基金	136	44	5.525

整体投资回报能力排名	基金公司（简称）	基金名称	投资类型（二级分类）	样本基金数量	同类基金中排名	期间内规模（亿）
60	中邮	中邮核心优势	灵活配置型基金	136	104	9.308
61	中海	中海惠丰纯债分级	中长期纯债型基金	204	123	5.951
61	中海	中海惠利纯债分级	中长期纯债型基金	204	127	11.853
61	中海	中海消费主题精选	偏股混合型基金	423	105	1.846
61	中海	中海量化策略	偏股混合型基金	423	311	1.548
61	中海	中海优质成长	偏股混合型基金	423	351	22.478
61	中海	中海能源策略	偏股混合型基金	423	379	20.702
61	中海	中海分红增利	偏股混合型基金	423	409	11.788
61	中海	中海上证 50	增强指数型基金	32	11	1.485
61	中海	中海医疗保健	普通股票型基金	24	3	5.106
61	中海	中海稳健收益	混合债券型一级基金	125	87	0.827
61	中海	中海增强收益 A	混合债券型二级基金	189	159	1.521
61	中海	中海增强收益 C	混合债券型二级基金	189	165	0.142
61	中海	中海可转换债券 C	混合债券型二级基金	189	188	0.314
61	中海	中海可转换债券 A	混合债券型二级基金	189	189	0.873
61	中海	中海蓝筹配置	灵活配置型基金	136	109	0.965
61	中海	中海环保新能源	灵活配置型基金	136	118	1.826
61	中海	中海货币 B	货币市场型基金	236	70	22.719
61	中海	中海货币 A	货币市场型基金	236	140	6.653
62	融通	融通岁岁添利 A	中长期纯债型基金	204	21	2.106
62	融通	融通岁岁添利 B	中长期纯债型基金	204	31	0.952
62	融通	融通债券 AB	中长期纯债型基金	204	53	2.129
62	融通	融通债券 C	中长期纯债型基金	204	76	1.115
62	融通	融通通泰保本 A	偏债混合型基金	31	25	7.526
62	融通	融通动力先锋	偏股混合型基金	423	253	14.803
62	融通	融通行业景气	偏股混合型基金	423	278	16.967

整体投资回报能力排名	基金公司（简称）	基金名称	投资类型（二级分类）	样本基金数量	同类基金中排名	期间内规模（亿）
62	融通	融通领先成长	偏股混合型基金	423	319	24.223
62	融通	融通内需驱动	偏股混合型基金	423	324	3.648
62	融通	融通新蓝筹	偏股混合型基金	423	348	57.805
62	融通	融通医疗保健行业 A	偏股混合型基金	423	402	13.990
62	融通	融通巨潮 100AB	增强指数型基金	32	18	11.655
62	融通	融通深证 100AB	增强指数型基金	32	27	84.546
62	融通	融通创业板 AB	增强指数型基金	32	31	3.725
62	融通	融通蓝筹成长	平衡混合型基金	21	12	11.083
62	融通	基金通乾	普通股票型基金	24	7	20.831
62	融通	融通四季添利	混合债券型一级基金	125	49	10.693
62	融通	融通可转债 A	混合债券型二级基金	189	184	0.488
62	融通	融通可转债 C	混合债券型二级基金	189	186	0.610
62	融通	融通通泽	灵活配置型基金	136	97	4.242
62	融通	融通深证成指 AB	被动指数型基金	183	162	3.618
62	融通	融通易支付货币 B	货币市场型基金	236	141	17.886
62	融通	融通易支付货币 A	货币市场型基金	236	192	13.817
63	信达澳银	信达澳银产业升级	偏股混合型基金	423	225	1.709
63	信达澳银	信达澳银中小盘	偏股混合型基金	423	270	2.399
63	信达澳银	信达澳银领先增长	偏股混合型基金	423	330	25.102
63	信达澳银	信达澳银消费优选	偏股混合型基金	423	350	0.619
63	信达澳银	信达澳银红利回报	偏股混合型基金	423	363	0.804
63	信达澳银	信达澳银稳定 A	混合债券型一级基金	125	33	1.585
63	信达澳银	信达澳银稳定 B	混合债券型一级基金	125	47	0.309
63	信达澳银	信达澳银信用债 A	混合债券型二级基金	189	169	0.274
63	信达澳银	信达澳银信用债 C	混合债券型二级基金	189	173	0.493
63	信达澳银	信达澳银精华	灵活配置型基金	136	48	0.724

整体投资回报能力排名	基金公司（简称）	基金名称	投资类型（二级分类）	样本基金数量	同类基金中排名	期间内规模（亿）
64	益民	益民创新优势	偏股混合型基金	423	396	18.136
64	益民	益民红利成长	偏股混合型基金	423	408	5.453
64	益民	益民多利债券	混合债券型二级基金	189	183	0.289
64	益民	益民服务领先	灵活配置型基金	136	4	5.766
64	益民	益民核心增长	灵活配置型基金	136	122	0.512
64	益民	益民货币	货币市场型基金	236	217	0.873
65	天治	天治可转债增强 A	中长期纯债型基金	204	201	1.512
65	天治	天治可转债增强 C	中长期纯债型基金	204	204	0.733
65	天治	天治财富增长	偏债混合型基金	31	6	1.312
65	天治	天治核心成长	偏股混合型基金	423	395	13.619
65	天治	天治稳健双盈	混合债券型二级基金	189	44	6.027
65	天治	天治中国制造 2025	灵活配置型基金	136	70	1.303
65	天治	天治研究驱动 A	灵活配置型基金	136	113	0.330
65	天治	天治新消费	灵活配置型基金	136	120	0.389
65	天治	天治趋势精选	灵活配置型基金	136	131	0.298
65	天治	天治低碳经济	灵活配置型基金	136	134	0.567
65	天治	天治天得利货币	货币市场型基金	236	194	10.960
66	东吴	东吴新产业精选	偏股混合型基金	423	323	0.880
66	东吴	东吴新经济	偏股混合型基金	423	329	0.656
66	东吴	东吴嘉禾优势	偏股混合型基金	423	387	11.409
66	东吴	东吴行业轮动	偏股混合型基金	423	393	7.099
66	东吴	东吴价值成长	偏股混合型基金	423	420	12.429
66	东吴	东吴增利 A	混合债券型一级基金	125	53	1.300
66	东吴	东吴增利 C	混合债券型一级基金	125	65	0.090
66	东吴	东吴优信稳健 A	混合债券型二级基金	189	177	0.435
66	东吴	东吴优信稳健 C	混合债券型二级基金	189	179	0.692

整体投资回报能力排名	基金公司（简称）	基金名称	投资类型（二级分类）	样本基金数量	同类基金中排名	期间内规模（亿）
66	东吴	东吴安享量化	灵活配置型基金	136	69	1.109
66	东吴	东吴多策略	灵活配置型基金	136	72	1.007
66	东吴	东吴进取策略	灵活配置型基金	136	105	3.635
66	东吴	东吴沪深300A	被动指数型基金	183	136	0.275
66	东吴	东吴中证新兴产业	被动指数型基金	183	138	4.858
66	东吴	东吴货币B	货币市场型基金	236	155	40.993
66	东吴	东吴货币A	货币市场型基金	236	199	0.740
67	上投摩根	上投摩根纯债A	中长期纯债型基金	204	93	0.895
67	上投摩根	上投摩根纯债B	中长期纯债型基金	204	114	0.330
67	上投摩根	上投摩根岁岁盈A	中长期纯债型基金	204	184	3.536
67	上投摩根	上投摩根岁岁盈C	中长期纯债型基金	204	189	0.112
67	上投摩根	上投摩根天颐年丰A	偏债混合型基金	31	19	2.420
67	上投摩根	上投摩根红利回报A	偏债混合型基金	31	24	2.943
67	上投摩根	上投摩根双核平衡	偏股混合型基金	423	160	2.920
67	上投摩根	上投摩根核心优选	偏股混合型基金	423	177	6.681
67	上投摩根	上投摩根健康品质生活	偏股混合型基金	423	263	1.490
67	上投摩根	上投摩根行业轮动A	偏股混合型基金	423	286	23.021
67	上投摩根	上投摩根新兴动力A	偏股混合型基金	423	301	22.227
67	上投摩根	上投摩根智选30	偏股混合型基金	423	327	9.740
67	上投摩根	上投摩根中小盘	偏股混合型基金	423	331	5.360
67	上投摩根	上投摩根中国优势	偏股混合型基金	423	339	17.905
67	上投摩根	上投摩根阿尔法	偏股混合型基金	423	375	18.675
67	上投摩根	上投摩根成长先锋	偏股混合型基金	423	406	30.964
67	上投摩根	上投摩根内需动力	偏股混合型基金	423	414	51.365
67	上投摩根	上投摩根双息平衡A	平衡混合型基金	21	16	24.203
67	上投摩根	上投摩根大盘蓝筹	普通股票型基金	24	17	3.019

整体投资回报能力排名	基金公司（简称）	基金名称	投资类型（二级分类）	样本基金数量	同类基金中排名	期间内规模（亿）
67	上投摩根	上投摩根分红添利 A	混合债券型一级基金	125	54	0.655
67	上投摩根	上投摩根分红添利 B	混合债券型一级基金	125	62	0.604
67	上投摩根	上投摩根轮动添利 A	混合债券型一级基金	125	116	1.564
67	上投摩根	上投摩根轮动添利 C	混合债券型一级基金	125	118	1.506
67	上投摩根	上投摩根双债增利 A	混合债券型二级基金	189	80	0.876
67	上投摩根	上投摩根双债增利 C	混合债券型二级基金	189	87	0.887
67	上投摩根	上投摩根强化回报 A	混合债券型二级基金	189	153	0.654
67	上投摩根	上投摩根强化回报 B	混合债券型二级基金	189	158	0.152
67	上投摩根	上投摩根转型动力	灵活配置型基金	136	110	10.019
67	上投摩根	上投摩根成长动力	灵活配置型基金	136	125	8.937
67	上投摩根	上投摩根 180 高贝塔 ETF	被动指数型基金	183	85	0.305
67	上投摩根	上投摩根中证消费	被动指数型基金	183	104	0.548
67	上投摩根	上投摩根货币 B	货币市场型基金	236	207	468.340
67	上投摩根	上投摩根货币 A	货币市场型基金	236	220	1.345
68	泰达宏利	泰达宏利信用合利 A	中长期纯债型基金	204	129	17.677
68	泰达宏利	泰达宏利信用合利 B	中长期纯债型基金	204	146	3.888
68	泰达宏利	泰达宏利瑞利 A	中长期纯债型基金	204	195	7.161
68	泰达宏利	泰达宏利风险预算	偏债混合型基金	31	29	8.857
68	泰达宏利	泰达宏利逆向策略	偏股混合型基金	423	88	2.292
68	泰达宏利	泰达宏利稳定	偏股混合型基金	423	240	1.548
68	泰达宏利	泰达宏利效率优选	偏股混合型基金	423	316	21.149
68	泰达宏利	泰达宏利周期	偏股混合型基金	423	322	3.505
68	泰达宏利	泰达宏利成长	偏股混合型基金	423	358	9.727
68	泰达宏利	泰达宏利红利先锋	偏股混合型基金	423	388	10.831
68	泰达宏利	泰达宏利行业精选	偏股混合型基金	423	405	14.195

整体投资回报能力排名	基金公司（简称）	基金名称	投资类型（二级分类）	样本基金数量	同类基金中排名	期间内规模（亿）
68	泰达宏利	泰达宏利市值优选	偏股混合型基金	423	415	33.630
68	泰达宏利	泰达宏利领先中小盘	偏股混合型基金	423	416	3.150
68	泰达宏利	泰达宏利沪深300A	增强指数型基金	32	5	1.759
68	泰达宏利	泰达宏利首选企业	普通股票型基金	24	23	6.905
68	泰达宏利	泰达宏利集利A	混合债券型二级基金	189	29	10.350
68	泰达宏利	泰达宏利集利C	混合债券型二级基金	189	34	1.687
68	泰达宏利	泰达宏利品质生活	灵活配置型基金	136	135	3.181
68	泰达宏利	泰达宏利中证500	被动指数型基金	183	43	0.776
68	泰达宏利	泰达宏利货币A	货币市场型基金	236	116	2.677
69	西部利得	西部利得策略优选	偏股混合型基金	423	390	2.447
69	西部利得	西部利得稳定增利C	混合债券型一级基金	125	123	0.375
69	西部利得	西部利得稳定增利A	混合债券型一级基金	125	124	0.152
69	西部利得	西部利得稳健双利A	混合债券型二级基金	189	170	1.842
69	西部利得	西部利得稳健双利C	混合债券型二级基金	189	174	0.555
69	西部利得	西部利得新动向	灵活配置型基金	136	83	1.033
70	泰信	泰信鑫益A	中长期纯债型基金	204	152	0.836
70	泰信	泰信鑫益C	中长期纯债型基金	204	172	0.609
70	泰信	泰信现代服务业	偏股混合型基金	423	210	0.498
70	泰信	泰信发展主题	偏股混合型基金	423	219	1.477
70	泰信	泰信中小盘精选	偏股混合型基金	423	248	0.913
70	泰信	泰信蓝筹精选	偏股混合型基金	423	381	5.706
70	泰信	泰信先行策略	偏股混合型基金	423	401	24.286
70	泰信	泰信优质生活	偏股混合型基金	423	407	7.516
70	泰信	泰信周期回报	混合债券型一级基金	125	88	1.018
70	泰信	泰信增强收益A	混合债券型一级基金	125	114	0.087
70	泰信	泰信增强收益C	混合债券型一级基金	125	117	0.103

续表 3-2

整体投资回报能力排名	基金公司（简称）	基金名称	投资类型（二级分类）	样本基金数量	同类基金中排名	期间内规模（亿）
70	泰信	泰信双息双利	混合债券型二级基金	189	160	0.544
70	泰信	泰信优势增长	灵活配置型基金	136	126	0.856
70	泰信	泰信基本面 400	被动指数型基金	183	140	0.304
70	泰信	泰信中证 200	被动指数型基金	183	141	0.628
70	泰信	泰信天天收益 A	货币市场型基金	236	190	3.334

4 十年期公募基金管理公司整体投资回报能力评价

4.1 数据来源与样本说明

十年期的数据区间为 2008 年 12 月 31 日至 2018 年 12 月 31 日。所有公募基金数据来源于 Wind 金融资讯终端。从 Wind 上我们获得的数据变量有：基金名称、基金管理公司、投资类型（二级分类）、投资风格、复权单位净值增长率（20081231—20181231）、单位净值（20081231）、单位净值（20181231）、基金份额（20081231）、基金份额（20181231）。

我们删除国际（QDII）类基金、同期样本数少于 10 的类别，再删除同期旗下样本基金数少于 3 只的基金管理公司，最后的样本基金数为 397 只，样本基金管理公司总共 49 家。

投资类型包括：偏债混合型基金（12 只）、偏股混合型基金（194 只）、灵活配置型基金（31 只）、货币市场型基金（50 只）、混合债券型一级基金（46 只）、平衡混合型基金（20 只）、混合债券型二级基金（32 只）、被动指数型基金（12 只）。

我们按第 1 部分介绍的计算方法，计算出样本中每家基金公司的整体投资回报能力分数，依高分到低分进行排序。

4.2 十年期整体投资回报能力评价结果

在十年期的整体投资能力评价中，样本基金公司只有 49 家，它们均是我们熟悉的国内老牌公募基金公司。见表 4-1。

表 4-1　十年期整体投资回报能力评价

整体投资回报能力排名	基金公司（简称）	整体投资回报能力得分	样本基金数量
1	兴全	1.176	4
2	汇添富	0.724	7

整体投资回报能力排名	基金公司(简称)	整体投资回报能力得分	样本基金数量
3	富国	0.606	11
4	银河	0.568	9
5	易方达	0.559	17
6	华富	0.531	6
7	国海富兰克林	0.508	6
8	工银瑞信	0.442	10
9	国联安	0.426	6
10	中银	0.405	6
11	华夏	0.388	22
12	海富通	0.386	9
13	银华	0.381	9
14	嘉实	0.373	13
15	建信	0.359	6
16	南方	0.351	13
17	博时	0.345	12
18	景顺长城	0.316	10
19	汇丰晋信	0.225	5
20	华泰柏瑞	0.222	6
21	国泰	0.152	10
22	鹏华	0.108	11
23	长盛	0.103	8
24	华安	0.078	10
25	光大保德信	0.067	6
26	中信保诚	0.057	5
27	万家	0.048	6
28	东方	0.028	5
29	交银施罗德	0.024	9
30	长信	−0.054	6

整体投资回报能力排名	基金公司(简称)	整体投资回报能力得分	样本基金数量
31	华宝	−0.060	11
32	大成	−0.065	15
33	招商	−0.087	9
34	金鹰	−0.166	3
35	长城	−0.170	7
36	广发	−0.207	10
37	国投瑞银	−0.280	7
38	泰达宏利	−0.322	10
39	天治	−0.373	6
40	诺安	−0.431	6
41	申万菱信	−0.511	7
42	宝盈	−0.550	7
43	融通	−0.787	6
44	天弘	−0.912	4
45	中海	−1.039	5
46	泰信	−1.127	5
47	益民	−1.573	4
48	上投摩根	−1.590	8
49	东吴	−1.711	4

4.3　十年期整体投资回报能力评价详细说明

从表 4-2 可以看出,在十年的评价期间内,为什么有的老牌基金公司可以在整体投资回报能力评价中居前。如兴全基金公司,虽然旗下样本基金兴全货币 A 在同期 50 只货币市场型基金中排名第 23,并不算好,但其旗下样本基金兴全可转债、兴全社会责任、兴全趋势投资分别在同期 12 只偏债混合型基金、194 只偏股混合型、31 只灵活配置型基金中排名第 1、第 3、第 5,且规模均较大,这使得兴全基金公司得以在十年期的整体投资回报能力评价中位居第 1。

表 4-2　十年期排名中所有样本基金详细情况

整体投资回报能力排名	基金公司(简称)	基金名称	投资类型(二级分类)	样本基金数量	同类基金中排名	期间内规模(亿)
1	兴全	兴全可转债	偏债混合型基金	12	1	23.770
1	兴全	兴全社会责任	偏股混合型基金	194	3	28.264
1	兴全	兴全趋势投资	灵活配置型基金	31	5	140.997
1	兴全	兴全货币 A	货币市场型基金	50	23	44.713
2	汇添富	汇添富成长焦点	偏股混合型基金	194	4	72.931
2	汇添富	汇添富优势精选	偏股混合型基金	194	36	29.721
2	汇添富	汇添富均衡增长	偏股混合型基金	194	136	105.485
2	汇添富	汇添富增强收益 A	混合债券型一级基金	46	34	23.510
2	汇添富	汇添富蓝筹稳健	灵活配置型基金	31	2	22.692
2	汇添富	汇添富货币 B	货币市场型基金	50	7	140.525
2	汇添富	汇添富货币 A	货币市场型基金	50	34	5.527
3	富国	富国天合稳健优选	偏股混合型基金	194	1	25.305
3	富国	富国天惠精选成长 A	偏股混合型基金	194	12	36.996
3	富国	富国天瑞强势精选	偏股混合型基金	194	21	30.034
3	富国	富国天益价值	偏股混合型基金	194	63	68.026
3	富国	富国天博创新主题	偏股混合型基金	194	76	40.788
3	富国	富国天源沪港深	平衡混合型基金	20	1	5.730
3	富国	富国天利增长债券	混合债券型一级基金	46	9	35.981
3	富国	富国天丰强化收益	混合债券型一级基金	46	18	11.743
3	富国	富国天成红利	灵活配置型基金	31	8	4.923
3	富国	富国天时货币 B	货币市场型基金	50	8	127.676
3	富国	富国天时货币 A	货币市场型基金	50	36	125.705
4	银河	银河收益	偏债混合型基金	12	3	3.629
4	银河	银河银泰理财分红	偏债混合型基金	12	4	17.372
4	银河	银河竞争优势成长	偏股混合型基金	194	7	2.277
4	银河	银河稳健	偏股混合型基金	194	22	8.344

整体投资回报能力排名	基金公司（简称）	基金名称	投资类型（二级分类）	样本基金数量	同类基金中排名	期间内规模（亿）
4	银河	基金银丰	平衡混合型基金	20	9	27.152
4	银河	银河银信添利 A	混合债券型一级基金	46	29	5.130
4	银河	银河银信添利 B	混合债券型一级基金	46	35	2.657
4	银河	银河银富货币 B	货币市场型基金	50	13	109.395
4	银河	银河银富货币 A	货币市场型基金	50	39	3.206
5	易方达	易方达中小盘	偏股混合型基金	194	2	44.737
5	易方达	易方达科翔	偏股混合型基金	194	16	18.910
5	易方达	易方达价值精选	偏股混合型基金	194	121	45.214
5	易方达	易方达科讯	偏股混合型基金	194	141	50.012
5	易方达	易方达积极成长	偏股混合型基金	194	144	43.837
5	易方达	易方达策略 2 号	偏股混合型基金	194	174	30.556
5	易方达	易方达策略成长	偏股混合型基金	194	177	30.958
5	易方达	易方达平稳增长	平衡混合型基金	20	8	29.905
5	易方达	易方达增强回报 A	混合债券型一级基金	46	2	18.869
5	易方达	易方达增强回报 B	混合债券型一级基金	46	4	9.621
5	易方达	易方达稳健收益 B	混合债券型二级基金	32	1	34.442
5	易方达	易方达稳健收益 A	混合债券型二级基金	32	11	13.556
5	易方达	易方达科汇	灵活配置型基金	31	13	14.644
5	易方达	易方达价值成长	灵活配置型基金	31	15	95.100
5	易方达	易方达深证 100ETF	被动指数型基金	12	12	28.680
5	易方达	易方达货币 B	货币市场型基金	50	2	270.514
5	易方达	易方达货币 A	货币市场型基金	50	28	29.937
6	华富	华富成长趋势	偏股混合型基金	194	147	8.855
6	华富	华富竞争力优选	偏股混合型基金	194	164	9.756
6	华富	华富收益增强 A	混合债券型一级基金	46	1	11.629
6	华富	华富收益增强 B	混合债券型一级基金	46	3	0.886

整体投资回报能力排名	基金公司（简称）	基金名称	投资类型（二级分类）	样本基金数量	同类基金中排名	期间内规模（亿）
6	华富	华富策略精选	灵活配置型基金	31	30	1.353
6	华富	华富货币 A	货币市场型基金	50	15	6.892
7	国海富兰克林	国富弹性市值	偏股混合型基金	194	30	38.261
7	国海富兰克林	国富潜力组合 A 人民币	偏股混合型基金	194	74	36.117
7	国海富兰克林	国富深化价值	偏股混合型基金	194	158	5.755
7	国海富兰克林	国富中国收益	平衡混合型基金	20	7	6.537
7	国海富兰克林	国富强化收益 A	混合债券型二级基金	32	8	7.865
7	国海富兰克林	国富强化收益 C	混合债券型二级基金	32	13	1.041
8	工银瑞信	工银瑞信核心价值 A	偏股混合型基金	194	94	49.661
8	工银瑞信	工银瑞信大盘蓝筹	偏股混合型基金	194	106	8.687
8	工银瑞信	工银瑞信红利	偏股混合型基金	194	181	20.097
8	工银瑞信	工银瑞信稳健成长 A	偏股混合型基金	194	183	26.903
8	工银瑞信	工银瑞信精选平衡	偏股混合型基金	194	184	41.211
8	工银瑞信	工银瑞信信用添利 A	混合债券型一级基金	46	13	17.766
8	工银瑞信	工银瑞信增强收益 A	混合债券型一级基金	46	19	26.974
8	工银瑞信	工银瑞信信用添利 B	混合债券型一级基金	46	20	13.824
8	工银瑞信	工银瑞信增强收益 B	混合债券型一级基金	46	25	23.395
8	工银瑞信	工银瑞信货币	货币市场型基金	50	16	1 572.250
9	国联安	国联安安心成长	偏债混合型基金	12	12	1.122
9	国联安	国联安精选	偏股混合型基金	194	42	19.757
9	国联安	国联安小盘精选	偏股混合型基金	194	60	13.585
9	国联安	国联安优势	偏股混合型基金	194	62	7.292
9	国联安	国联安红利	偏股混合型基金	194	118	2.526
9	国联安	国联安稳健	平衡混合型基金	20	5	1.624
10	中银	中银收益 A	偏股混合型基金	194	17	21.844
10	中银	中银动态策略	偏股混合型基金	194	23	17.537

整体投资回报能力排名	基金公司（简称）	基金名称	投资类型（二级分类）	样本基金数量	同类基金中排名	期间内规模（亿）
10	中银	中银中国精选	偏股混合型基金	194	37	11.789
10	中银	中银持续增长 A	偏股混合型基金	194	108	53.862
10	中银	中银稳健增利	混合债券型一级基金	46	12	16.394
10	中银	中银货币 A	货币市场型基金	50	27	18.676
11	华夏	华夏大盘精选	偏股混合型基金	194	8	30.873
11	华夏	华夏收入	偏股混合型基金	194	41	29.910
11	华夏	华夏行业精选	偏股混合型基金	194	61	40.789
11	华夏	华夏蓝筹核心	偏股混合型基金	194	72	85.183
11	华夏	华夏复兴	偏股混合型基金	194	85	20.331
11	华夏	华夏红利	偏股混合型基金	194	95	131.704
11	华夏	华夏成长	偏股混合型基金	194	125	54.545
11	华夏	华夏优势增长	偏股混合型基金	194	132	85.828
11	华夏	华夏经典配置	偏股混合型基金	194	133	10.474
11	华夏	华夏回报 2 号	平衡混合型基金	20	3	59.034
11	华夏	华夏回报 A	平衡混合型基金	20	4	126.200
11	华夏	华夏稳定双利债券 C	混合债券型一级基金	46	26	18.875
11	华夏	华夏债券 AB	混合债券型一级基金	46	42	27.088
11	华夏	华夏债券 C	混合债券型一级基金	46	44	31.903
11	华夏	华夏希望债券 A	混合债券型二级基金	32	20	29.033
11	华夏	华夏希望债券 C	混合债券型二级基金	32	23	27.159
11	华夏	华夏策略精选	灵活配置型基金	31	1	11.571
11	华夏	华夏平稳增长	灵活配置型基金	31	28	37.734
11	华夏	华夏上证 50ETF	被动指数型基金	12	4	304.966
11	华夏	华夏中小板 ETF	被动指数型基金	12	11	19.680
11	华夏	华夏货币 A	货币市场型基金	50	4	18.856
11	华夏	华夏现金增利 A	货币市场型基金	50	5	371.844

整体投资回报能力排名	基金公司（简称）	基金名称	投资类型（二级分类）	样本基金数量	同类基金中排名	期间内规模（亿）
12	海富通	海富通精选	偏股混合型基金	194	127	41.019
12	海富通	海富通精选 2 号	偏股混合型基金	194	142	12.184
12	海富通	海富通股票	偏股混合型基金	194	170	28.795
12	海富通	海富通风格优势	偏股混合型基金	194	191	12.991
12	海富通	海富通稳健添利 C	混合债券型一级基金	46	41	15.409
12	海富通	海富通收益增长	灵活配置型基金	31	24	21.644
12	海富通	海富通强化回报	灵活配置型基金	31	26	12.067
12	海富通	海富通货币 B	货币市场型基金	50	1	165.760
12	海富通	海富通货币 A	货币市场型基金	50	22	30.174
13	银华	银华保本增值	偏债混合型基金	12	10	15.759
13	银华	银华富裕主题	偏股混合型基金	194	5	56.746
13	银华	银华领先策略	偏股混合型基金	194	50	4.752
13	银华	银华优质增长	偏股混合型基金	194	51	36.356
13	银华	银华核心价值优选	偏股混合型基金	194	71	62.188
13	银华	银华优势企业	平衡混合型基金	20	15	21.830
13	银华	银华增强收益	混合债券型二级基金	32	6	13.809
13	银华	银华货币 B	货币市场型基金	50	18	67.497
13	银华	银华货币 A	货币市场型基金	50	41	75.395
14	嘉实	嘉实增长	偏股混合型基金	194	15	19.354
14	嘉实	嘉实研究精选 A	偏股混合型基金	194	18	20.176
14	嘉实	嘉实成长收益 A	偏股混合型基金	194	26	31.685
14	嘉实	嘉实优质企业	偏股混合型基金	194	35	29.722
14	嘉实	嘉实策略增长	偏股混合型基金	194	78	45.524
14	嘉实	嘉实服务增值行业	偏股混合型基金	194	84	24.754
14	嘉实	嘉实主题精选	偏股混合型基金	194	110	39.663
14	嘉实	嘉实稳健	偏股混合型基金	194	143	84.810

整体投资回报能力排名	基金公司（简称）	基金名称	投资类型（二级分类）	样本基金数量	同类基金中排名	期间内规模（亿）
14	嘉实	嘉实债券	混合债券型一级基金	46	31	25.871
14	嘉实	嘉实多元收益 A	混合债券型二级基金	32	12	6.784
14	嘉实	嘉实多元收益 B	混合债券型二级基金	32	19	8.916
14	嘉实	嘉实沪深 300ETF 联接（LOF）A	被动指数型基金	12	6	169.554
14	嘉实	嘉实货币 A	货币市场型基金	50	9	303.048
15	建信	建信核心精选	偏股混合型基金	194	40	2.564
15	建信	建信优选成长 A	偏股混合型基金	194	43	21.414
15	建信	建信优化配置	偏股混合型基金	194	91	48.225
15	建信	建信恒久价值	偏股混合型基金	194	119	12.878
15	建信	建信稳定增利 C	混合债券型一级基金	46	6	42.216
15	建信	建信货币 A	货币市场型基金	50	25	87.760
16	南方	南方宝元债券	偏债混合型基金	12	2	17.836
16	南方	南方避险增值	偏债混合型基金	12	9	32.826
16	南方	南方优选价值 A	偏股混合型基金	194	11	9.785
16	南方	南方绩优成长 A	偏股混合型基金	194	49	70.250
16	南方	南方成分精选	偏股混合型基金	194	57	69.784
16	南方	南方积极配置	偏股混合型基金	194	98	15.466
16	南方	南方高增长	偏股混合型基金	194	113	23.829
16	南方	南方隆元产业主题	偏股混合型基金	194	139	37.834
16	南方	南方盛元红利	偏股混合型基金	194	148	24.912
16	南方	南方稳健成长	偏股混合型基金	194	151	40.491
16	南方	南方稳健成长 2 号	平衡混合型基金	20	14	42.051
16	南方	南方多利增强 C	混合债券型一级基金	46	27	7.452
16	南方	南方现金增利 A	货币市场型基金	50	3	211.901
17	博时	博时主题行业	偏股混合型基金	194	10	113.399

整体投资回报能力排名	基金公司（简称）	基金名称	投资类型（二级分类）	样本基金数量	同类基金中排名	期间内规模（亿）
17	博时	博时特许价值 A	偏股混合型基金	194	103	3.469
17	博时	博时精选 A	偏股混合型基金	194	123	72.553
17	博时	博时第三产业成长	偏股混合型基金	194	166	48.783
17	博时	博时新兴成长	偏股混合型基金	194	186	83.993
17	博时	博时平衡配置	平衡混合型基金	20	17	14.254
17	博时	博时价值增长	平衡混合型基金	20	18	94.279
17	博时	博时价值增长 2 号	平衡混合型基金	20	20	35.816
17	博时	博时稳定价值 A	混合债券型一级基金	46	11	5.420
17	博时	博时稳定价值 B	混合债券型一级基金	46	17	22.400
17	博时	博时裕富沪深 300A	被动指数型基金	12	1	73.016
17	博时	博时现金收益 A	货币市场型基金	50	17	880.442
18	景顺长城	景顺长城优选	偏股混合型基金	194	13	30.592
18	景顺长城	景顺长城内需增长	偏股混合型基金	194	25	12.758
18	景顺长城	景顺长城内需增长贰号	偏股混合型基金	194	29	19.365
18	景顺长城	景顺长城鼎益	偏股混合型基金	194	32	49.276
18	景顺长城	景顺长城精选蓝筹	偏股混合型基金	194	66	64.079
18	景顺长城	景顺长城资源垄断	偏股混合型基金	194	79	41.721
18	景顺长城	景顺长城公司治理	偏股混合型基金	194	105	0.885
18	景顺长城	景顺长城新兴成长	偏股混合型基金	194	134	38.611
18	景顺长城	景顺长城动力平衡	灵活配置型基金	31	23	34.589
18	景顺长城	景顺长城货币 A	货币市场型基金	50	48	12.417
19	汇丰晋信	汇丰晋信 2026	偏债混合型基金	12	5	1.682
19	汇丰晋信	汇丰晋信龙腾	偏股混合型基金	194	19	9.456
19	汇丰晋信	汇丰晋信平稳增利 A	混合债券型一级基金	46	46	10.134
19	汇丰晋信	汇丰晋信 2016	混合债券型二级基金	32	17	4.472
19	汇丰晋信	汇丰晋信动态策略 A	灵活配置型基金	31	7	14.321

整体投资回报能力排名	基金公司（简称）	基金名称	投资类型（二级分类）	样本基金数量	同类基金中排名	期间内规模（亿）
20	华泰柏瑞	华泰柏瑞价值增长	偏股混合型基金	194	9	3.277
20	华泰柏瑞	华泰柏瑞盛世中国	偏股混合型基金	194	120	33.181
20	华泰柏瑞	华泰柏瑞积极成长 A	偏股混合型基金	194	126	23.228
20	华泰柏瑞	华泰柏瑞增利 A	混合债券型二级基金	32	26	1.946
20	华泰柏瑞	华泰柏瑞增利 B	混合债券型二级基金	32	28	1.689
20	华泰柏瑞	华泰柏瑞红利 ETF	被动指数型基金	12	2	23.464
21	国泰	国泰金牛创新成长	偏股混合型基金	194	14	21.192
21	国泰	国泰金龙行业精选	偏股混合型基金	194	48	10.805
21	国泰	国泰金鹏蓝筹价值	偏股混合型基金	194	58	10.355
21	国泰	国泰金鼎价值精选	偏股混合型基金	194	67	26.029
21	国泰	国泰金马稳健回报	偏股混合型基金	194	112	28.664
21	国泰	国泰金龙债券 A	混合债券型一级基金	46	36	9.849
21	国泰	国泰金龙债券 C	混合债券型一级基金	46	38	3.156
21	国泰	国泰金鹰增长	灵活配置型基金	31	4	22.768
21	国泰	国泰沪深 300A	被动指数型基金	12	7	22.246
21	国泰	国泰货币	货币市场型基金	50	40	56.942
22	鹏华	鹏华盛世创新	偏股混合型基金	194	45	1.837
22	鹏华	鹏华价值优势	偏股混合型基金	194	53	49.776
22	鹏华	鹏华普天收益	偏股混合型基金	194	70	10.054
22	鹏华	鹏华动力增长	偏股混合型基金	194	107	40.583
22	鹏华	鹏华中国 50	偏股混合型基金	194	157	19.532
22	鹏华	鹏华优质治理	偏股混合型基金	194	180	35.730
22	鹏华	鹏华普天债券 A	混合债券型一级基金	46	15	5.593
22	鹏华	鹏华普天债券 B	混合债券型一级基金	46	22	2.503
22	鹏华	鹏华丰收	混合债券型二级基金	32	9	23.647
22	鹏华	鹏华货币 B	货币市场型基金	50	10	96.807

续表 4-2

整体投资回报能力排名	基金公司（简称）	基金名称	投资类型（二级分类）	样本基金数量	同类基金中排名	期间内规模（亿）
22	鹏华	鹏华货币 A	货币市场型基金	50	37	18.201
23	长盛	长盛成长价值	偏股混合型基金	194	31	5.801
23	长盛	长盛同德	偏股混合型基金	194	82	41.044
23	长盛	长盛动态精选	偏股混合型基金	194	83	6.864
23	长盛	长盛同智	偏股混合型基金	194	173	15.859
23	长盛	长盛积极配置	混合债券型二级基金	32	10	5.298
23	长盛	长盛创新先锋	灵活配置型基金	31	9	2.392
23	长盛	长盛中证 100	被动指数型基金	12	3	6.209
23	长盛	长盛货币 A	货币市场型基金	50	20	43.775
24	华安	华安核心优选	偏股混合型基金	194	28	8.522
24	华安	华安策略优选	偏股混合型基金	194	33	84.703
24	华安	华安宏利	偏股混合型基金	194	68	49.477
24	华安	华安中小盘成长	偏股混合型基金	194	122	46.933
24	华安	华安宝利配置	平衡混合型基金	20	2	20.643
24	华安	华安创新	平衡混合型基金	20	19	43.707
24	华安	华安稳定收益 A	混合债券型一级基金	46	14	12.369
24	华安	华安稳定收益 B	混合债券型一级基金	46	21	5.660
24	华安	华安上证 180ETF	被动指数型基金	12	5	83.771
24	华安	华安现金富利 A	货币市场型基金	50	35	103.228
25	光大保德信	光大优势	偏股混合型基金	194	39	59.598
25	光大保德信	光大新增长	偏股混合型基金	194	64	6.869
25	光大保德信	光大红利	偏股混合型基金	194	75	16.386
25	光大保德信	光大收益 A	混合债券型一级基金	46	40	2.570
25	光大保德信	光大收益 C	混合债券型一级基金	46	43	4.982
25	光大保德信	光大货币	货币市场型基金	50	43	56.109
26	中信保诚	信诚盛世蓝筹	偏股混合型基金	194	20	6.132

整体投资回报能力排名	基金公司（简称）	基金名称	投资类型（二级分类）	样本基金数量	同类基金中排名	期间内规模（亿）
26	中信保诚	信诚精萃成长	偏股混合型基金	194	55	19.715
26	中信保诚	信诚四季红	偏股混合型基金	194	129	23.691
26	中信保诚	信诚三得益债券 A	混合债券型二级基金	32	16	4.923
26	中信保诚	信诚三得益债券 B	混合债券型二级基金	32	21	20.338
27	万家	万家行业优选	偏股混合型基金	194	111	1.898
27	万家	万家和谐增长	偏股混合型基金	194	114	13.811
27	万家	万家增强收益	混合债券型二级基金	32	18	4.376
27	万家	万家双引擎	灵活配置型基金	31	14	0.386
27	万家	万家上证 180	被动指数型基金	12	9	23.271
27	万家	万家货币 A	货币市场型基金	50	12	34.974
28	东方	东方策略成长	偏股混合型基金	194	34	2.357
28	东方	东方精选	偏股混合型基金	194	69	30.516
28	东方	东方稳健回报	混合债券型一级基金	46	45	5.450
28	东方	东方龙混合	灵活配置型基金	31	16	5.881
28	东方	东方金账簿货币 A	货币市场型基金	50	11	4.796
29	交银施罗德	交银成长 A	偏股混合型基金	194	46	32.416
29	交银施罗德	交银精选	偏股混合型基金	194	65	48.875
29	交银施罗德	交银蓝筹	偏股混合型基金	194	97	56.027
29	交银施罗德	交银增利债券 B	混合债券型一级基金	46	23	36.442
29	交银施罗德	交银增利债券 A	混合债券型一级基金	46	24	36.442
29	交银施罗德	交银增利债券 C	混合债券型一级基金	46	32	23.460
29	交银施罗德	交银稳健配置混合 A	灵活配置型基金	31	10	34.036
29	交银施罗德	交银货币 B	货币市场型基金	50	32	61.610
29	交银施罗德	交银货币 A	货币市场型基金	50	45	10.402
30	长信	长信银利精选	偏股混合型基金	194	92	16.386
30	长信	长信增利策略	偏股混合型基金	194	116	20.241

整体投资回报能力排名	基金公司（简称）	基金名称	投资类型（二级分类）	样本基金数量	同类基金中排名	期间内规模（亿）
30	长信	长信金利趋势	偏股混合型基金	194	140	38.777
30	长信	长信利丰 C	混合债券型二级基金	32	3	12.183
30	长信	长信双利优选 A	灵活配置型基金	31	12	8.170
30	长信	长信利息收益 A	货币市场型基金	50	29	53.785
31	华宝	华宝宝康消费品	偏股混合型基金	194	38	15.100
31	华宝	华宝收益增长	偏股混合型基金	194	56	24.204
31	华宝	华宝先进成长	偏股混合型基金	194	81	23.032
31	华宝	华宝动力组合	偏股混合型基金	194	93	14.268
31	华宝	华宝行业精选	偏股混合型基金	194	137	66.581
31	华宝	华宝大盘精选	偏股混合型基金	194	153	2.399
31	华宝	华宝多策略	偏股混合型基金	194	159	38.034
31	华宝	华宝宝康债券	混合债券型一级基金	46	39	22.742
31	华宝	华宝宝康灵活	灵活配置型基金	31	19	9.654
31	华宝	华宝现金宝 B	货币市场型基金	50	6	54.188
31	华宝	华宝现金宝 A	货币市场型基金	50	31	7.146
32	大成	大成财富管理 2020	偏债混合型基金	12	11	47.622
32	大成	大成策略回报	偏股混合型基金	194	6	13.052
32	大成	大成精选增值	偏股混合型基金	194	44	16.785
32	大成	大成积极成长	偏股混合型基金	194	47	15.718
32	大成	大成景阳领先	偏股混合型基金	194	54	18.277
32	大成	大成创新成长	偏股混合型基金	194	104	53.982
32	大成	大成蓝筹稳健	偏股混合型基金	194	155	63.680
32	大成	大成价值增长	平衡混合型基金	20	6	51.876
32	大成	大成债券 AB	混合债券型一级基金	46	5	6.537
32	大成	大成债券 C	混合债券型一级基金	46	8	13.992
32	大成	大成强化收益 A	混合债券型二级基金	32	29	7.092

整体投资回报能力排名	基金公司（简称）	基金名称	投资类型（二级分类）	样本基金数量	同类基金中排名	期间内规模（亿）
32	大成	大成强化收益 B	混合债券型二级基金	32	30	7.092
32	大成	大成沪深 300	被动指数型基金	12	10	30.203
32	大成	大成货币 B	货币市场型基金	50	19	42.566
32	大成	大成货币 A	货币市场型基金	50	44	15.922
33	招商	招商安泰	偏股混合型基金	194	90	7.287
33	招商	招商大盘蓝筹	偏股混合型基金	194	99	4.973
33	招商	招商优质成长	偏股混合型基金	194	145	27.248
33	招商	招商先锋	偏股混合型基金	194	162	39.669
33	招商	招商核心价值	偏股混合型基金	194	172	32.134
33	招商	招商安泰平衡	平衡混合型基金	20	16	0.973
33	招商	招商安心收益	混合债券型一级基金	46	7	32.531
33	招商	招商安本增利	混合债券型二级基金	32	15	11.193
33	招商	招商现金增值 A	货币市场型基金	50	24	118.483
34	金鹰	金鹰中小盘精选	偏股混合型基金	194	52	2.462
34	金鹰	金鹰红利价值	灵活配置型基金	31	11	2.670
34	金鹰	金鹰成分股优选	灵活配置型基金	31	20	8.183
35	长城	长城品牌优选	偏股混合型基金	194	96	61.999
35	长城	长城久富	偏股混合型基金	194	101	19.408
35	长城	长城消费增值	偏股混合型基金	194	156	23.407
35	长城	长城稳健增利	混合债券型二级基金	32	24	3.255
35	长城	长城安心回报	灵活配置型基金	31	18	40.726
35	长城	长城久恒	灵活配置型基金	31	29	2.002
35	长城	长城货币 A	货币市场型基金	50	21	38.609
36	广发	广发稳健增长	偏股混合型基金	194	24	53.075
36	广发	广发核心精选	偏股混合型基金	194	27	8.545
36	广发	广发小盘成长	偏股混合型基金	194	109	44.248

整体投资回报能力排名	基金公司（简称）	基金名称	投资类型（二级分类）	样本基金数量	同类基金中排名	期间内规模（亿）
36	广发	广发策略优选	偏股混合型基金	194	130	54.800
36	广发	广发大盘成长	偏股混合型基金	194	138	56.703
36	广发	广发聚丰	偏股混合型基金	194	161	111.862
36	广发	广发聚富	平衡混合型基金	20	11	34.452
36	广发	广发增强债券	混合债券型一级基金	46	28	38.529
36	广发	广发沪深 300ETF 联接 A	被动指数型基金	12	8	9.096
36	广发	广发货币 A	货币市场型基金	50	14	39.546
37	国投瑞银	国投瑞银融华债券	偏债混合型基金	12	6	3.054
37	国投瑞银	国投瑞银创新动力	偏股混合型基金	194	80	15.738
37	国投瑞银	国投瑞银成长优选	偏股混合型基金	194	115	10.793
37	国投瑞银	国投瑞银核心企业	偏股混合型基金	194	179	33.542
37	国投瑞银	国投瑞银景气行业	平衡混合型基金	20	10	17.534
37	国投瑞银	国投瑞银稳定增利	混合债券型一级基金	46	10	22.768
37	国投瑞银	国投瑞银稳健增长	灵活配置型基金	31	6	3.282
38	泰达宏利	泰达宏利风险预算	偏债混合型基金	12	8	1.632
38	泰达宏利	泰达宏利成长	偏股混合型基金	194	87	7.682
38	泰达宏利	泰达宏利稳定	偏股混合型基金	194	89	2.176
38	泰达宏利	泰达宏利效率优选	偏股混合型基金	194	100	22.204
38	泰达宏利	泰达宏利周期	偏股混合型基金	194	117	3.003
38	泰达宏利	泰达宏利行业精选	偏股混合型基金	194	160	16.730
38	泰达宏利	泰达宏利市值优选	偏股混合型基金	194	167	28.678
38	泰达宏利	泰达宏利集利 A	混合债券型二级基金	32	7	12.972
38	泰达宏利	泰达宏利集利 C	混合债券型二级基金	32	14	3.350
38	泰达宏利	泰达宏利货币 A	货币市场型基金	50	26	21.539
39	天治	天治财富增长	偏债混合型基金	12	7	1.778

整体投资回报能力排名	基金公司（简称）	基金名称	投资类型（二级分类）	样本基金数量	同类基金中排名	期间内规模（亿）
39	天治	天治核心成长	偏股混合型基金	194	169	16.913
39	天治	天治稳健双盈	混合债券型二级基金	32	4	5.129
39	天治	天治中国制造 2025	灵活配置型基金	31	17	0.891
39	天治	天治低碳经济	灵活配置型基金	31	31	0.733
39	天治	天治天得利货币	货币市场型基金	50	30	11.963
40	诺安	诺安先锋	偏股混合型基金	194	128	96.781
40	诺安	诺安价值增长	偏股混合型基金	194	135	40.392
40	诺安	诺安平衡	偏股混合型基金	194	154	40.239
40	诺安	诺安优化收益	混合债券型一级基金	46	16	2.981
40	诺安	诺安灵活配置	灵活配置型基金	31	3	9.358
40	诺安	诺安货币 A	货币市场型基金	50	42	19.148
41	申万菱信	申万菱信盛利精选	偏股混合型基金	194	73	8.644
41	申万菱信	申万菱信竞争优势	偏股混合型基金	194	102	0.713
41	申万菱信	申万菱信新经济	偏股混合型基金	194	131	23.224
41	申万菱信	申万菱信新动力	偏股混合型基金	194	150	17.967
41	申万菱信	申万菱信添益宝 A	混合债券型一级基金	46	33	2.991
41	申万菱信	申万菱信添益宝 B	混合债券型一级基金	46	37	7.455
41	申万菱信	申万菱信货币 A	货币市场型基金	50	46	1.678
42	宝盈	宝盈资源优选	偏股混合型基金	194	77	8.866
42	宝盈	基金鸿阳	偏股混合型基金	194	86	16.136
42	宝盈	宝盈策略增长	偏股混合型基金	194	152	22.030
42	宝盈	宝盈泛沿海增长	偏股混合型基金	194	188	17.718
42	宝盈	宝盈增强收益 AB	混合债券型二级基金	32	5	5.855
42	宝盈	宝盈增强收益 C	混合债券型二级基金	32	11	2.177
42	宝盈	宝盈鸿利收益	灵活配置型基金	31	22	5.725
43	融通	融通行业景气	偏股混合型基金	194	124	18.367

整体投资回报能力排名	基金公司（简称）	基金名称	投资类型（二级分类）	样本基金数量	同类基金中排名	期间内规模（亿）
43	融通	融通动力先锋	偏股混合型基金	194	149	20.788
43	融通	融通领先成长	偏股混合型基金	194	165	30.386
43	融通	融通新蓝筹	偏股混合型基金	194	168	73.278
43	融通	融通蓝筹成长	平衡混合型基金	20	13	17.397
43	融通	融通易支付货币 A	货币市场型基金	50	33	13.850
44	天弘	天弘永定成长	偏股混合型基金	194	88	4.454
44	天弘	天弘永利债券 B	混合债券型二级基金	32	22	0.942
44	天弘	天弘永利债券 A	混合债券型二级基金	32	25	1.267
44	天弘	天弘精选	灵活配置型基金	31	27	20.279
45	中海	中海优质成长	偏股混合型基金	194	146	25.654
45	中海	中海分红增利	偏股混合型基金	194	171	11.327
45	中海	中海能源策略	偏股混合型基金	194	190	35.811
45	中海	中海稳健收益	混合债券型一级基金	46	30	13.196
45	中海	中海蓝筹配置	灵活配置型基金	31	21	4.088
46	泰信	泰信先行策略	偏股混合型基金	194	187	32.784
46	泰信	泰信优质生活	偏股混合型基金	194	189	9.580
46	泰信	泰信双息双利	混合债券型二级基金	32	27	3.564
46	泰信	泰信优势增长	灵活配置型基金	31	25	1.381
46	泰信	泰信天天收益 A	货币市场型基金	50	38	21.970
47	益民	益民创新优势	偏股混合型基金	194	176	21.039
47	益民	益民红利成长	偏股混合型基金	194	193	9.254
47	益民	益民多利债券	混合债券型二级基金	32	32	1.775
47	益民	益民货币	货币市场型基金	50	50	1.157
48	上投摩根	上投摩根双核平衡	偏股混合型基金	194	59	5.931
48	上投摩根	上投摩根内需动力	偏股混合型基金	194	163	54.884
48	上投摩根	上投摩根中国优势	偏股混合型基金	194	175	31.226

整体投资回报能力排名	基金公司（简称）	基金名称	投资类型（二级分类）	样本基金数量	同类基金中排名	期间内规模（亿）
48	上投摩根	上投摩根成长先锋	偏股混合型基金	194	182	45.358
48	上投摩根	上投摩根阿尔法	偏股混合型基金	194	185	42.128
48	上投摩根	上投摩根双息平衡 A	平衡混合型基金	20	12	24.478
48	上投摩根	上投摩根货币 B	货币市场型基金	50	47	319.161
48	上投摩根	上投摩根货币 A	货币市场型基金	50	49	3.670
49	东吴	东吴嘉禾优势	偏股混合型基金	194	178	13.951
49	东吴	东吴价值成长	偏股混合型基金	194	192	9.630
49	东吴	东吴行业轮动	偏股混合型基金	194	194	10.625
49	东吴	东吴优信稳健 A	混合债券型二级基金	32	31	8.183

5 2018 年度中国公募基金管理公司整体投资能力评价总结

整体投资回报能力评价总结我们提出的中国公募基金管理公司整体投资回报能力评价(TIP Rating)综合考虑一家基金公司的投资能力。通过这一评价体系,投资者可以了解一家基金公司每一只样本基金产品的收益在同期同类基金产品的相对位置,在看到基金公司旗下所有样本基金在同类基金中的收益排名后,我们基本就可以清楚某一基金公司的综合投资管理能力。如果某一家基金公司下大部分样本基金均在同类基金中收益排名靠前,那么我们可以说它的整体投研实力是比较好的。如果某一家基金公司大部分样本基金在同类基金中排名靠后,或仅少数基金排名较前,则我们一般可以认为这家基金的整体投研实力不强,或由于投研实力的欠缺只能在某些基金产品上取得较好的相对业绩。

本书运用截至 2018 年底国内所有公募基金的净值数据,根据我们设计的基金公司整体投资回报排名的算法,分别计算得出三年期、五年期与十年期不同时间跨度上国内所有基金公司 TIP Rating 的排名情况。在通过对短期、中期、长期的排名结果观察后,我们可以看到有些基金公司的整体投研能力比较稳定,在短、中、长期的排名上变化波动较小。但有些基金公司的整体投研水平则随时间出现较大波动,表现在短、中、长期的排名变化较大。如果对典型基金公司进行案例分析,我们也许可以看出在投资管理行业经营的成败之处。

在后继年度的基金公司整体投资回报评价研究中,我们将在对不同投资类型的基金产品进行更加细致分类的基础上进行业绩分析,这将有助于基金投资者或管理者更加清晰地了解国内公募基金的投资能力与行业概况。